鑑若長河

霍宏偉————著

中國古代
銅鏡的
微觀世界

中華書局

目 錄

以 史 為 鑑 __1

金 村 王 鑑 __7

廣 陵 明 鏡 __25

詩 鏡 __40

鑌 鐵 作 鏡 __69

正 倉 院 祕 寶 __95

鑄 鏡 須 青 銅 __122

磨 鏡 客 __137

鏡 架 與 鏡 臺 __161

耕 人 犁 破 宮 人 鏡 __197

鏡 殿 寫 青 春 __215

白 居 易 的 鏡 子 ＿236

佳 人 覽 鏡 ＿264

漢 墓 鑑 影 ＿295

墓 裏 盜 出 的 鏡 子 ＿317

後 記 ＿344

以史為鑑

心如止水鑑常明，見盡人間萬物情。雕鶚騰空猶逞俊，驊騮齧足自無驚。

時來未覺權為祟，貴了方知退是榮。只恐重重世緣在，事須三度副蒼生。[1]

　　唐代詩人劉禹錫吟出的「心如止水鑑常明」，道出了文人墨客美好的心靈追求。無論是心如止水，還是「鑑若止水」，都是古人的說法。如果將中國古代不同時期的銅鏡連在一起的話，無疑是一條歷史的長河，或浩浩蕩蕩、波濤洶湧，或低吟淺唱、細水長流，演繹着銅鏡發展的精彩與無奈，直至悄然謝幕，這就是本書書名的由來。

　　歷史學家蒙文通引用孟子的話「觀水有術，必觀其瀾」，來說明治史的關鍵所在：「須從波瀾壯闊處着眼。浩浩長江，波濤萬里，須能把握住它的幾個大轉折處，就能把長江說個大概；讀史也須能把握歷史的變化處，才能把歷史發展說個大概。」[2]所以，在長達四千年的中國銅鏡發展史中，本書重點選擇了戰國、兩漢、唐代三個具有代表性時段的

1　（唐）劉禹錫：《和僕射牛相公寓言二首》，中華書局編輯部點校：《全唐詩》（增訂本）卷三六一《劉禹錫八》，中華書局，
　　1999 年，4088 頁。

2　蒙文通：《治學雜語》，蒙默編：《蒙文通學記》（增補本），生活·讀書·新知三聯書店，2006 年，1 頁。

銅鏡，試圖以此來詮釋中國古代銅鏡發展與轉折的起承轉合，並以小專題、長時段的寫法，將涉及幾個時期的某類問題打通，一貫到底。

對於古人而言，鏡子是一個人見人愛的寶貝。它不僅能夠映照容貌，還能趨吉辟邪，預知未來。上至皇帝老兒，下到平民百姓，無不對其鍾愛有加。中國皇帝和鏡子的逸聞很多，現選三例與鏡子有關的故事。

第一例是秦始皇，以鏡照宮人。公元前 206 年，劉邦率兵攻入咸陽城，親眼見到秦始皇的大方鏡。

> 高祖初入咸陽宮，周行庫府，金玉珍寶，不可稱言。……有方鏡，廣四尺，高五尺九寸，表裏有明，人直來照之，影則倒見。以手捫心而來，則見腸胃五臟，歷然無礙。有人疾病在內，則掩心而照之，則知病之所在。又女子有邪心，則膽張心動。秦始皇常以照宮人，膽張心動者則殺之。高祖悉封閉以待項羽，羽併將以東，後不知所在。[1]

劉邦領兵長驅直入，進到咸陽宮中。巡視大秦庫府，發現了這面奇異的大方鏡，人立鏡前，影則倒見，還能照出五臟六腑，病灶所在，有女子邪心者則能明察，膽張心動者斬之。面對着這件寶物，劉邦閉庫封門，等待項羽的到來。後來項羽命人將府庫中的所有珍寶包括這面大方鏡全部運往楚地。至於這面寶鏡的下落，唐人的一段記述或許能夠滿足讀者對神奇方鏡去向的好奇心。「秦鏡，儺溪古岸石窟有方鏡，徑丈餘，照人五

1　（晉）葛洪撰、周天游校注：《西京雜記》卷三「咸陽宮異寶」條，三秦出版社，2006 年，140—141 頁。

臟。秦皇世號為照骨寶，在無勞縣境山。」[1] 這段故事流傳久遠，影響至深，甚至被作為銘文鑄於隋唐銅鏡之上。無論是「賞得秦王鏡，判不惜千金。非關欲照膽，特是自明心」，還是「阿房照膽，仁壽懸宮」「銷兵漢殿，照膽秦宮」，鏡銘中的「秦王鏡」「阿房照膽」「照膽秦宮」等詞句，都是這一傳奇故事的濃縮。

第二例是隋煬帝，要談的是迷樓鏡屏與引鏡自照。隋大業年間，煬帝不惜動用全國之力修大運河，並乘坐龍舟從東都洛陽南下揚州江都宮。建迷樓，鑄銅屏，以供其享樂，過着奢華糜爛的生活。天下大亂，他無心理政，借酒消愁，更加荒淫無度。「嘗引鏡自照，顧謂蕭后曰：『好頭頸，誰當斫之！』后驚問其故，帝笑曰：『貴賤苦樂，更迭為之，亦復何傷！』」[2] 這段文獻似可反映出遭遇亂世煬帝的悲觀情緒。大業十三年（617 年），在嘩變軍將的威脅下，煬帝自縊而亡，結束了可悲的一生。迷樓銅屏早已灰飛煙滅，但是有關煬帝的遺存尚能見到。2013 年，隋煬帝墓在揚州一處基建工地中無意被發現，後經考古工作者發掘[3]，遺憾的是在琳琅滿目的 300 餘件隨葬器物中未見到一面鏡子。

第三例是唐太宗，他擁有三面寶鏡 —— 銅鏡、古鏡與人鏡。大臣魏徵去世之後，太宗親臨慟哭，為製碑文，自書於石。「太宗後嘗謂侍臣曰：『夫以銅為鏡，可以正衣冠；以古為鏡，可以知興替；以人為鏡，可以明得失。朕常保此三鏡，以防己過。今魏徵殂逝，遂亡一鏡矣！』因泣下久之。」[4] 這是後人耳熟能詳的一段佳話，還被白居易引入詩作

1　（唐）段成式撰、曹中孚校點：《酉陽雜俎》前集卷一〇《物異》，上海古籍出版社，2012 年，53 頁。

2　《資治通鑑》卷一八五《唐紀一》，中華書局，1976 年，5775 頁。

3　南京博物院等：《江蘇揚州市曹莊隋煬帝墓》，《考古》2014 年 7 期。

4　（唐）吳兢撰、謝保成集校：《貞觀政要集校》卷二《任賢第三》，中華書局，2003 年，63 頁。

《百煉鏡》：「太宗常以人為鏡，鑑古鑑今不鑑容。」[1]

實際上，李世民充滿哲理的這番話不是憑空想象出來的，而是在學習前人智慧的基礎上再次重申了「三鑑説」，並付諸行動。早在先秦時期，就有賢士提出以銅、以古、以人為鑑的説法。《孔子家語·觀周》：「孔子徘徊而望之，謂從者曰：『此周公所以盛也。夫明鏡所以察形，往古者所以知今。』」[2]《韓非子·觀行》：「古之人目短於自見，故以鏡觀面；智短於自知，故以道正己。」[3]《墨子·非攻中》：「鏡於水，見面之容；鏡於人，則知吉與凶。」[4]

漢晉時期的鏡銘中也出現了類似含義的句子。《北堂書鈔》引漢李尤《鏡銘》：「鑄銅為鑑，整飾容顏，修爾法服，正爾衣冠。」同書引晉傅玄《鏡銘》：「人徒鑑於鏡，止於見形，鑑人可以見情。」[5]東漢末荀悦撰寫的《申鑑·雜言上》，較為全面、深入地闡述了「三鑑説」：「君子有三鑑，世人鏡鑑。前惟訓，人惟賢，鏡惟明（此君子之三鑑）。夏商之衰，不鑑於禹湯也。周秦之弊，不鑑於民下也；側弁垢顏，不鑑於明鏡也。故君子惟鑑之務。若夫側景之鏡，亡鑑矣（但知鏡鑑是為無鑑）。」[6]由此看來，唐太宗的言辭不是獨創，只是對先賢「三鑑説」的繼承，並使之發揚光大。

對於李唐王朝而言，隋朝滅亡就是一面發人深省的鏡子。貞觀十一年（637年），魏徵上疏曰：「夫鑑形之美惡，必就於止水；鑑國之安危，必取於亡國。故《詩》曰：『殷鑑不遠，在夏后之世。』又曰：『伐柯伐柯，其則不遠。』臣願當今之動靜，必思隋氏以

1　謝思煒撰：《白居易詩集校注》卷四《諷喻四》，中華書局，2009年，360頁。

2　（魏）王肅注：《孔子家語》卷三《觀周第十一》，《文淵閣四庫全書》695冊，上海古籍出版社，2003年，27頁。

3　張覺撰：《韓非子校疏》卷八《觀行第二十四》，上海古籍出版社，2010年，523頁。

4　（清）孫詒讓著、孫以楷點校：《墨子閒詁》卷五《非攻中第十八》，中華書局，1986年，128—129頁。

5　（唐）虞世南撰、（清）孔廣陶校注：《北堂書鈔》卷一三六《服飾部三·鏡六五》，中國書店，1989年，551—552頁。

6　（漢）荀悦：《申鑑·雜言上第四》，《諸子集成》（八），國學整理社，1954年，19頁。

為殷鑑，則存亡之治亂，可得而知。若能思其所以危，則安矣；思其所以亂，則治矣；思其所以亡，則存矣……此聖哲之宏規，而帝王之盛業，能事斯畢，在乎慎守而已。」[7] 魏徵以隋亡為鑑的進諫可謂用心良苦，得到了唐太宗的肯定與重視。

魏徵文中所用「殷鑑」這一典故，亦作「殷監」，意為殷滅夏，殷商子孫應以夏代的滅亡為鑑戒。《詩・大雅・文王》：「宜鑑於殷，駿命不易。」[8]《詩・大雅・蕩》：「殷鑑不遠，在夏后之世。」《箋》：「此言殷之明鏡不遠也。近在夏后之世，謂湯誅桀也。」[9]「殷鑑不遠」是指前人失敗的教訓就在眼前，應引以為戒。《孟子・離婁上》說「殷鑑不遠」，趙岐注：「《詩・大雅・蕩》之篇也。殷之所鑑，視近在夏后之世耳。以前代善惡為明鏡也，欲使周亦鑑於殷之所以亡也。」[10] 北宋司馬光用了 19 年的時間主編《歷代君臣事跡》一書，進獻朝廷，宋神宗當面賜御製序：「《詩》云：『商鑑不遠，在夏后之世。』故賜其書名曰《資治通鑑》，以著朕之志焉耳。」其在序中用典「殷鑑」，意在以史為鑑，「鑑於往事，有資治道」[11]，所以神宗將書名改為《資治通鑑》。從哲學的角度來看，即以已知推導未知，彰往察來。變化的是現象，不變的是本質。

秦始皇、隋煬帝及唐太宗三位皇帝的用鏡所為，各不相同。秦始皇常以大方鏡照宮人，膽張心動者斬殺之，一統華夏的大秦朝二世而亡。隋煬帝年輕時欲效仿始皇，開疆拓土，創立偉業。年過半百卻心灰意懶，迷樓鏡屏，為所欲為。天下大亂，無力回天

7　（唐）吳兢撰、謝保成集校：《貞觀政要集校》卷八《論刑法第三十一》，441—442 頁。

8　（清）王先謙撰、吳格點校：《詩三家義集疏》卷二一《文王》，中華書局，1987 年，826 頁。

9　《詩三家義集疏》卷二三《蕩》，928 頁。

10　（清）焦循撰、沈文倬點校：《孟子正義》卷一四《離婁章句上》，中華書局，2007 年，491 頁。

11　《資治通鑑》，1—30 頁。

時，覽鏡自嘲，竟然想到誰人來取項上人頭。唐太宗勵精圖治，常保三鏡，遂有「貞觀之治」，坐穩大唐基業。以上三段銅鏡故事映照出三位皇帝的不同態度，三個王朝的兩種結局，從中可以看到銅鏡折射出中國歷史的精彩片斷。鏡子已從普通的梳妝照容器具，上升到了關乎王朝興亡的層面。

　　上述徵引的多為歷史文獻，而本書重點記述的則是銅鏡實物，將中國銅鏡發展與轉折作為主線，以考古發掘品與大型博物館藏品為主要例證，以與鏡相關的歷史文化、社會生活為背景，希望能夠以文字和圖片為載體，與讀者一起去探尋中國古代銅鏡絢麗多姿、撲朔迷離的微觀世界。

　　歷史是一面鏡子，鏡子是一段凝固的歷史，可照容顏變化，可鑑國家盛衰。

金村王鑑

　　1928 年盛夏的一場暴雨之後，河南洛陽東郊金村東北側的田地出現塌陷，有人懷疑此處有古墓，用洛陽鏟一探，果然發現了一座積石積炭墓，後來相繼找到了另外 7 座大墓（圖 1-1）。盜掘時間長達三年[1]，所獲精美文物數以千計，轟動一時（圖 1-2）。金村東北俗名「東城」，王道中曾說，民國十八年（1929 年），自東城掘出大批古物，包括銀、玉、銅、竹、木等不同質地。「銀器多刻篆文，殊不可識，當係周秦時物。玉器多係玉杯、玉人，皆完好無瑕，濕潤有光，古玩家稱為前此所未睹。」其他尚有瓶、鏡、酒樽、車飾、鑲鋏等，精妙絕倫，令人驚歎[2]。令人扼腕長歎的是，這些國寶級文物大多流落海外，散失於世界各地。

　　金村大墓位於漢魏洛陽故城內城東北隅。8 座墓自東向西，自北向南，呈有規律的分佈。這些大墓墓道均位於墓室南端，平面呈「甲」字形。其中，在一號、五號、七號墓的墓道南端兩側，各陪葬一座馬坑。學術界對於金村大墓基本概況及出土器物的了解，

1　容庚：《商周彝器通考》，哈佛燕京學社，1941 年，10—12 頁。

2　王廣慶：《洛陽訪古記》，《河南文史資料》23 輯，內部資料，1987 年，132—133 頁。

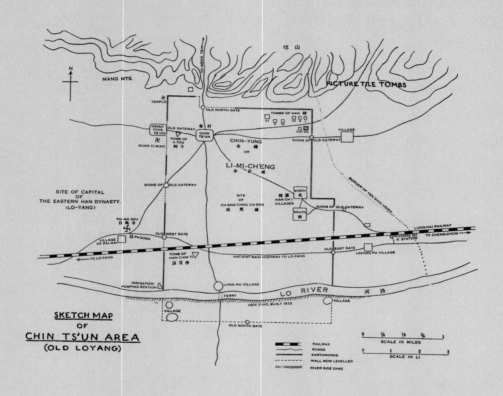

圖 1-1　金村大墓平面分佈示意圖（《洛陽故城古墓考》）

圖 1-2　金村大墓盜掘現場
（《洛陽故城古墓考》）

主要依據《洛陽故城古墓考》《增訂洛陽金村古墓聚英》兩部著作[1]。前者收錄 11 面銅鏡，其中一面四乳雙龍鏡為漢鏡，應予剔除。後者著錄銅鏡 20 面，其中 7 面與《洛陽故城古墓考》書中銅鏡重複。再加上海博物館藏一面傳洛陽金村出土四虎鏡，共計 24 面[2]。

　　金村 8 座大墓出土銅鏡形制多樣，依工藝技術的差別，可分為一般工藝鏡與特種工藝鏡。一般工藝鏡，即一次翻模成型、鑄造而成的銅鏡，共計 15 面。根據其鏡背紋飾的不同，分為幾何紋、禽獸紋及葉紋三類。幾何紋鏡包括羽狀地紋鏡、螭蟠菱紋鏡各 1 面，龍虎連弧紋鏡 3 面。禽獸紋鏡有饕餮鏡、獸紋鏡各 1 面，三龍鏡 2 面，四虎鏡 1

1　William Charles White, *Tombs of old lo-yang*, Shanghai: Kelly & Walsh, Ltd., 1934〔〔加〕懷履光：《洛陽故城古墓考》，上海別發印書館，1934 年）。〔日〕梅原末治：《洛陽金村古墓聚英》，京都小林寫真製版部，昭和十二年（1937 年）；《增訂洛陽金村古墓聚英》，京都小林出版部，昭和十九年（1944 年）。

2　陳佩芬：《上海博物館藏青銅鏡》，上海書畫出版社，1987 年，圖 1；本專題部分內容，引自霍宏偉《洛陽金村出土銅鏡述論》，《洛陽博物館建館四十週年紀念文集（1958-1998）》，科學出版社，1999 年，79—95 頁。

圖 1-3　傳金村出土饕餮紋鏡（《增訂洛陽金村古墓聚英》，圖版 58）

面，山獸鏡、四葉禽獸鏡各 2 面。葉紋鏡有八花瓣鏡 1 面。

　　金村發現的一般工藝鏡，從紋飾的題材內容方面來看，傳統與創新並舉。屬於傳統類的，如饕餮紋、蟠螭紋、龍紋、鳳紋、雲雷紋等。繼承傳統特點的銅鏡以饕餮紋鏡為代表（圖 1-3），其鏡背紋飾為雲雷紋地上以雙線勾勒一對上下對稱的饕餮紋。1978 年，河北邯鄲周窯村一號戰國中期墓出土一面相同紋飾的銅鏡，佈局與河北易縣燕下都出土的饕餮紋半瓦當近似[3]。日本泉屋博古館珍藏一面同類題材的饕餮紋方鏡[4]，形制少見。具有創新性的一類，如山字紋鏡中的狗與鹿等寫實性較強的動物紋飾、新出現的植物紋飾八花瓣紋（圖 1-4）。中國先秦青銅藝術的風格，呈現出由商周原始宗教的神祕性，向着戰國時期反映現實生活鮮活性方面轉變的特點。

3　河北省文管處等：《河北邯鄲趙王陵》，《考古》1982 年 6 期，604 頁，圖一三。

4　〔日〕泉屋博古館：《泉屋博古・鏡鑑編》，便利堂株式會社，平成十六年（2004 年），9 頁。

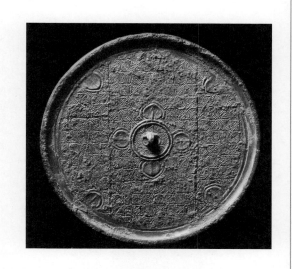

圖 1-4 傳金村出土八花瓣紋鏡
（沈辰供圖）

　　特種工藝鏡，即經過特殊製作、加工而成的銅鏡，展現出較高的工藝技術水平。金村大墓出土的此類鏡子有 9 面之多，有鎏金、金銀錯、嵌玉和琉璃、透空複合、彩繪等多項技術，甚至在一面銅鏡上反映出幾種工藝。最為突出的是鑲嵌工藝的大量使用，就是將一種材料或若干種材料嵌入鏡體，成為一個複合體，如金銀錯鏡、嵌玉琉璃鏡等。

　　金村出土的金銀錯銅鏡有狩獵紋鏡與蟠龍紋鏡，均為圓形，圓鈕座。金銀錯狩獵紋鏡為半環鈕，外飾凹面寬帶一周，其外側弦紋圈上向外等距飾以三片銀色扁葉紋。鈕座之外，飾以六組金銀錯紋飾。其中三組為錯金的渦紋，還有三組不同紋飾，尤以騎士搏虎圖最為著名（圖 1-5）。畫面右側是一騎士，頭戴插兩根羽毛的鶡冠，身披甲，左手執韁，右手持劍，蹲在披甲的戰馬上，正向一隻猛虎刺去。左側的立虎作欲噬狀，全身飾以斑紋。第二組為二獸相鬥圖，第三組是一隻蹲立於扁葉之上、展翅欲飛的鳳鳥。三組紋飾皆嵌以金銀絲。金黃色捲緣，大部分被覆以綠鏽。在鏡鈕、鈕座、凹面寬帶、鏡緣

圖 1-5　傳金村出土金銀錯狩獵紋鏡
（《中國青銅器全集》16《銅鏡》，33 頁）

圖 1-6　傳金村出土金銀錯獸
形器座殘件（馬麟供圖）

等處均殘存鎏金。鏡面用含錫量高的白色青銅製成，與鏡背成分不同，成為珍貴的複合
鏡。直徑 17.5 厘米。現藏日本永青文庫。李學勤曾進入該文庫仔細觀察了這面寶鏡，鏡
體局部可見粘有織物片屑，這些細節在照片上不易辨別 [1]。美國堪薩斯城納爾遜‧阿特金斯
藝術博物館（Nelson-Atkins Museum of Art）收藏有傳金村出土的金銀錯獸形器座殘件 [2]，怪
獸身上多處飾以金銀錯渦紋（圖 1-6），與狩獵紋鏡上的渦紋裝飾手法相似。

　　將有關該鏡 1976、1998 年發表的兩種圖片資料進行仔細比對，可以清晰地看到這面
寶鏡右下方鏡緣殘損修復前後的不同狀態。從 1976 年的圖像版本來看，右下方鏡緣的

1　李學勤：《四海尋珍》，清華大學出版社，1998 年，29 頁。

2　〔加〕懷履光：《洛陽故城古墓考》，圖版 53—131；〔日〕梅原末治：《增訂洛陽金村古墓聚英》，51—52 頁，圖版 90。

裂縫呈弧線形分佈，甚至還有殘缺[1]。而在 1998 年的版本上，原有縫隙已被修復得完整無缺，天衣無縫，看不到任何瑕疵。

　　沈從文在《唐宋銅鏡》一書收錄的該鏡圖片下寫了一段批注：「此鏡為唯一有戰國戴鶡尾冠騎士鏡紋。彩圖印於《戰國銅器之研究》《古銅菁華》《世界美術全集‧戰國編》內，極精。日人仿圖作成六寸大扁漆盒，極精工。」[2] 鶡冠，即古代武士戴的插有鶡羽的冠。張衡《東京賦》：「虎夫戴鶡。」李善注：「應劭曰：…… 鶡，鷙鳥也，鬥至死乃止。令武士戴之，取猛也。司馬彪《續漢書》曰：虎賁（武）騎皆鶡冠。」[3] 由此看來，讓武士戴鶡尾冠是為了激勵他們勇猛作戰。

　　對於這面銅鏡上的騎士搏虎圖，沈從文認為可能反映的是「卞莊刺虎」的故事。「在先秦鏡紋上表現人物，著名的只有兩面鏡子：一面是錯金騎士刺虎鏡 …… 第一面或用的是『卞莊刺虎』故事，和宗教無關聯。」[4] 卞莊，亦稱卞莊子，因食邑於卞，諡號為莊，故名。他是春秋時期魯國大夫，著名勇士。東漢時避諱明帝劉莊，改名卞嚴。《論語‧憲問》：「卞莊子之勇，冉求之藝。」[5]《荀子‧大略》：「齊人欲伐魯，忌卞莊子，不敢過卞。」注云：「卞，魯邑。莊子，卞邑大夫，有勇者。」[6]

　　「卞莊刺虎」的故事，詳見於《史記‧張儀列傳》。戰國時期，韓、魏兩國相互攻殺，久戰一年仍未和解。秦惠王想出兵援助，詢問於左右。恰好陳軫到達秦國，對秦王說，大王聽說過卞莊子刺虎的故事嗎？莊子欲刺虎，館豎子制止了他，曰：「兩虎方

1　〔日〕熊本縣立美術館：《永青文庫名品展：熊本縣立美術館開館記念》，大塚巧藝社，昭和五十一年（1976 年），彩版壹。

2　沈從文：《唐宋銅鏡》，《沈從文全集》29 卷，北嶽文藝出版社，2002 年，90 頁。

3　（梁）蕭統編、（唐）李善注：《文選》卷三《京都中》，中華書局，2005 年，59 頁。

4　沈從文：《鏡子的故事》下，《沈從文全集》29 卷，157 頁。

5　楊伯峻：《論語譯注》，中華書局，1962 年，156 頁。

6　（清）王先謙撰、沈嘯寰等點校：《荀子集解》卷一九《大略篇第二十七》，中華書局，2007 年，504 頁。

且食牛，食甘必爭，爭則必鬥，鬥則大者傷，小者死，從傷而刺之，一舉必有雙虎之名。」卞莊子覺得有道理。過了一會兒，兩虎果然開始搏鬥，大者傷，小者死。莊子從傷者而刺之，一舉果有雙虎之功。「今韓魏相攻，期年不解，是必大國傷，小國亡，從傷而伐之，一舉必有兩實。此猶莊子刺虎之類也。」[1] 後以此典故來指趁着兩股勢力相互爭鬥、兩敗俱傷之際，將其一網打盡。金村出土狩獵紋鏡是目前發現的中國銅鏡中最早的人物鏡。湖北雲夢睡虎地 9 號秦代墓中出有一面狩獵紋鏡，兩位武士手持劍盾與虎豹相搏成為紋飾的主體[2]。

圖 1-7　傳金村出土金銀錯六龍鏡摹本
（《戰國繪畫資料》，圖版 30）

　　金村大墓所出金銀錯六龍鏡，為小圓鈕，鈕座外飾銀錯環帶一周，上面等距飾六個圓點紋。以鏡鈕為中心，在主區旋轉飾六條首尾交錯的盤龍，其中三條金錯龍沿鏡緣呈逆時針方向旋轉，等距分佈，尾近鈕座。另外三條銀錯龍圍繞鈕座，呈順時針方向旋轉，尾接鏡緣。每一對纏繞的金銀龍身體空隙處皆有一枚金錯乳丁紋。鏡緣有三枚金錯和六枚銀錯乳丁紋，相間排列。每兩枚乳丁紋之間，飾以金銀錯的鈎連雲紋。直徑 19.3

1　《史記》卷七〇《張儀列傳》，中華書局，1975 年，2301—2302 頁。

2　湖北孝感地區第二期亦工亦農文物考古訓練班：《湖北雲夢睡虎地十一座秦墓發掘簡報》，《文物》1976 年 9 期。

厘米（圖 1-7）。此鏡為法國巴黎古董商盧芹齋（C. T. Loo）之舊藏。

金村所見嵌玉琉璃鏡是一面製作工藝別具一格的銅鏡。鏡為圓形，藍色琉璃鈕，鈕上以一直徑較大的白色目形紋為中心，左右各有一穿孔，外飾六組大小相同的橢圓形紋一周，其外套一紅棕色間雜有黑色斑點的玉環作為鈕座。座外以藍色琉璃為地，飾以白色目形紋和由七個小圓點組成的花瓣形紋，分為內、外兩圈。內圈有十二組紋飾，目形紋和花瓣紋相間繞鈕座排列。外圈有十八組紋飾，每兩個花瓣紋之間飾兩個目形紋。鏡緣嵌一飾有絢索紋的玉環。直徑 12.2 厘米（圖 1-8）。此鏡裝飾獨特，鏡面已覆重鏽。原存美國紐約溫斯若普（G. L. Winthrop），現藏波士頓哈佛大學福格藝術博物館（Fogg Museum）。

有學者認為它沒有鏡鈕，無法把持，故非銅鏡。我曾對銅鏡照片進行了認真仔細的觀察，發現在鏡中心同心圓的左右兩側，各有一穿孔，孔洞均打在兩個蜻蜓眼之間，儘量不破壞同心圓的美觀，且不引人注目。這兩個穿孔應該是穿繫綬帶的，與鏡鼻的作用相同。對照銅鏡的五個基本要素，即形制、鏡鈕、鈕座、主區紋飾、鏡緣，該鏡均已具備，這應是一面堪稱上品的嵌玉琉璃鏡。上海博物館有一面美國收藏家捐贈的嵌玉綠松石鈕變形龍紋鏡，鏡鈕中央為一同心圓，其上、下各有三個囧紋，兩側各有一穿孔（圖 1-9）[1]，與金村嵌玉琉璃鏡鈕佈局完全相同，說明嵌玉鏡已非孤例，在製作工藝方面有一些共同點。

傳金村出土的幾面透空鏡，分別藏於美國、加拿大、日本等國。四龍透空鏡形制接近方形，環鈕，圓鈕座，周飾四個五邊形飾。四條盤龍呈逆時針方向排列，瞋目，張口，伸舌，龍舌位於五邊形飾一角之上。龍身為 S 形盤繞迴環，龍尾捲曲於角隅，全身

1　上海博物館編：《鏡映乾坤：羅伊德・扣岑先生捐贈銅鏡精粹》，上海書畫出版社，2012 年，42—43 頁。

飾鱗紋。長 9.2、寬 9.1 厘米（圖 1-10）。現藏美國納爾遜‧阿特金斯藝術博物館。另有一面嵌石四獸透空鏡（圖 1-11），藏於加拿大多倫多皇家安大略博物館（Royal Ontario Museum）；兩面三龍彩繪透空鏡，被日本西宮黑川古文化研究所收藏。

　　金村銅鏡的形制，僅有兩面方鏡，其餘均為圓鏡。大多採用地紋襯托主紋的設計手法，主紋的風格分為兩類：一類為寫意，如三龍紋鏡、四葉禽獸紋鏡、彩繪四鳳鏡等，均以概括、簡潔的手法表現出動物最主要的特點，強調動態美；另一類為寫實，如金銀錯狩獵紋鏡、三山三獸紋鏡、四山四獸紋鏡，以線條或浮雕的形式，細緻刻畫出人物、動物形象。

　　金村銅鏡的構圖巧妙，形式多樣，大致可以分為四種形式。第一種鋪滿式，如羽狀地紋鏡、蟠螭紋鏡及嵌玉琉璃鏡，銅鏡紋飾由某一種地紋或者是主紋與地紋相結合的形式出現；第二種旋轉式，即銅鏡主紋環繞鈕座，呈旋轉式分佈。按照旋轉方向的不同，可細分為順旋、逆旋及順逆互旋等三類。順旋，就是銅鏡主紋呈順時針方向旋轉排列，如四虎鏡、山獸鏡、四龍透空鏡。逆旋，即銅鏡主紋呈逆時針方向旋轉分佈，僅見彩繪三龍鏡。順逆互旋，即鏡背主紋有兩組，一組順旋，另一組逆旋，相互交錯，構成更加複雜的紋飾，以金銀錯蟠龍鏡為代表。第三種對稱式，即鏡背主紋以鏡鈕為中心，對稱分佈。有左右對稱、十字形對稱及米字形對稱等三類。左右對稱即軸對稱，僅見於獸紋鏡。十字形對稱，即以鏡鈕為中心，將鏡背均分四份，上下左右對稱，如饕餮鏡、嵌石四夔透空鏡、彩繪四鳳鏡。米字形對稱，即以鏡鈕為中心，將鏡背均分八份，有龍虎連弧鏡、四葉禽獸鏡等。第四種為三區式，也就是環繞鏡鈕，以三組相同紋飾將鏡背分為三個大小相等的空間，分置三類不同紋飾，這種構圖形式在銅鏡極為少見，僅有金銀錯狩獵鏡。

圖 1-8　傳金村出土嵌玉
琉璃鏡（梁鑑攝影）

　　金村銅鏡的色彩，一般工藝鏡呈現出的基本上是青銅綠鏽的顏色，更為豐富的色彩大多體現在特種工藝鏡上。由於其他材料在鏡背上的疊加，使得銅鏡散發出華美瑰麗的藝術之光。如金銀錯狩獵鏡，以三組金黃色渦紋與白色銀絲相間裝飾，色彩絢麗，交相輝映。嵌玉琉璃鏡則以藍色琉璃為地，飾以多組白色目形紋、花瓣形紋，鈕座與鏡緣均為棕紅色玉環，冷色調與暖色調交替使用，色彩搭配獨具匠心，裝飾手法新穎。

　　金村大墓發現的是一批戰國銅鏡，若繼續上溯古代銅鏡的歷史，穿越春秋、西周，直抵商代。在商代晚期都城遺址河南安陽殷墟曾經先後發掘出 5 面銅鏡。1934 年，一座商代墓中發現了第一面銅鏡，但存在較大爭議。24 年之後，高去尋發表論文，對「圓板

圖 1-9　上海博物館藏嵌玉鏡
（《鏡映乾坤》，43 頁）

圖 1-10　傳金村出土四龍透空鏡（馬麟供圖）

圖 1-11　傳金村出土嵌石四獸透空鏡（沈辰供圖）

19

具鈕器」進行了探討，從此確定殷墟所出這件器物為銅鏡[1]。後來，婦好墓又出土了4面銅鏡[2]。

　　商代之前的夏代是否有銅鏡，仍是一個未解之謎。河南偃師二里頭遺址出過幾件銅圓盤。1988年，有人提出：「洛陽偃師二里頭遺址曾出土一件直徑17、厚0.5厘米的圓形銅片，其上四邊用61塊長形綠松石鑲嵌，中間用綠松石塊嵌兩圈十字形的圖案，每圈均為13個，酷似今天的鐘錶刻度。這塊圓形銅片很可能是上層人物使用的銅鏡。」[3]2009年，許宏歸納了學術界對這件圓盤狀銅器的看法：「這類器物，有的學者認為屬於早期銅鏡，有的認為可能是與占日或律曆有關的『星盤』，或為某種法器。」[4]

　　出土該銅器的五區四號墓，位於偃師圪墶頭村西北高地上。1975年，農民挖土時發現獸面紋玉柄形器、鑲嵌綠松石圓形銅器各1件[5]。玉柄形器的形制別致，製作工藝精湛，紋飾雕刻複雜細膩，在該遺址發現的玉柄形器中堪稱上品。這座墓屬於二里頭文化三期遺存的中型土坑豎穴墓，應是貴族墓無疑。

　　該墓所處位置位於宮城區西北，是墓葬集中分佈區，發現有貴族墓。四號墓所出鑲嵌綠松石圓形銅器（圖1-12），從X光透視黑白照片來看，器為圓形，左右兩側及下部殘損，左側殘損面積較大，右側殘損較小，整個器物看上去略有變形。器中心為一黑色圓形，向外分別飾兩圈十字紋綠松石片。內圈十字紋較小，環繞中央圓形均勻分佈，排

1　高去尋：《殷代的一面銅鏡及其相關之問題》，《「中研院」歷史語言研究所集刊》29冊下，1958年，685—719頁。

2　中國社會科學院考古研究所：《殷墟婦好墓》，文物出版社，1980年。

3　米士誠等：《洛陽銅鏡藝術略論》，《洛陽出土銅鏡》，文物出版社，1988年，1頁。

4　許宏：《最早的中國》，科學出版社，2009年，177頁。

5　中國科學院考古研究所二里頭工作隊：《偃師二里頭遺址新發現的銅器和玉器》，《考古》1976年4期；中國社會科學院考古研究所：《偃師二里頭》，中國大百科全書出版社，1999年，241、243頁。

圖 1-12　偃師二里頭遺址五區四號墓銅圓盤
（許宏供圖）

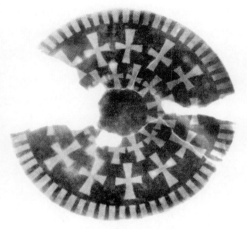

圖 1-13　二里頭遺址五區四號墓銅圓盤 X 射線片
（許宏供圖）

圖 1-14　二里頭遺址六區三號墓銅
圓盤（《中國社會科學院考古研究所
考古博物館洛陽分館》，33 頁）

列密集，殘存 11 個，復原應該是 13 個。外圈十字紋較大，每一紋飾均位於內圈兩個小十字紋之間，相間排列，殘存 12 個，復原數應是 13 個。內、外圈的十字紋形制基本相同，均為橫短豎長，內細外粗。邊緣一周鑲嵌長方形綠松石片，殘存 51 塊（圖 1-13），復原數為 61 塊，大小相同，排列均勻，形似鐘錶刻度。這件銅器正面最少蒙有六層粗細不同的四種布，每平方厘米經緯線分別為 8 根 ×8 根和 52 根 ×14 根，背面也有布紋痕。直徑 17、厚 0.5 厘米[1]。

在作為銅鏡的五個基本要素中，二里頭遺址圓盤狀銅器所具備的，除了鏡鈕目前無法通過 X 光顯示之外，其他四個要素都有。具體而言，其形制為圓形，鈕座略呈圓形，主區紋飾是內外兩周十字紋，邊緣是一周短直線紋。主區紋飾加上邊緣紋飾，從整體來看，構成了由中心鈕座向外的放射狀分佈。這種紋飾風格與已確認最早的齊家文化銅鏡、較晚的商代銅鏡紋飾佈局有一定的相似性。但是，它仍然缺少一些我們想要知道的信息，如是否有鈕？正面是什麼樣子？由於六層織物的包裹，讓人無法知曉這些信息。所以說，二里頭遺址出土鑲嵌綠松石的銅圓盤是否為銅鏡尚難以斷定。

在二里頭遺址的另外一座墓中出有一件圓盤形銅器。一部考古圖錄對這件銅器做了介紹，並稱為「銅鏡」，出土地點是二里頭遺址「IV 區硃 3」，直徑 11.8 厘米（圖 1-14）[2]。它到底是銅鏡嗎？答案是否定的。因為在《偃師二里頭》考古報告中，位於六區的三號墓中，出土兩件圓形銅器。其中一件器體較薄，兩側有對稱的四個圓形小孔，三個孔背面留有殘釘痕與木質痕，四周鑲嵌綠松石片。直徑 11.6、厚約 0.1 厘米。比較器物黑白照片與圖錄中的彩色照片細部，發現兩者的確為同一件器物。用銅鏡的五個基本

1　中國社會科學院考古研究所：《偃師二里頭》，255 頁。

2　中國社會科學院考古研究所：《中國社會科學院考古研究所考古博物館洛陽分館》，文化藝術出版社，1998 年，33 頁。

要素來衡量這件銅圓盤，差距較大，難以判定為銅鏡。

　　二里頭遺址與金村大墓的空間直線距離大約只有 7.8 公里，在時間上卻相差一千餘年。金村出土的大批文物華美尊貴，如鶴立雞群，傲視群雄。金村大墓出土的銅鏡，是這個時代工藝技術的結晶，具有王者風範。它整合了當時最先進的工藝技術，引領了時代發展的潮流，成為那個遙遠時代的巔峰之作。如此上乘之作為什麼會出現在金村大墓之中呢？

　　這還要談及金村大墓的國別及性質。在其發現之後的十多年間，學術界曾有爭議，後逐漸贊同唐蘭提出的「東周墓葬說」。在此基礎上，1984 年，李學勤對金村墓葬中出土銅器銘文進行了考證，得出的結論是：「金村墓葬群不是秦墓、韓墓，也不是東周君墓，而是周朝的墓葬，可能包括周王及附葬臣屬。」[1] 李德方進一步提出，金村陵區應該屬敬王至慎靚王凡十一王的陵地[2]。至於金村大墓中出土大量精美文物的原因，李學勤有一段話解釋得非常透徹：

　　　　金村墓葬群是周朝的墓葬，說明了這裏發現異常珍貴華美文物的原因。在中國古代，王室大墓的隨葬品每每特別華麗，形制特殊，非其他墓葬所能比。這是因為王家的匠師有獨特的工藝傳統，也是王室政治地位的曲折反映。安陽殷墟的商朝大墓如此，金村的墓葬群也是這樣。[3]

1　李學勤：《東周與秦代文明》，文物出版社，1984 年，29 頁。

2　李德方：《東周王陵分區考辨》，《洛陽古墓博物館館刊》1987 年創刊號。

3　李學勤：《東周與秦代文明》，29—30 頁。

需要指出的是，在懷履光《洛陽故城古墓考》收錄的 11 面銅鏡中，有一面四乳雙龍鏡，應屬於西漢時期銅鏡，並非戰國銅鏡。1985—1992 年，山東淄博 4 座西漢早期至中晚期墓葬各出一面四乳雙龍鏡[1]，與金村所出銅鏡紋飾相似。對於這一問題，徐堅給出的答案是：金村器物群中明顯包含了許多年代晚於東周的器物，或者年代在東周晚期，卻是來自其他地區的器物。所幸考古學史情境為辨識金村器物群的混雜性提供了重要的線索，兩周及中原地區東周和秦漢考古學資料的積累使金村能最終通過「減法」接近歷史本真[2]。

金村大墓出土器物群無疑是 20 世紀中國最偉大的文物發現之一。遺憾的是，它突然出現在錯誤的時間和地點，遭到瘋狂盜掘，然後迅速流向海外市場，星星點點分佈於世界各地著名的博物館當中。加拿大皇家安大略省博物館收藏的金村文物數量名列前茅，這和懷履光有着很大關係。在一片聲討懷氏盜運大量金村文物於海外之餘，冷靜、理性地思考一下，在當時那種政局動盪、盜掘文物無人追究的大背景之下，即使不是懷氏，也會有其他人充當這個不光彩的角色。不管怎樣，懷履光撰寫了第一部有關金村大墓的著作，為後人留下了研究金村文物不可或缺的第一手資料。金村大墓出土文物的流失是國人無法言說的切膚之痛，就像敦煌文書的損失一樣，其價值無法估量。當我們今天來回顧金村大墓出土銅鏡之際，不禁會生發出一點感慨，希望國人能永遠銘記那段無法癒合的民族傷痛。

1　山東省文物考古研究所編：《鑑耀齊魯：山東省文物考古研究所出土銅鏡研究》，文物出版社，2009 年，190—191、358 頁。

2　徐堅：《暗流：1949 年之前安陽之外的中國考古學傳統》，科學出版社，2012 年，312 頁。

廣陵明鏡
—— 揚州漢代特種工藝鏡

　　戰國、兩漢及唐代，是中國鏡鑑史上三座里程碑式的發展時期。其中，特種工藝鏡因其工藝技術複雜，製作難度較大，代表了每一時期的最高水平。兩漢時期的特種工藝鏡，上承戰國，下啟唐代，具有承上啟下的重要作用。以往發現的漢代特種工藝鏡，主要有鎏金鏡、彩繪鏡、金銀錯鏡等類型。中華人民共和國成立以來，在江蘇揚州地區漢墓科學發掘出土的特種工藝鏡，不僅有鎏金鏡，還有前所未見的金銀平脫鳳鳥紋鏡、貼鏤空銅箔禽獸紋鏡、貼金銀箔漆繪雲氣紋鏡。這些銅鏡是兩漢特種工藝鏡的典型代表，為漢鏡研究增添了新的資料。

　　揚州在漢代先後稱江都國、廣陵郡、廣陵國，經濟發達，富庶甲於東南，為銅鏡鑄造業的發展提供了重要的物質條件。近 20 多年來，在揚州地區發掘出土的漢代特種工藝鏡中出現了一些新類型，值得學術界關注。2007 年，揚州市西湖鎮蠶桑磚瓦廠工地 3 號西漢墓出土一面金銀平脫鳳鳥紋鏡，直徑 18.4、緣厚 0.7 厘米（圖 2-1）。此鏡出土於西漢土坑木槨夫妻合葬墓，墓主人董漢，字子翁，已達到列侯級別；女主人享有金縷玻璃

圖 2-1　揚州蠶桑磚瓦廠 3 號漢墓
金銀平脫鳳鳥鏡（霍宏偉攝影）

圖 2-2　揚州巴家墩漢墓貼鏤空銅箔
禽獸紋鏡（霍宏偉攝影）

圖 2-3　揚州巴家墩漢墓貼金銀箔
雲氣紋鏡（霍宏偉攝影）

匣的葬具，反映出其身份的與眾不同[1]。1991 年，揚州市甘泉鄉巴家墩一座西漢墓早年被盜嚴重，卻出土 4 面特種工藝銅鏡。其中兩面銅鏡修復後較為完整，分別為貼鏤空銅箔禽獸紋鏡（圖 2-2）、貼金銀箔雲氣紋鏡（圖 2-3）。該墓屬於西漢中晚期貴族大墓[2]。

上述三面特種鏡，在製作工藝方面既有相似之處，也有細節上的差異。其一，均為圓形，圓鈕，柿蒂紋鈕座，鈕上及鈕座殘留 5 個圓形或水滴形凹坑，應是鑲嵌之用，其中雲氣紋鏡鈕上保留有一銅泡，其底部一周殘留紅色。1980 年，揚州邗江甘泉 M2 出土一件漆盒，其內放置 9 個子盒，蓋面上的三葉、四葉銅飾上鑲嵌水晶泡與琥珀小泡[3]。1985 年，姚莊 101 號西漢晚期墓出土的銀釦嵌瑪瑙七子盒，頂蓋中心為一銀柿蒂紋，其中心鑲嵌一顆黃色瑪瑙，四葉上各嵌一顆雞心形紅瑪瑙[4]。此類銅鏡的製作，有可能借鑑了漆盒蓋的鑲嵌工藝技術。

其二，鈕座外的裝飾略有不同。第一面鏡飾四隻展翅鳳鳥，以鏤空金箔製作，外髹紅褐色漆圈；第二面鏡鈕座外局部殘存龜裂的漆灰地，其餘部分顯露出銅胎；第三面座外於漆灰地上隨形就勢，用金箔剪出與鈕座相適應的形狀，並粘貼之。

其三，鈕座外圈帶數量及裝飾的異同。三面銅鏡鈕座外均為兩圈，第一面鏡內圈飾以七內向連弧紋加七角星帶，角內飾圓圈紋。外圈飾五組鳳鳥紋帶，用金箔鏤空製作。第二面鏡內、外兩圈，均為漆灰地，並貼飾銅箔圈帶，在銅箔上以鏤空的形式刻出各類富於動感的禽獸紋飾輪廓，彷彿剪影一般，與揚州姚莊西漢晚期墓 M102 出土漆面罩上貼飾的人物鳥獸紋金銀箔、湖南長沙西漢後期墓 M211 出土漆器上的金箔貼花裝飾手法

1　徐忠文等主編：《漢廣陵國銅鏡》，文物出版社，2013 年，334—335 頁，圖 148，12—13 頁。

2　徐忠文等主編：《漢廣陵國銅鏡》，336—339 頁，圖 149、150，12 頁。

3　南京博物院：《江蘇邗江甘泉二號漢墓》，《文物》1981 年 11 期。

4　揚州博物館：《江蘇邗江姚莊 101 號西漢墓》，《文物》1988 年 2 期。

相似[1]。第三面鏡鈕座外亦為漆灰地。內圈以金、銀兩種質地的三角形箔片，相間交錯排列，並在黃、白兩色菱形紋地上漆繪黑色雙 S 形紋。以金、銀三角形箔片相間裝飾的手法，在揚州姚莊西漢晚期墓 M101 出土銀釦鑲嵌瑪瑙七子漆奩、安徽天長三角墟 M1 出土銀釦鑲嵌金銀箔梳篦奩蓋上亦能見到[2]。第三面銅鏡外圈貼以金箔條帶，用黑漆繪以雲氣紋，與洛陽燒溝東漢早期墓 M1023 出土尚方四神博局鏡鏡緣紋飾相同[3]。

其四，鏡緣的對比。第一面鏡為寬平素緣，等距分佈有 8 個方形凹坑，中央有一圓形凹點，均為鑲嵌之用。第二面鏡以兩周凸棱夾一周凹槽飾金箔為緣。第三面鏡緣，與第二面鏡緣形制相同，唯一不同之處在於，凹槽內裝飾的是金、銀相間的三角形箔片，在黃、白兩種菱形紋地上漆繪黑色雙 S 形紋，與其鈕座外內圈紋飾相同。

三面特種鏡的整體佈局，與飾以銅釦漆器的佈局有相似之處，如洛陽燒溝漢墓 M1035 出土的兩件漆器，日常使用的漆器有可能對特種鏡形制佈局產生影響。這種以鏡鈕為中心、以多重圓圈分割鏡背的佈局形式，在中原地區漢代銅鏡上也有反映。如洛陽西郊西漢中期墓 M3206 出土一面銅華鏡，新莽墓 M3144 出土的昭明鏡[4]，均以銘文為主體圈帶。這種重輪凸起的佈局對隋唐銅鏡的構圖產生深遠影響。

以上介紹的三面特種工藝鏡與漢代廣陵國發達的漆器製造業密不可分。此外，揚州漢墓清理出鎏金鏡三面，在全國發現數量名列前茅。1958 年，江都縣彬州鄉古墓發

1　揚州博物館編：《漢廣陵國漆器》，文物出版社，2004 年，122 頁，圖 93；揚州博物館：《江蘇邗江縣姚莊 102 號漢墓》，《考古》2000 年 4 期；中國科學院考古研究所：《長沙發掘報告》，科學出版社，1957 年，圖版捌肆。

2　揚州博物館：《江蘇邗江姚莊 101 號西漢墓》，《文物》1988 年 2 期；安徽省文物考古研究所等：《安徽天長縣三角墟戰國西漢墓出土文物》，《文物》1993 年 9 期，彩色插頁 1。

3　洛陽區考古發掘隊：《洛陽燒溝漢墓》，科學出版社，1959 年，166 頁，圖七三：2。

4　洛陽區考古發掘隊：《洛陽燒溝漢墓》，205 頁；中國科學院考古研究所洛陽發掘隊：《洛陽西郊漢墓發掘報告》，《考古學報》1963 年 2 期。

圖 2-4　江都縣彬州出土鎏金神人神獸畫像鏡
（《江蘇省出土文物選集》，圖 124）

圖 2-5　揚州東風磚瓦廠 7 號漢墓鎏金博局鏡拓本
（《揚州東風磚瓦廠漢代木槨墓群》，《考古》1980 年 5 期）

現一面東漢末或三國時期的鎏金神人神獸畫像鏡，直徑 14.3 厘米（圖 2-4）[1]。1974 年，揚州東風磚瓦廠發掘一批新莽或東漢初期的木槨墓群，7 號墓出土一面鎏金博局鏡，鏡背殘留鎏金痕跡，直徑 17.8 厘米（圖 2-5）[2]。2010 年，儀徵市新集鎮前莊磚瓦廠 12 號西漢墓（圖 2-6）隨葬一面鎏金四乳四虺紋鏡，面、背鎏金保存完好，直徑 16.6、緣厚 0.7 厘米（圖 2-7）[3]。若將此鏡不同時期的圖片放在一起進行比較的話，會發現鏡體鎏金也在慢慢發生變化（圖 2-8）。從色澤金黃、光鮮如初，到色彩變暗、顏色漸深，甚至局部變黑。當 2015 年 10 月 25 日我在儀徵博物館庫房手捧這面鎏金鏡時

1　南京博物院等合編：《江蘇省出土文物選集》，文物出版社，1963 年，圖 124。

2　揚州博物館：《揚州東風磚瓦廠漢代木槨墓群》，《考古》1980 年 5 期。

3　儀徵博物館編：《儀徵館藏銅鏡》，江蘇美術出版社，2010 年，56—57 頁；徐忠文等主編：《漢廣陵國銅鏡》，332—333 頁，圖 147。

圖 2-6　儀徵前莊磚瓦廠 12 號
漢墓鎏金四乳四虺紋鏡出土現
狀（《漢廣陵國銅鏡》，12 頁）

圖 2-7　出土不久的鎏金四乳四虺紋鏡（《儀徵館藏銅鏡》，56 — 57 頁）

（圖 2-9），已無法相信，它與在圖錄上看到的會是同一面鏡子。鏡體色澤暗淡，顏色完全變深，讓人感歎兩千多年前的寶物重現人間時的美好形象也只是轉瞬即逝的一剎那。

鎏金鏡的歷史，最早可追溯到洛陽金村戰國中晚期大墓出土的金銀錯狩獵紋鎏金鏡。漢代鎏金鏡主要出土於中國南方地區，作為西漢國都長安與東漢國都洛陽的兩京地區，極少發現鎏金鏡。1951—1952 年，在湖南長沙近郊發掘 211 號西漢後期墓，出土一面「中國大寧」銘文鎏金博局鏡，直徑 18.7 厘米[1]（圖 2-10）。1978 年，長沙楊家山 304 號西漢晚期墓清理出兩面鎏金博局鏡，其中一面直徑 13.8 厘米，現藏湖南省博物館[2]。

揚州地區漢墓出土了大量的一般工藝鏡，數量在 300 面以上。其中，揚州博物館藏 200 餘面，儀徵博物館藏漢鏡 100 餘面，部分銅鏡應該是當地鑄造的。有一面出自揚州漢墓的八乳博局鏡，銘文尤其獨特：「今名之紀七言止，涷治銅華去惡宰，鑄成錯刀天下喜，安漢保真世母（毋）有，長樂日進宜孫子。」（圖 2-11）[3] 鏡銘中的「鑄成錯刀天下喜」一句，客觀地反映了西漢居攝二年（7 年）王莽攝政、進行貨幣改革的史實。「錯刀」因「一刀」兩字錯以黃金，亦稱「金錯刀」，即新莽時期鑄行的貨幣「一刀平五千」（圖 2-12），是王莽第一次幣制改革的其中一種類型，其形制上為圓形方孔，下為刀形。嵌金於銅的黃綠組合，其精美奇妙的造型，成為詩人們不捨的抒情主角，常出現在後人的詩句之中：

美人贈我金錯刀，何以報之英瓊瑤。（漢·張衡《四愁詩》）

1　中國科學院考古研究所：《長沙發掘報告》，116—117 頁，圖版陸捌：1。

2　湖南省博物館：《長沙楊家山 304 號漢墓清理簡報》，《考古學集刊》1，中國社會科學出版社，1981 年，141 頁；中國青銅器全集編輯委員會編：《中國青銅器全集》16《銅鏡》，58 頁，圖 57。

3　徐忠文等：《廣被丘陵鑄銅鏡：揚州出土漢代銅鏡概說》，《漢廣陵國銅鏡》，15—16 頁；王勤金等：《揚州出土的漢代銘文銅鏡》，《文物》1985 年 10 期。

圖 2-8　著錄於《漢廣陵國銅鏡》中的鎏金四乳四虺紋鏡（《漢廣陵國銅鏡》，333 頁）

一諾許他人，千金雙錯刀。（唐·李白《敘舊贈江陽宰陸調》）

次觀金錯刀，一刀平五千。（宋·梅堯臣《飲劉原甫家》）[1]

　　揚州漢墓出土類型多樣的特種工藝鏡及數量眾多的一般工藝鏡，與漢代廣陵經濟繁榮，財力雄厚有關，此地被司馬遷稱為「江東都會」。《史記·貨殖列傳》：「彭城以東，東海、吳、廣陵，此東楚也。…… 夫吳自闔廬、春申、王濞三人招致天下之喜遊子弟，東有海鹽之饒，章山之銅，三江、五湖之利，亦江東一都會也。」[2] 南朝鮑照《蕪城賦》更

1　逯欽立輯校：《先秦漢魏晉南北朝詩》漢詩卷六《張衡》，中華書局，2013 年，180 頁；《全唐詩》卷一六九《李白九》，1747 頁；（清）吳之振等選、（清）管庭芬等補：《宋詩鈔·宛陵詩鈔》，中華書局，1986 年，239 頁。

2　《史記》卷一二九《貨殖列傳》，3267 頁。

圖 2-9　現藏儀徵博物館的鎏金四乳四虺紋鏡（霍宏偉攝影）

圖 2-10　長沙近郊 211 號漢墓「中國大寧」鎏金博局鏡及拓本（中國國家博物館供圖）

圖 2-11　揚州漢墓八乳博局銘文鏡拓本（《揚州出土的漢代銘文銅鏡》，《文物》1985 年 10 期）

圖 2-12　中國國家博物館藏新莽錯金銅錢「一刀平五千」（《中國古代錢幣》，52 頁）

加細緻、具體地寫到漢廣陵郡的富庶：「昔全盛之時，車掛轊，人駕肩，廛閈撲地，歌吹沸天。孳貨鹽田，鏟利銅山。才力雄富，士馬精妍。」[1]

　　漢代廣陵經濟的發達促進了漆器製造業的發展。有學者做過初步統計，1949—2004 年，漢廣陵所在的揚州及其周邊地區，發掘的西漢墓葬就有 500 餘座，隨葬品中漆木器的比重較大，出土漆器有數千件之多。從漢代出土漆器數量眾多、製作工藝精良等方面考察，漢代廣陵應是東南地區漆器製作的中心，這已成為人們的共識[2]。揚州漢墓發現的金銀平脫鳳鳥紋鏡、貼鏤空銅箔禽獸紋鏡、貼金銀箔漆繪雲氣紋鏡等特種工藝鏡，就是漆器工藝在銅鏡製作上的運用，是漆器工藝與製鏡技術的完美結合。這三面銅鏡採用了貼

1　（梁）蕭統編、（唐）李善注：《文選》卷一一《遊覽》，166—167 頁。

2　李則斌：《漢廣陵國漆器藝術》，《漢廣陵國漆器》，文物出版社，2004 年，9 頁。

金、銀、銅箔，以及鑲嵌、髹漆等工藝手段，屬於集多種工藝於一體的複合工藝鏡，足以代表兩漢時期製鏡技術的最高水平。

漢代廣陵地區地下蘊藏着豐富的銅礦資源，為鑄鏡提供了充足的物質保證。《漢書·地理志》記載西漢丹揚（陽）郡設置有銅官，該郡為「故鄣郡，屬江都。武帝元封二年更名丹揚，屬揚州⋯⋯ 有銅官」[1]。漢鏡銘文中經常出現「漢有善銅出丹陽，和以銀錫清且明」，文中「丹陽」即今安徽當塗，是漢代最有名的銅礦所在地。吳王都廣陵，管轄東陽、鄣、吳三郡，丹陽屬於鄣郡，後改為丹陽郡[2]。丹陽豐富的礦產資源，為廣陵鑄鏡業的發展提供了源源不斷的銅材料。

就社會風俗而言，吳人自古喜好華美、奇異之器，這一地區出土大量的漢唐文物足以證明。明代張瀚在《百工紀》中對吳地風俗做了一番較為深入、透徹的總結：「至於民間風俗，大都江南侈於江北，而江南之侈尤莫過於三吳。自昔吳俗習奢華、樂奇異，人情皆觀赴焉。吳製服而華，以為非是弗文也；吳製器而美，以為非是弗珍也。四方重吳服，而吳益工於服；四方貴吳器，而吳益工於器。是吳俗之侈者愈侈，而四方之觀赴於吳者，又安能挽而之儉也。」[3]

揚州漢代特種工藝鏡在中國鏡鑑史上具有的意義，在於其處於承上啟下的重要時期，上承戰國以來高超的工藝技術，下啟唐代特種工藝，尤其是金銀平脫製作技術對唐代影響至深。所謂「平脫」，就是將金、銀、銅等不同金屬質地的薄片製成的鏤空紋飾，用膠漆

1　《漢書》卷二八上《地理志上》「丹揚郡」條小字注，中華書局，1975年，1592頁。

2　孔祥星等：《中國古代銅鏡》，文物出版社，1984年，116頁；徐忠文等：《廣被丘陵鑄銅鏡：揚州出土漢代銅鏡概說》，《漢廣陵國銅鏡》，15頁。

3　（明）張瀚著、盛冬鈴點校：《松窗夢語》卷四《百工紀》，中華書局，1985年，79頁。

平粘於銅胎之上，空白處填漆，再進行細緻打磨，使粘上的花紋與漆面基本平齊，稱為「平脱」。王世襄對金銀平脱的發展歷史曾有過一段簡短概括：「戰國時已出現釦器，如成都羊子山 172 號墓出土的幾件漆器。釦器就是用金屬來嵌鑲漆器的口，故不妨說釦器就是嵌金銀漆器。它的進一步發展是從鑲口的圓釦發展到粘貼在器蓋上的葉片……（西漢）及至器身上再粘貼金銀薄片花紋，則和唐代所謂的金銀平脱沒有什麼差別了。」[1]

　　揚州邗江姚莊 101 號西漢晚期墓隨葬的銀釦嵌瑪瑙七子奩，用金銀箔剪貼加彩繪的手法，描繪了許多以人物為主、山水為輔的出巡、狩獵、鬥獸、娛樂、郊遊等場景，這種製作工藝與金銀平脱效果近似。類似的例子還有揚州邗江楊廟鄉昌頡村西漢晚期墓出土的一件銀釦貼金箔漆奩，蓋壁與器身各有三道銀釦，其間用金箔剪貼成紋飾帶，有山水、流雲、西王母、羽人、青鳥、靈芝等形象，創造出漢代人們心目中的神仙境地（圖 2-13）[2]。揚州西漢墓出土金銀平脱鳳鳥紋鏡是目前中國考古發現最早的金銀平脱鏡，貼鏤空銅箔禽獸紋鏡、貼金銀箔漆繪雲氣紋鏡亦為國內所僅見，為追溯唐代發達的金銀平脱鏡技術源頭提供了重要的實物資料。現存唐代平脱器非常精美，具有代表性，如西安東郊長樂坡村出土唐代金銀平脱鸞銜綬帶漆背鏡（圖 2-14）[3]。平脱器在文獻中也有記述，唐段成式《酉陽雜俎·忠志》：「安祿山恩寵莫比，錫賚無數，其所賜品目有…… 金平脱犀頭匙箸，金銀平脱隔餛飩盤，金花獅子瓶，平脱着足疊子。」[4]《新唐書·肅宗紀》：「禁珠玉、寶鈿、平脱、金泥、刺繡。」[5] 五代以降，平脱工藝逐漸衰敗。

1　王世襄：《髹飾錄解説：中國傳統漆工藝研究》，文物出版社，1998 年，106 頁。

2　揚州博物館：《江蘇邗江姚莊 101 號西漢墓》，《文物》1988 年 2 期；傅舉有主編：《中國漆器全集》第 3 卷《漢》，福建美術出版社，1998 年，140 頁。

3　陳晶主編：《中國漆器全集》第 4 卷《三國—元》，52 頁。

4　《酉陽雜俎》前集卷一《忠志》，2 頁。

5　《新唐書》卷六《肅宗紀》，中華書局，1975 年，159 頁。

圖 2-13　揚州邗江昌頡村西漢墓銀釦貼金箔漆奩（《中國漆器全集》第 3 卷《漢》，140 頁）

圖 2-14　西安長樂坡村出土唐代金銀平脫鸞銜
綬帶漆背鏡（《中國漆器全集》第 4 卷《三國—
元》，52 頁）

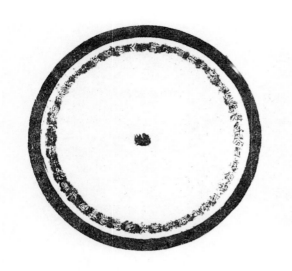

圖 2-15　中國國家博物館藏宋代揚州鑄銘文鏡拓本（《館藏銅鏡選輯》六，《中國歷史博物館館刊》1994 年 2 期）

　　唐代揚州繁盛一時，有「揚一益二」之說，揚州鑄鏡業發展處於當時領先水平[1]。唐中宗曾令揚州鑄造大方鏡，並在鏡背附加特種工藝，鏡大體厚，在鑄造方面有相當大的難度。《朝野僉載》卷三：「中宗令揚州造方丈鏡，鑄銅為桂樹，金花銀葉，帝每騎馬自照，人馬並在鏡中。專知官高郵縣令幼臨也。」[2]《太平廣記》引《廣異記·韋栗》：「韋栗者，天寶時為新淦丞。有少女十餘歲，將之官，行上揚州，女白栗，欲市一漆背金花鏡。」[3] 小說中韋栗女兒要買的「漆背金花鏡」，應屬於金平脫特種工藝鏡。1984 年，揚州邗江縣八里鄉荷莊村發掘出唐代開成四年（839 年）薛元常妻楊氏墓，出土一面圓形殘鏡，髹

1　陳燦平：《揚州鑄鏡與隋唐銅鏡的發展》，《江淮文化論叢》第二輯，文物出版社，2013 年，275—301 頁。

2　（唐）張鷟撰、趙守儼點校：《朝野僉載》卷三，中華書局，1997 年，69 頁。

3　（宋）李昉等編：《太平廣記》卷三三四《鬼一九》，中華書局，1995 年，2651 頁。

漆，刻劃有花卉紋飾，並於其上鎏金，直徑 30 厘米 [1]。

　　宋代揚州繼承唐代傳統，仍在鑄鏡，並作為貢品進獻大內。中國國家博物館藏有一面北宋宣和五年（1123 年）揚州鑄造的大銅鏡，直徑 34 厘米，圓形鏡背上無紋飾，近鏡緣處鑄有一周陽文楷體銘文帶：「宣和五年，分進貢銅鑑，造貳拾面。鑑鑄官承直郎揚州司儀曹事臣、萊景押，管向專知官盛奇，匠人臣郭成鑄，揚州鑄造。」這是一段長達 46 字的鏡銘，包括紀年、鑄地、鑑鑄官及工匠姓名等信息，為進一步探討宋代揚州鑄鏡業提供了明確的實物佐證（圖 2-15）[2]。

　　從縱向來看，自漢代廣陵到唐宋揚州鑄鏡業極其發達，究其原因，不僅在於該地區有着優秀的手工業傳統，豐富的銅礦資源也成為這一行業興盛的重要支撐。從橫向來看，與其他地區相比，這一地區在漢唐時期為經濟富庶的江東都會，手工業發展迅猛，整體水平高於其他地方，所鑄銅鏡質量與工藝水平名列前茅。天時、地利、人和，是古人心目中成功的三個基本要素，就鑄鏡條件而言，揚州無疑三者兼備，從而一躍成為漢唐時期知名的鑄鏡中心之一，留下了讓後人吟詠不絕有關銅鏡的唐詩名篇：

　　　　鑄鏡廣陵市，菱花匣中發。（韋應物《感鏡》）

　　　　映水菱花散，臨風竹影寒。（張文成《揚州青銅鏡留與十娘》）

　　　　揚州青銅作明鏡，暗中持照不見影。（張籍《白頭吟》）[3]

1　揚州博物館：《揚州近年發現唐墓》，《考古》1990 年 9 期。

2　楊桂榮：《館藏銅鏡選輯》六，《中國歷史博物館館刊》1994 年 2 期。

3　《全唐詩》卷一九一《韋應物六》，1974 頁；《全唐詩逸》卷下《遊仙窟詩》，收入《全唐詩》，10288 頁；《全唐詩》卷三八二《張籍一》，4299 頁。

詩　鏡
——銘文鏡的文學範兒

　　羅振玉有關鏡銘的著作中收錄一鏡題名「詩鏡」，頗有意趣。「詩曰：鸞鏡曉勻妝，慢把花鈿飾。真如淥水中，一朵芙蓉出。」[1]《金石索·金石六》著錄有此鏡的摹本，銘文與羅氏所載基本相同，唯「詩曰」寫作「詩云」（圖 3-1）[2]。銅鏡的形制如蓮瓣綻放，遼寧朝陽遼代佛塔天宮中出土的一面銅鏡，鏡形與其相似（圖 3-2）[3]。

　　鸞鏡是唐代較為流行的一種鏡類，鏡背紋飾有孤鸞與雙鸞之分。且看拂曉天亮之時，佳人晨起梳妝，閒對鸞鏡，用手輕輕地搓着臉使脂粉勻淨，慢慢地把金翠珠玉製成的花形首飾戴在頭上。遠遠望去，彷彿清澈的水中，一朵芙蓉悄然綻放，讓人想起李太白的詩句「清水出芙蓉，天然去雕飾」[4]。古人不僅將優美動人的詩句吟於口中、寫在紙上，而且鑄於鏡背，化為永恆，為今人描繪了一幅楚楚動人的佳麗覽鏡圖。

　　在中國文學史上，詩經、楚辭、漢賦、唐詩、宋詞、元曲，燦若星辰，依次綻放，成為各時段具有代表性的文學表現形式，也是滋養中華民族「子子孫孫永保用」

1　羅振玉：《漢兩京以來鏡銘集錄》，《羅振玉學術論著集》第六集，上海古籍出版社，2010 年，34 頁。

2　（清）馮雲鵬等輯：《金石索·金索六》，《續修四庫全書》894 冊，上海古籍出版社，2002 年，277 頁。

3　朝陽北塔考古勘察隊：《遼寧朝陽北塔天宮地宮清理簡報》，《文物》1992 年 7 期。

4　（唐）李白：《經亂離後天恩流夜郎，憶舊遊，書懷贈江夏韋太守良宰》，《全唐詩》卷一七〇《李白一〇》，1756 頁。

圖 3-1　詩鏡摹本（《金石索·金索六》，
　　277 頁）

圖 3-2　遼寧朝陽遼代佛塔天宮銅鏡拓本（《遼寧
朝陽北塔天宮地宮清理簡報》，《文物》1992 年 7 期）

的精神源泉。它們在同時期的鏡鑑上，究竟映照出怎樣的倩影，或許是人們感興趣的
話題。詩經、楚辭與元曲，一頭一尾，分屬先秦、元代，在鏡上未留下任何痕跡，但
從漢鏡上的某些銘文可以咀嚼出楚辭的獨特韻味，畢竟楚漢一家，有着無法割捨的文
化傳承關係。

一、漢賦韻致

在數量眾多的漢賦中，選擇《仙賦》與《酒賦》兩類作為探討的重點。前者是神話，
寄託着漢人的夢想與希冀；後者是現實，反映了漢人真實的生活狀態。將漢賦與漢鏡銘
文結合起來，將會對漢代人們的精神世界與物質生活有一個更為清晰的認識。

西漢末至東漢初期的哲學家桓譚早年寫過一篇《仙賦》，賦前有一段小序，交代了

寫作背景與動機。他年少時任中郎，跟隨西漢成帝出行至甘泉河東祭祀諸神。先安置於華陰集靈宮，離宮位於華山腳下，為漢武帝所建造，以此來感念仙人王喬、赤松子，故將主殿取名為「存仙」。端門南向，面朝華山，署題「望仙門」。桓譚在此居住，興之所至，遂於牆壁上作賦，以讚頌勝地美景。「夫王喬、赤松，呼則出故，翕則納新……仙道既成，神靈攸迎。乃驂駕青龍赤騰，為歷踏玄厲之擢崒。有似乎鸞鳳之翔飛，集於膠葛之宇，泰山之臺。吸玉液，食華芝，漱玉漿，飲金醪。出宇宙，與雲浮，灑輕霧，濟傾崖。觀滄川而升天門，馳白鹿而從麒麟。」[1]

　　賦中寫到了王喬、赤松子等仙人，以及青龍、鸞鳳、白鹿、麒麟等充滿神話色彩的動物形象。王喬即王子喬，與赤松子一起，亦見於張昶《西嶽華山堂闕碑銘》所載：「而世宗又經集靈之宮於其下，想喬、松之疇。」[2]2006 年，河南新鄉市金燈寺 47 號東漢墓所出一面八鳳鏡，鑄有銘文「青龍白虎居左右，神魚仙人赤松子」等。浙江上虞出土東漢龍虎鏡，鏡背除了龍虎、仙人等主體紋飾之外，還有一周銘文，明確指出鏡上的仙人形象為王子喬：「石氏作竟（鏡）世少有，倉（蒼）龍在左，白虎居右，仙人子僑（喬）以象於後。為吏高（升）價萬倍，辟去不詳（祥）利孫子，千秋萬歲生長久。」（圖 3-3）[3]在鏡背上，這些仙人形象栩栩如生地展現在世人面前，反映出古人心目中的神仙尊容。

　　《仙賦》談到了升仙的方式是驂駕青龍，鸞鳳飛舞，場面宏大壯觀。仙人「吸玉液，食華芝，漱玉漿，飲金醪」。在漢代鏡銘中也有類似的説法，如洛陽西郊 7052 號東漢早期墓隨葬一面四神博局紋鏡，在鏡緣內飾一周陽文篆書銘文：「福憙進兮日以萌，食玉英

1　費振剛等校注：《全漢賦校注》上冊，廣東教育出版社，2005 年，第 341—342 頁。

2　（宋）章樵注：《古文苑》卷一八，《中華再造善本·唐宋編·集部》，北京圖書館出版社，2003 年。

3　鄭州大學歷史學院考古系等：《河南新鄉市金燈寺漢墓發掘簡報》，《華夏考古》2009 年 1 期；王士倫等：《浙江出土銅鏡》（修訂本），文物出版社，2006 年，彩版 56，222 頁。

圖 3-3　浙江上虞出土東漢龍虎鏡（《浙江出土銅鏡》，彩版 56）

圖 3-4　西安未央區 2 號新莽墓四神博局鏡（《長安漢鏡》，圖版五一：1）

兮飲澧泉，駕蜚龍兮乘浮雲，白虎引兮上泰山，鳳凰舞兮見神仙，保長命兮壽萬年，周復始兮八子十二孫。」[1] 1997 年，西安未央區鄉鎮企業培訓中心 2 號新莽墓清理出一面四神博局鏡，在主區四神紋之外有一周銘文：「作佳竟（鏡）真大好，上有仙人不知老，渴飲玉池飢食棗，浮遊天下敖（遨）四海，壽如金石保。」（圖 3-4）一般的尚方鏡銘均為「渴飲玉泉飢食棗」，此銘則云仙人「渴飲玉池飢食棗」，較為罕見。1991 年，河南偃師南蔡莊村磚廠發現東漢建寧二年（169 年）道士肥致墓，墓碑記載肥致食棗養生之說：「君常舍止棗樹上，三年不下，與道逍遙。」[2] 棗的營養價值早在漢代已被人們所熟知。

1　中國科學院考古研究所洛陽發掘隊：《洛陽西郊漢墓發掘報告》，《考古學報》1963 年 2 期。

2　程林泉等：《長安漢鏡》，陝西人民出版社，2002 年，132 頁；河南省偃師縣文物管理委員會：《偃師縣南蔡莊鄉漢肥致墓發掘簡報》，《文物》1992 年 9 期。

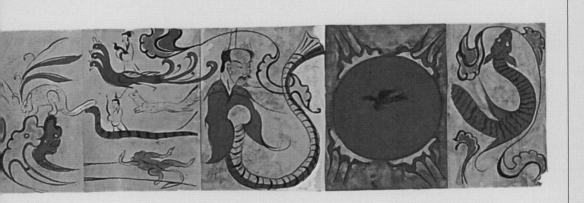

圖 3-5　洛陽麵粉廠西漢卜千秋墓壁畫《升仙圖》（王繡摹繪）

在洛陽麵粉廠發掘的西漢中期卜千秋墓中，有一幅升仙圖壁畫（圖 3-5），生動、直觀地詮釋了《仙賦》所要表達的主旨。在這幅壁畫中，不僅有蛟龍、白虎、鳳鳥、浮雲等形象，而且還有漢代普遍尊崇的西王母[1]，尤其令人矚目。偃師高龍鄉辛村西南發掘一座新莽壁畫墓，繪有一幅西王母壁畫，王母端坐雲端，頭戴勝；右有玉兔搗藥，下部有蟾蜍、九尾狐[2]。西漢司馬相如的《大人賦》，則用文字描繪出了漢人心中的西王母形象：「低徊陰山翔以紆曲兮，吾乃今日睹西王母。暠然白首戴勝而穴處兮，亦幸有三足烏為之使。必長生若此而不死兮，雖濟萬世不足以喜。」注云：「張揖曰：『西王母其狀如人，豹尾虎首，蓬髮暠然白首，石城金室，穴居其中。』」[3]與西王母有關的銅鏡銘文，如洛陽北郊岳家村 30 號唐墓中發現一面東漢三角緣畫像鏡，鏡上有「東王公、西王母」的形象，並有「王公」「王母」的銘文題記[4]（圖 3-6）。

以青龍、白虎、朱雀、玄武構成的「四神」形象，與漢代人的生活息息相關。東漢馮衍《顯志賦》：「躍青龍於滄海兮，豢白虎於金山。鑿岩石而為室兮，托高陽以養仙。神雀翔於鴻崖兮，玄武潛於嬰冥。」[5]漢賦通過文字的細緻描寫，為讀者創造了有關四神形象的想象空間。出現在銅鏡背面的，不僅有四神矯健、靈動的身影，而且還有接近鏡緣處一周銘文的準確詮釋：「尚方御竟（鏡）大母（毋）傷，湅治（冶）銀錫清而明，巧工刻之成文章，左龍右虎辟不羊（祥），朱鳥玄武順陰陽，子孫備具居中央，長保二親樂富昌，壽敝金石如侯王。」這是洛陽澗西 202 廠工地 92 號漢墓出土尚方四

1　洛陽博物館：《洛陽西漢卜千秋壁畫墓發掘簡報》，《文物》1977 年 6 期。

2　黃明蘭等：《洛陽漢墓壁畫》，文物出版社，1996 年，137 頁。

3　《漢書》卷五七下《司馬相如傳》，2596—2598 頁。

4　趙國壁：《洛陽發現的波斯薩珊王朝銀幣》，《文物》1960 年 8、9 期。

5　費振剛等校注：《全漢賦校注》上冊，369 頁。

圖 3-6　洛陽岳家村 30 號唐墓出土
東漢畫像鏡（霍宏偉攝影）

神博局鏡上的一段銘文，其中「左龍右虎辟不羊（祥），朱鳥玄武順陰陽」，指出了四
神的象徵意義。在偃師辛村新莽壁畫墓中，空心磚上模印有龍虎對峙而立的形象，其
間夾有一行「富貴宜子孫」磚銘[1]，亦反映出龍虎形象的作用在於趨吉辟凶，護佑墓主人
平安，其子孫既富且貴。

　　讓我們將目光從漢代充滿奇異、夢幻色彩的神話，轉移到現實的《酒賦》，回到一
個充滿濃郁生活氣息的世俗社會。西漢鄒陽的《酒賦》篇幅最長，畫面感最強。它不僅
記述了酒的製作工藝，而且還描寫了漢人飲酒的場景，以及喝酒之後人們的不同反應。

　　第一部分主要描寫了造酒的原料麥子與稻米，無論春秋，皆可造酒。釀成的酒液，
光彩閃耀，味醇香甜。打開盛酒的青瓷器，取酒過濾、勾兌。百姓為之高興，貴族作為

1　褚衛紅等：《洛陽發現的漢代博局鏡》，《文物》2008 年 9 期；黃明蘭等：《洛陽漢墓壁畫》，第 139 頁。

禮物。酒的種類有「沙洛」「淥酃」，或飲或拒，糾纏不清。濃香佳釀，飲之竟可使人千日一醒。第二部分生動描繪了漢代上層社會的奢侈生活。高朋滿座，美人起舞，達官顯貴們酣暢淋漓地暢飲佳釀，縱酒作樂，以至於喝得酩酊大醉，酒器翻倒。「安廣坐，列雕屏，綈綺為席，犀璩為鎮。曳長裾，飛廣袖，奮長纓。英偉之士，莞爾而即之。君王憑玉几，倚玉屏。舉手一勞，四座之士皆若哺粱焉。乃縱酒作倡，傾盌覆觴。」[1] 東漢崔駰《七依》也有類似的場景描寫：「於是置酒乎譙遊之堂，張樂乎長娛之臺。酒酣樂中，美人進以承宴。調歡欣以解容，回顧百萬，一笑千金。振飛縠以長舞袖，嫋細腰以務抑揚。」[2]

漢人飲酒作樂，不僅在漢賦中有着較大篇幅的文字鋪陳，而且常於漢鏡背面的銘文中有所反映，字數不多，卻言簡意賅。如 1996 年洛陽市吉利區煉油廠 689 號西漢中期墓發現長貴富草葉紋鏡上的銘文：「長貴富，樂毋（無）事。日有喜，長得所喜，宜酒食。」（圖 3-7）1954 年，遼陽三道壕發掘 27 號東漢石槨墓，出土一件陶案，在長方案中心魚紋的左側刻劃有 20 字銘文：「永元十七年三月廿六日，造作瓦案，大吉，常宜酒肉。」「永元十七年」為東漢和帝年號，即公元 105 年 [3]。有酒有食物，居必安，無憂患，心志歡，這就是漢代人的生活理想。

銅鏡銘文僅見「宜酒食」三字，無法讓人細緻入微地觀察漢人的飲酒之風。值得慶幸的是，在河南偃師辛村 1 號新莽墓壁畫磚上，就呈現出一位貴婦人酒酣之後醉意矇矓的憨態之姿（圖 3-8）。洛陽唐宮中路 120 號東漢晚期墓有一幅夫婦宴飲圖壁畫，夫妻兩

1　費振剛等校注：《全漢賦校注》上冊，54 頁。

2　費振剛等校注：《全漢賦校注》上冊，455 頁。

3　霍宏偉等主編：《洛鏡銅華：洛陽銅鏡發現與研究》上冊，科學出版社，2013 年，88 頁；《東北文物工作隊一九五四年工作簡報》，《文物參考資料》1955 年 3 期。

圖 3-7　洛陽吉利區煉油廠 689 號西漢墓
草葉紋鏡（洛陽市文物考古研究院供圖）

人前有柵足几，背起屏風。男主人端起耳杯，遞給婦人，夫妻兩人的面前不遠處，還有
一位侍女正從承旋上的酒樽中舀出冷酒（圖 3-9）[1]。良辰美景，佳釀淺酌，這與鄒陽《酒
賦》確有不少契合之處。令人感到更加驚奇的是，2003 年西安北郊棗園村南發掘一號西
漢早期墓，出土一件高達 78 厘米的鎏金銅鍾（圖 3-10），鍾內盛有 26 公斤透明的翠綠
色液體。開蓋之後，酒香撲鼻，是迄今所知保存最好、存量最多的古酒（圖 3-11）。經
中國食品發酵工業研究院全國酒類檢測中心測定，其中酒精含量 0.1%，還含有酒類基本
成分的正丙醇、異丁醇、異戊醇等微量物質，被確定為保存了兩千多年的西漢美酒[2]。讀
《酒賦》，品鏡銘，觀漢畫，聞佳釀，讓人浮想聯翩，遐思萬千。

1　洛陽市第二文物工作隊：《洛陽偃師縣新莽壁畫墓清理簡報》，《文物》1992 年 12 期；王繡等：《洛陽兩漢彩畫》，文物出版社，
　　2016 年，131—133 頁。
2　西安市文物保護考古所：《西安北郊棗園大型西漢墓發掘簡報》，《文物》2003 年 12 期，34 頁，圖九、一一。

圖 3-8　偃師辛村 1 號新莽墓壁畫磚
局部（霍宏偉攝影）

圖 3-9　洛陽唐宮中路 120 號東漢墓壁畫《夫婦宴飲圖》（王繡摹繪）

圖 3-10　西安棗園一號西漢墓鎏金銅鍾（《西安北郊棗園大型西漢墓發掘簡報》,《文物》2003 年 12 期）

圖 3-11　西安棗園一號西漢墓銅鍾內的酒（《西安北郊棗園大型西漢墓發掘簡報》,《文物》2003 年 12 期）

二、唐詩溯源

　　漢賦這種久遠的文學表現形式,與當代人之間約有兩千年的距離,閱讀、理解起來略感生澀。與其相比,南北朝至隋唐時期的詩賦似乎顯得更加親切,朗朗上口,易於讀懂。唐詩之前,先後有南北朝、隋代文人創作的詩歌做了較為充分的鋪墊,由此成就了大唐詩作的輝煌。《藝文類聚》收錄南朝梁代《詠鏡》詩五首,北朝

的北周一首，梁的作者包括簡文帝、高爽、何遜、朱超道、王孝禮，以及由梁入仕北周的詩人庾信[1]。

庾信的詩賦作品上承晉賦，下啟唐詩，堪稱南北朝文學集大成者[2]。唐代杜甫多次在詩中對庾氏給予高度評價，並概括、歸納出庾氏詩文的幾個特點，如「清新」「哀傷」「蕭瑟」「老成」[3]。庾信以銅鏡為主題的詩賦，對隋唐兩代影響較大，在同一時期的銅鏡上時常以其詩賦名句作為鏡銘，與鏡背紋飾互為映襯。庾氏有一首著名的《鏡》詩：「玉匣聊開鏡，輕灰暫拭塵。光如一片水，影照兩邊人。月生無有桂，花開不逐春。試掛淮南竹，堪能見四鄰。」有學者考證，此詩的寫作時間應該是庾信侍從梁簡文帝蕭綱時所作的同題之詠[4]。該詩的前四句理解較為容易，意思是打開玉鏡匣，拿出鏡子，輕輕擦拭鏡上的灰塵。鏡面光亮如水，可以照出鏡裏鏡外兩邊的人。後四句含義難以琢磨，「月生無有桂，花開不逐春」，倪璠解釋為：「月中有桂，鏡圓如月而無桂也。鏡有菱花，菱開夏時，故不逐春也。」「試掛淮南竹，堪能見四鄰」，出自《淮南子》：「高懸大鏡，坐見四鄰。」[5]

1　（唐）歐陽詢撰、汪紹楹校：《藝文類聚》卷七〇《服飾部下・鏡》，中華書局，1965 年，1226 頁。

2　（清）劉熙載：《藝概》卷二《詩概》：「庾子山《燕歌行》開唐初七言，《烏夜啼》開唐七律，其他體為唐五絕、五律、五排所本者，尤不可勝舉。」上海古籍出版社，1978 年，57 頁。清人倪璠於《春賦》注云：「《梁簡文帝集》中有《晚春賦》，《元帝集》有《春賦》，賦中多有類七言詩者。唐王勃、駱賓王亦嘗為之，云效庾體，明是梁朝宮中庾子山創為此體也。」（北周）庾信撰、（清）倪璠注、許逸民校點：《庾子山集注》卷一《賦》，中華書局，1980 年，74 頁。

3　杜甫有 4 首詩歌提到庾信。《春日憶李白》：「清新庾開府，俊逸鮑參軍。」《全唐詩》卷二二四《杜甫九》，2400 頁。《風疾舟中伏枕書懷三十六韻奉呈湖南親友》：「哀傷同庾信，迍邅異陳琳。」《全唐詩》卷二三三《杜甫一八》，2572 頁。《詠懷古跡五首》：「庾信平生最蕭瑟，暮年詩賦動江關。」《全唐詩》卷二三〇《杜甫一五》，2510—2511 頁。《戲為六絕句》：「庾信文章老更成，凌雲健筆意縱橫。」《全唐詩》卷二二七《杜甫一二》，2454 頁。

4　吳瑞俠：《庾信詩歌作品考辨》，《宿州學院學報》25 卷 4 期，2010 年。

5　《庾子山集注》卷四《詩》，364 頁。

圖 3-12　洛陽龍門站前廣場
唐墓神獸鏡（洛陽市文物考古
研究院供圖）

　　此詩前四句，作為隋末唐初銅鏡上的鏡銘經常被引用。1956—1957 年，在陝西西安
東郊韓森寨發掘 551 號初唐墓，出土一面團花鏡，外區銘文帶採用了庾信詠鏡詩的前半
首，並略作修改：「玉匣初看鏡，輕灰暫去塵。光如一片水，影照兩邊人。」2009 年，洛
陽龍門站前廣場唐墓清理出一面神獸鏡，四葉紋鈕座方框外各飾一隻形態各異的神獸。
鏡緣內飾一周陽文楷書銘文，即為庾信《鏡》詩的前四句，「玉匣聊開鏡」鑄作「玉匣聊
看鏡」，「影照兩邊人」一句銘文因鏽蝕而未顯 [1]（圖 3-12）。

　　庾子山在南朝梁做官時還寫過一篇《鏡賦》，分為四段，刻畫了宮中佳人晨起、覽鏡
梳妝的場景。第一段描寫的是佳人拂曉起床，折起屏風，打開窗戶，朝陽晃眼，晨風拂

1　中國社會科學院考古研究所：《西安郊區隋唐墓》，科學出版社，1966 年，74 頁，圖版肆貳：2；霍宏偉等主編：《洛鏡銅華》
　　下冊，222 頁。

面。第二段則是描繪鏡臺與銅鏡的重點段落：

> 鏡臺銀帶，本出魏宮。能橫卻月，巧掛迴風。龍垂匣外，鳳倚花中。鏡乃
> 照膽照心，難逢難值。鏤五色之盤龍，刻千年之古字。山雞看而獨舞，海鳥見
> 而孤鳴。臨水則池中月出，照日則壁上菱生。[1]

「鏡臺銀帶，本出魏宮」，出自東漢末曹操《上雜物疏》：「鏡臺出魏宮中，有純銀參帶鏡臺一枚，又純銀七，貴人、公主銀鏡臺四。」[2] 孟暉認為，「能橫卻月」，是指鏡臺的月牙形承托；「巧掛迴風」，則是為了固定鏡子，還要將鏡背鈕鼻中的繫帶拴結到立桿的頂端[3]。

「龍垂匣外，鳳倚花中」，這兩句是寫鏡臺周圍以龍、鳳紋為主體的裝飾物。南朝齊謝朓《詠鏡臺》詩中也有類似的描寫，如「對鳳臨清水，垂龍掛明月」[4]。接着寫銅鏡本身，「鏡乃照膽照心」，引用的是秦王大方鏡的典故。鏤盤龍紋，鑄以銘文。山雞見了要起舞，鸞鳥見了鳴叫，亦是引用了山雞見鏡起舞、鸞鳳睹影孤鳴的故事。本段的最後兩句「臨水則池中月出，照日則壁上菱生」，為《鏡賦》中的經典名句，耳熟能詳。甚至有人認為，「照日則壁上菱生」說的是神祕的透光鏡，意為對着陽光，牆壁上就會出現鏡背上的菱形花紋，可謂是最早對透光鏡的生動描寫[5]。

1　《庾子山集注》卷一《賦》，86 頁。

2　《北堂書鈔》卷一三六《服飾部三‧鏡臺六六》，553 頁。

3　孟暉：《能橫卻月，巧掛迴風：閨閣中的鏡臺與鏡匣》（上），《紫禁城》142 期，2006 年。

4　（唐）徐堅等：《初學記》卷二五《鏡臺一〇》，中華書局，1980 年，609 頁。

5　曾甘霖：《銅鏡史典》，重慶出版社，2008 年，118 頁。

在描繪了鏡臺與銅鏡之後，詩人將筆鋒一轉，引導讀者的注意力從物再次轉移到人，在第三段繼續描寫宮中佳麗的髮飾、裝扮，對鏡插花、度量髻鬟長短乃至飛花磚地等細微動作與局部場景，用精緻入微的詞彙重構了南朝宮廷內部的日常生活史現場片斷。最後一段是寫佳人在梳洗打扮、塗脂抹粉之後，把鏡子繫在身上，以便出門之後也能時時自照其髮。

《鏡賦》第二段首云「鏡臺銀帶，本出魏宮。能橫卻月，巧掛迴風。龍垂匣外，鳳倚花中」，有關魏宮、龍、鳳的描寫，成為後人創作詩歌的借鑑。隋代李巨仁撰有一首《賦得鏡詩》：「魏宮知本姓，秦樓識舊名。鳳從臺上出，龍就匣中生。無波菱自動，不夜月恆明。非唯照佳麗，復得厭山精。」[1] 無論是「魏宮知本姓」，還是「鳳從臺上出，龍就匣中生」，均可從中看到庾信《鏡賦》的影子。唐何據《古鏡賦》有「秦樓對月，魏乘臨珠」，王起《照寶鏡賦》「魏宮之所施，秦臺之所持」[2]，可見「魏宮」「秦臺」亦成為唐人創作鏡鑑詩賦引用頻率較高的典故。河南偃師城關鎮前杜樓村磚廠唐貞觀二十一年（647年）崔大義夫妻合葬墓發現一面四神十二生肖鏡，出土時已斷為三塊。四葉形鈕座外的弦紋帶將鏡背分為兩區，內區飾青龍、白虎、朱雀、玄武等四象環鈕排列，外區十二格內分置十二生肖。內外區之間為一周鏡銘，引用的正是隋代李巨仁的《賦得鏡詩》，唯「復得厭山精」一句，鏡銘作「復用厭山精」[3]（圖 3-13）。

「復得厭山精」一句，源於庾信的《小園賦》：「鎮宅神以薶石，厭山精而照鏡。」庾氏另有詩作《奉和趙王遊仙》，也寫到「山精」：「山精逢照鏡，樵客值圍棋。」[4] 唐人詩賦

1　《初學記》卷二五《鏡九》，609 頁。

2　（宋）李昉等編：《文苑英華》卷一〇五《賦一〇五·器用四》，中華書局，1990 年，480—481 頁。

3　趙會軍等：《河南偃師三座唐墓發掘簡報》，《中原文物》2009 年 5 期；霍宏偉等主編：《洛鏡銅華》下冊，220 頁。

4　《庾子山集注》卷一《賦》、卷三《詩》，27、217 頁。

圖 3-13　偃師前杜樓村磚廠唐崔大
義墓四神十二生肖鏡（洛陽市文物
考古研究院供圖）

中有引用此句的，如中宗《石淙》詩「水炫珠光遇泉客，岩懸石鏡厭山精」，何據《古鏡
賦》有「開寶匣以厭山精」一句[1]。

　　「厭山精」中的「厭」字，意即厭勝，用巫術制伏或辟除山精，山精是傳說中的山間
怪獸。《淮南子·氾論訓》中有「山出梟陽」，漢高誘注：「梟陽，山精也。人形，長大，
面黑色，身有毛，足反踵，見人而笑。」《抱朴子·登涉篇》曰：「山中山精之形如小兒，
而獨足，足向後，喜來犯人。人入山谷，夜聞其音聲笑語，其名曰蚑，知而呼之，即不
敢犯人也。」（據《太平御覽》卷八八六引改）南朝宋劉敬叔《異苑》卷三引《玄中記》：
「山精如人，一足，長三四尺，食山蟹，夜出晝藏。」《搜神後記》曰：「王文獻曾令郭璞
筮己一年吉凶，璞曰：『當有小不吉利，可取廣州二大甖，盛水置床帳二角，名曰鏡好，

1　《文苑英華》卷一〇五《賦一〇五·器用四》，480 頁。

以厭之。至某時，撤罌去水，如此其災可消。』至日，忘之。尋失銅鏡，不知所在。後撤去水，乃見所失鏡在於罌中。罌口數寸，鏡大尺餘。王公復令璞筮鏡罌之意。璞云：『撤罌違期，故至此妖，邪魅所為，無他故也。』便燒車轄，而鏡立出。」[1]

《鏡賦》中「鏡乃照膽照心」一句，引用的是秦始皇咸陽宮方鏡照人的典故。2009年，河南孟津縣連霍高速公路服務區東工地 18 號唐墓出土一面高士坐於竹林撫琴的唐鏡，其鏡緣一周銘文為：「鳳凰雙鏡南金裝，陰陽各為配，日月恆相會。白玉芙蓉匣，翠羽瓊瑤帶。同心人，心相親，照心照膽保千春。」[2]（圖 3-14）唐鏡銘中的「照心照膽保千春」，可能源於庾氏的《鏡賦》。

此賦中接下來的兩句，「山雞看而獨舞，海鳥見而孤鳴」，來自於兩個故事。南朝劉敬叔《異苑》：「山雞愛其毛羽，映水則飛。魏武時，南方獻之。公子蒼舒令置大鏡其前，雞鑑形而舞，不知止，遂乏死。韋仲將為之賦其事。」庾信《詠畫屏風詩二十四首》之十三中有「吹簫迎白鶴，照鏡舞山雞」一聯，唐代崔護《山雞舞石鏡》「廬峰開石鏡，人說舞山雞」，李商隱《破鏡》詩云「秦臺一照山雞後，便是孤鸞罷舞時」，皇甫湜等人還撰有《山雞舞劍賦》[3]。

鸞鳥孤鳴的典故見於南朝宋范泰《鸞鳥詩序》：以前西域的一個小國罽賓國王在峻卯山結網，捕獲了一隻鸞鳥，國王非常喜歡這隻鳥，想讓牠鳴叫卻無法做到。於是，用黃

1　劉文典撰、馮逸等點校：《淮南鴻烈集解》卷一三《氾論訓》，中華書局，1989 年，458 頁；王明：《抱朴子內篇校釋》卷一七《登涉》，中華書局，1980 年，277 頁；（南朝宋）劉敬叔撰、黃益元校點：《異苑》卷三「蔣山精」條，（前秦）王嘉等撰、王根林等校點：《拾遺記》（外三種），上海古籍出版社，2012 年，103 頁；（晉）陶潛撰、汪紹楹校注：《搜神後記》卷二《鏡罌》，中華書局，1981 年，14—15 頁。

2　霍宏偉等主編：《洛鏡銅華》下冊，263 頁。

3　《庾子山集注》卷四《詩》，357 頁；《全唐詩》卷五三九《李商隱一》，6217 頁；《文苑英華》卷一〇五《賦一〇五‧器用四》，481—482 頁。

圖 3-14　連霍高速公路孟津段
18 號唐墓真子飛霜鏡（洛陽市
文物考古研究院供圖）

金來裝飾鳥籠子，餵牠珍奇的食物，鸞鳥面對這些更加悲傷，三年沒有鳴叫一聲。夫人云：「曾經聽說鸞鳥看見同類則鳴，為何不懸掛一鏡映照着鳥兒呢？」國王聽從了夫人的話，懸鏡以照，鸞鳥看到了鏡中鳥的形象，即刻悲鳴，哀響雲霄，奮飛而亡[1]。梁簡文帝、庾信均寫過與鸞鏡有關的詩句[2]。

庾信《鏡賦》中的「臨水則池中月出，照日則壁上菱生」，詩作《尋周處士弘讓》「石鏡菱花發，桐門琴曲愁」，皆為佳句[3]，得到唐代詩人們的追捧與模仿。駱賓王有一首《詠鏡》：「寫月無芳桂，照日有花菱。不持光謝水，翻將影學冰。」[4]1958 年，湖南長沙陸家沖 3 號隋墓出土一面四神鏡，四神紋之外有一周銘文，為「團團寶鏡，皎皎升臺。鸞窺自舞，照日花開。臨池似月，睹貌嬌來」。湖南省博物館還徵集到一面唐龍紋鏡，銘文完整，筆畫清晰，為「照日菱花出，臨池滿月生。官看巾帽整（整），妾映點妝成」（圖 3-15）[5]。

河南偃師杏園村唐會昌三年（843 年）李郁夫妻合葬墓出土一面瑞獸鏡，內區飾雄獅、奔鹿等八隻瑞獸，外區有一周銘文帶：「照心寶鏡，圓明難擬。影入四鄰，形超七子。菱花不落，迴風詎起。何處金波，飛來匣裏。」[6]（圖 3-16）「影入四鄰，形超七子」均為用典。《淮南子》有「高懸大鏡，坐見四鄰」，「影入四鄰」應源於此。「形超七子」

1　《藝文類聚》卷九〇《鳥部上・鸞》，1560 頁。

2　簡文帝《詠人棄妾》：「獨鵠罷中路，孤鸞死鏡前。」（南朝梁）蕭綱著、蕭占鵬等校注：《梁簡文帝集校注》卷四《詩》，南開大學出版社，2012 年，333 頁。庾信《擬詠懷二十七首》：「抱松傷別鶴，向鏡絕孤鸞。」《和詠舞》：「鸞回鏡欲滿，鶴顧市應傾。」《庾子山集注》卷三《詩》，245、261 頁。

3　《庾子山集注》卷一《賦》、卷四《詩》，86、363 頁。

4　《全唐詩》卷七九《駱賓王三》，861 頁。

5　湖南省博物館編：《湖南出土銅鏡圖錄》，文物出版社，1960 年，161 頁。

6　中國社會科學院考古研究所河南二隊：《河南偃師市杏園村唐墓的發掘》，《考古》1996 年第 12 期。

圖 3-15　湖南省博物館藏唐龍紋鏡（《湖南
出土銅鏡圖錄》，161 頁）

圖 3-16　偃師杏園唐會昌三年李郁墓瑞獸鏡
（徐殿魁供圖）

四字，無疑來自梁簡文帝《望月》詩：「形同七子鏡，影類九秋霜。」[1] 庾信也有一首同名
詩：「照人非七子，含風異九華。」[2]《北堂書鈔》引魏武《上雜物疏》云：「…… 又純銀七
子，貴人、公主銀鏡臺四。」[3]「七子」是指七子鏡，即西漢晚期多乳禽獸紋銅鏡背面鈕座
外主區等距分佈有七枚乳釘，其間飾以禽獸紋，故稱「七子鏡」。1964 年，西安市未央
區出土一面「光耀」七乳禽獸鏡，直徑為 25.4 厘米，是長安地區目前所見尺寸最大、保

1　《梁簡文帝集校注》卷四《詩》，343 頁。

2　《庾子山集注》卷四《詩》，348 頁。

3　《北堂書鈔》卷一三六《服飾部三 · 鏡臺六六》，553 頁。

圖 3-17　西安出土西漢「光耀」七乳禽獸鏡
（《長安漢鏡》，圖版五六：1）

圖 3-18　連霍高速公路洛陽玉塚段 1 號唐墓
鳥獸團花鏡（洛陽市文物考古研究院供圖）

存狀況最好的七子鏡（圖 3-17）[1]。

　　「菱花不落，迴風詎起」一聯，似與庾信詩賦趣同。《尋周處士弘讓》有「石鏡菱花發」，《鏡賦》有「巧掛迴風」一句。《爾雅》曰：「迴風為飄。」郭注云：「旋風也。」

　　以上選取了庾子山鏡詩與鏡賦各一，通過與隋唐鏡詩、鏡銘的對比分析，由此可見庾信詩賦對隋唐兩代文學的影響，其他南北朝詩人的作品在後世鏡上亦見蹤影。南朝梁王孝禮寫過一首詩《詠鏡》：「可憐不自識，終爾因鏡中。分眉一等翠，對面兩邊紅。轉

1　傅嘉儀：《西安市文管處所藏兩面漢代銅鏡》，《文物》1979 年 2 期；程林泉等：《長安漢鏡》，141—144 頁。

圖 3-19　唐伯牙撫琴鏡
（《古鏡聚英》下冊，圖 13）

身先見動，含笑逆相同。猶嫌鏡裏促，看人未好通。」[1] 2009 年，洛陽連霍高速公路改擴建工地玉塚段 1 號唐墓清理出一面鳥獸團花鏡。內區紋飾為鳳鳥、瑞獸、團花各有一對，外區飾一周陽文楷書銘文：「練形神冶，瑩質良工。如珠出匣，似月停空。當眉寫翠，對臉傅紅。綺窗繡幌，俱含影中。」[2]（圖 3-18）其中，「當眉寫翠，對臉傅紅」兩句，應是「分眉一等翠，對面兩邊紅」一聯的改寫。

　　與東晉、南北朝、隋代相比，大唐是一個詩意盎然、詩行無處不在的時代，一切事物皆為創作題材，信手拈來吟作詩。鏡上也有部分唐詩，或與鏡背圖案、紋飾密切關聯，詩歌成為抒發詩人情懷或思緒的書面表達。鑄於鏡背上的詩行，既有採自前代詩人

1　《藝文類聚》卷七〇《服飾部下‧鏡》，1227 頁。
2　霍宏偉等主編：《洛鏡銅華》下冊，268 頁。

圖 3-20　宋梅雪詞鏡及拓本（圖版引自《中國青銅器全集》16《銅鏡》，178 頁；拓本引自《北京發現
宋〈滿江紅〉詞菱花銅鏡》，《文物》1985 年 1 期）

的名篇佳作，也有本朝佚名作者的低吟淺唱，如《伯牙撫琴鏡銘》就被收入了《全唐詩》：
「獨有幽棲地，山亭隨女蘿。澗清長低筱，池開半捲荷。野花朝暝落，盤根歲月多。停杯
無嘗慰，峽鳥自經過。」[1]（圖 3-19）「筱」，即小竹、細竹。此鏡鏡背是一幅自然天成的
隱逸圖，幽靜深遠的溪谷林間，兩位仙風道骨的隱士坐於山亭前撫琴、小酌，再配以鏡
緣處的一首唐詩，足可令世人咀嚼良久，這是一種他人欣羨的桃源生活。

1　《全唐詩續拾》卷五六《無名氏》，收入《全唐詩》，11809—11810 頁。

三、宋詞餘韻

據説宋代的文學青年數量頗多，當他們站在唐詩這座大山面前慨歎生不逢時，還有一些獨行俠們披荊斬棘，另闢蹊徑，但見峰迴路轉，迎來了文學史上的又一巔峰時刻，宋詞達到了中國詞作的最高境界。

有趣的是，宋鏡不像唐鏡上鑄以雋永、雅致的詩行，撲面而來的是濃厚的生活氣息與商業味道。鑄於宋鏡上的銘文大多像是打出各類小廣告，通過宣傳，擴大鑄鏡作坊的知名度，以利於銅鏡的銷售。相比之下，若在銅鏡上鑄一點文學意味的銘文則顯得曲高和寡，難能可貴。這一面南宋梅雪詞鏡就是一個特立獨行的個案（圖 3-20）。

　　雪共梅花，念動是、經年離折。重會面、玉肌真態，一般標格。誰道無情應也妒，暗香埋沒教誰識。卻隨風偷入傍妝臺，縈簾額。

　　驚醉眼，朱成碧。隨冷暖，分青白。歎朱弦凍折，高山音息。悵望關河無驛使，剡溪興盡成陳跡。見似枝而喜對楊花，須相憶。

這面詞鏡是 1982 年北京市文物工作者在順義縣物資回收公司銅堆中揀選出來的，《金石索·鑑鏡一二》著錄《滿江紅·詠雪梅》菱花鏡一面，附有摹本，其形制、紋飾、銘辭與此鏡大同小異，詞作收入《全宋詞》。發現於順義的這面銅鏡是一首詞牌名為《滿江紅》的銘文鏡，八出菱花形，扁圓鈕，鈕周圍環繞一周銘文作為鈕座。主區紋飾為八個迴環往復的圈帶連為一體，內填銘文，其間飾以八卦紋。自「雪共梅花」至「須相憶」，共計 93 個字，其中「望關」誤作「關望」。鏡緣起突棱菱邊上均勻分佈有 32 個

似呈梅花形的嵌槽，推測可能原有梅花形飾物鑲嵌其上。直徑 21.7、厚 0.4 厘米[1]。

不論是詞鏡，還是詩鏡，都是文學主流體裁在鏡上的反映，還有一種充滿文字遊戲趣味的迴文詩鏡，讓人讀來別有情趣。1929 年夏天，羅振玉在其編纂、印行的鏡書中收錄迴文鏡銘「月曉河澄，雪皎波清」，通過反覆組合、排列，得十六聯，三十二句[2]。1938 年，商承祚為蔡季襄收藏長沙出土的宋代迴文詩鏡製作墨拓（圖 3-21），其銘文與羅氏書中所載鏡銘相同。商承祚不厭其煩，將銘文不斷組合，構成一百九十二聯，三百八十四句，排列於書中[3]。

上述鏡銘屬於迴文詩的範疇，迴文作為一種修辭

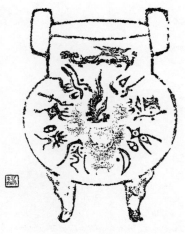

圖 3-21　長沙出土宋迴文詩鏡拓本
（《長沙古物聞見記·續記》，289 頁）

手法，應用於某些詩歌之中，迴環往復讀之，皆能成誦，流傳最廣的迴文詩圖為前秦蘇蕙所作[4]。後人稱此詩圖為《璇璣圖》，有幸保存至今[5]。1994 年，在內蒙古赤峰寶山 2 號遼墓石室南壁發現繪有《織錦迴文圖》壁畫（圖 3-22），左上角為墨書題記[6]，這幅壁

1　程長新：《北京發現宋〈滿江紅〉詞菱花銅鏡》，《文物》1985 年 1 期；羅振玉：《漢兩京以來鏡銘集錄》，《羅振玉學術論著集》第六集，35 頁。

2　羅振玉：《漢兩京以來鏡銘集錄》，《羅振玉學術論著集》第六集，31—32 頁。

3　商承祚：《長沙古物聞見記·續記》，中華書局，1996 年，175—182 頁。拓圖見 289 頁，附圖四。

4　《晉書》卷九六《列女傳》：「竇滔妻蘇氏，始平人也，名蕙，字若蘭。善屬文。滔，苻堅時為秦州刺史，被徙流沙，蘇氏思之，織錦為迴文旋圖詩以贈滔。宛轉循環以讀之，詞甚悽惋，凡八百四十字，文多不錄。」中華書局，1974 年，2523 頁。

5　逯欽立輯校：《先秦漢魏晉南北朝詩》晉詩卷一五《蘇若蘭》，955—964 頁；（宋）桑世昌撰：《迴文類聚》卷二，《文淵閣四庫全書》1351 冊，上海古籍出版社，2003 年，796—804 頁。

6　內蒙古文物考古研究所等：《內蒙古赤峰寶山遼壁畫墓發掘簡報》，《文物》1998 年 1 期；吳玉貴：《內蒙古赤峰寶山遼墓壁畫「寄錦圖」考》，《文物》2001 年 3 期。

圖 3-22　赤峰寶山 2 號遼墓壁畫《織錦迴文圖》（《內蒙古遼代壁畫》，46 頁）

畫形象詮釋了蘇若蘭織寄迴文詩的曲折故事。

　　與前秦《璇璣圖》有異曲同工之妙的是唐代的《鞶鑑圖》。才子王勃撰有《鞶鑑圖銘序》，記錄了一面銘文奇異的銅鏡。唐肅宗上元二年（761 年）十一月，王勃將趕赴交趾，有南海人將一面轉輪鈎枝八花鏡銘讓他看，並說是「當今之才婦人作也」。王勃觀其藻麗繁複，文字縈迴，句讀曲屈，韻諧高雅，有陳規起諷之意。他認為此鏡銘可以作鑑前烈，輝映將來。「鞶鑑」是裝飾於革帶上的銅鏡。另有一篇令狐楚撰寫的《鞶鑑圖跋》，可見唐人對於《鞶鑑圖》的鍾愛。元和十三年（818 年）二月八日，令狐楚作為中書舍人、翰林學士，在大內值夜班。奏進旨檢事，打開前庫東閣，於架上閱古今撰集，偶於《王

圖 3-23　清仿唐轉輪鈎枝八花鑑
（《故宮藏鏡》，238 頁）

勃集》卷末獲此鑑圖並序。第二天，將鑑圖摹寫下來，貯於箱篋。寶曆二年（826 年），
乃命隨軍潘玄敏繪於縑素，鑑圖由此傳播開來。從令狐楚自己摹寫鑑圖，至潘玄敏繪於
細絹之上，其間相差八年[1]。

　　最為奇妙的是，在《鑿鑑圖》中央的蓮花瓣上分別寫有八個字，順時針方向讀之，
為「月曉河澄，雪皎波清」，與前文羅振玉書中的宋代鏡銘錄文完全相同，看來此鏡銘
非宋人獨創，而是源於唐代的《鑿鑑圖》。這一鑑圖的魅力之大，直到清代仍令人回味
無窮，甚至在乾隆壬寅年（乾隆四十七年，1782 年），皇上還命清宮內府重新鑄造此類
銘文鏡（圖 3-23）[2]，現藏故宮博物院。自唐上元二年（761 年）王勃記錄下《鑿鑑圖》，

1　（宋）桑世昌撰：《迴文類聚》卷二，《文淵閣四庫全書》1351 冊，805 頁。

2　何林主編：《故宮藏鏡》，紫禁城出版社，2008 年，238 頁。

至清代乾隆四十七年，歷經 1021 年。清宮何以在千年之後重鑄此鏡呢？據銘文推測，中央蓮花瓣上「波清月曉」句中包含一「清」字；枝間八字，「清光耀日」亦含一「清」，皆與「大清」國號刻款中的「清」字，或對齊於一條直線上，或兩兩相鄰。刻款「清」字上方卦象為坎卦，象徵水，大清王朝為水德。枝上又有「延年益壽」等吉語，字同意深，以此作鏡，可謂自然天成。

漢賦、唐詩、宋詞，三峰並立，高山仰止，冠絕於世。「窮則變，變則通，通則久。」[1]當前人創造的一種文學表述形式已經非常成熟的時候，後人將無法超越。在此窘境中，必須創新，筆墨當隨時代，才能再造輝煌，唐詩、宋詞的發展就是很好的佐證。但是，萬變不離其宗，變化的只是表象，而人們對於現實生活的熱愛、對於真善美追求的本質是永恆不變的。不同時期銘文鏡上詩情的表達，與其同時代的文學形式、風格基本同步。自詩鏡來談鏡詩，再昇華至詩境 —— 詩的意境。從實體到虛境，以冷冷的青銅鏡為載體，去追尋文學暖暖的、充滿人文情懷的光輝，讓鏡上的銘文與文獻中的鏡詩相互砥礪，摩擦出奇異的華彩，本身就是一次筆墨中的奇妙旅行，「路漫漫其修遠兮，吾將上下而求索」。

1　（宋）朱熹注：《周易·繫辭下傳》，上海古籍出版社，1987 年，65 頁。

鑌鐵作鏡

≡，乾卦。鑌鐵作鏡辟大旱，清泉虔祈甘霖感。魅孽當前驚破膽，服之疫癘莫能犯。雙龍嘆略垂長頷，回祿睢盱威旱斂。[1]

這是清代學者錢泳記錄一面唐代鐵鏡上的部分錯金銘文。嘉慶二十四年（1819 年）三月，浙江錢塘趙晉齋至江蘇蘇州登門拜訪錢氏，帶來一面鐵鏡。此鏡直徑大約六寸，鏡背嵌有兩條金飛龍，中間有銘文「武德壬午年，造辟邪華鑌鐵鏡」12 字。「武德壬午年」，意思是這面鐵鏡是唐代高祖李淵武德五年（622 年）鑄造的；「辟邪華」，即裝飾具有辟邪作用的花紋；「鑌」指精鐵，「鑌鐵鏡」意為用精煉的鐵製成的鏡子。《一切經音義·蘇悉地羯囉經》「鑌鐵」條：「出罽賓等外國，以諸鐵和合，或極精利，鐵中之上者是也。」[2]

本文首段所引 44 個字的銘文，金色燦然，堪稱奇物，有可能位於鏡緣一周。從銘文可知，這面鏡子是為辟邪大旱、虔祈甘霖而造。「≡」表示乾卦的三爻，《周易·乾卦》

1　（清）錢泳撰、張偉點校：《履園叢話》二《閱古》「唐鏡」條，中華書局，1997 年，52 頁。

2　（唐）釋慧琳等撰：《正續一切經音義》卷三五《蘇悉地羯囉經》卷中「鑌鐵」條，上海古籍出版社，1986 年，三五·13 頁。

象曰：「雲行雨施，品物流形。」意即由於乾元之氣的發動，得到陰氣的配合，雲化為雨潤澤於下，萬物受其滋養，茁壯成長為各種品類，暢達亨通[1]。「雙龍嚛略垂長頷」中的「嚛略」一詞，難以解釋，有可能是銘文或者釋文有誤，應該是「嚛喈」，意即大聲呼叫，形容勇悍無比。「長頷」就是長下巴。「回祿睢盱威早斂」中「回祿」指傳說中的火神，「睢盱」是睜眼仰視的樣子。這兩句詩的大致意思是，鐵鏡背面鑄造的雙龍勇猛無敵，火神的威風不得不早早收斂。鐵鏡具有趨吉辟邪的神奇功效，甚至在唐代呂洞賓的兩首詩中也有所反映：「曾將鐵鏡照神鬼，霹靂搜尋火滿潭。」「鐵鏡烹金火滿空，碧潭龍臥夕陽中。」[2]（圖 4-1）

關於這面鐵鏡，僅留下清人的文字描述，而無任何圖像資料。值得欣慰的是，在北宋《宣和博古圖》中，設有「鐵鑑門」一節，著錄鐵鏡 22 面[3]，均為唐鏡。其中，有一面戲水龍鐵鑑，為雙龍環繞鏡鈕，由此可對唐代雙龍銘文鏡的形制特點有個直觀的認識。現在很難再見到帶有銘文的唐代鐵鏡，中國國家博物館藏有一件唐昭宗乾寧四年（897年）錢鏐鐵券，是在覆瓦形的鐵器表面用金鑲嵌皇帝詔書。曾經見過唐代雙龍紋紀年銘文鏡的清代學者錢泳，還見過兩次錢鏐鐵券。「唐昭宗乾寧四年，賜先武肅王鐵券，當為吾家至寶。泳拜觀者凡兩次。」[4] 從這件鐵券上的錯金銘文，可以想見雙龍紋鐵鏡銘文的風采。

北宋《宣和博古圖》著錄了 22 面唐代鐵鏡，為今人了解唐製鐵鏡發達程度留下了一批珍貴的圖像資料，可以看出唐代鐵鏡鑄造技術已達到了相當高的水平，成為中國鐵鏡

1　余敦康：《周易現代解讀》，華夏出版社，2006 年，2 頁。

2　《全唐詩》卷八五七《呂巖二》，9749 頁。

3　（宋）王黼編纂、牧東整理：《重修宣和博古圖》卷三〇，廣陵書社，2010 年，595—602 頁。

4　（清）錢泳撰、張偉點校：《履園叢話》二《閱古》「鐵券」條，53 頁。

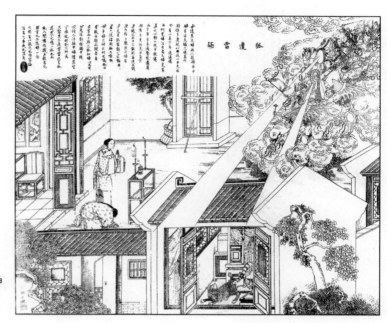

圖 4-1　鏡鑑照狐妖的神奇威力（《點石齋畫報‧大可堂版》2，32 頁）

發展史上的鼎盛時期。與道教相關的鐵鏡，共計 12 面，包括八卦十六符鏡 1 面、八卦銘文鏡 2 面、千秋萬歲八卦銘文鏡 1 面、八卦方鏡 1 面、八卦八角鏡 1 面、八卦鳳龜鏡 2 面、四靈八卦鏡 1 面、日月八卦十二辰二十八宿鏡 1 面、二十八宿五行銘文鏡 1 面、四靈八卦十二辰銘文鏡 1 面。李唐王朝以李耳為祖，道教得以興盛。與上述鐵鏡同類題材的銅鏡大致年代在中晚唐時期，顯示出這一時期道教的進一步發展。對於這批唐代鐵鏡資料，羅振玉則有不同看法：「傳世古鏡從未見鐵者，而《宣和博古圖》卷三十載鐵鑑二十有三（二）。殆古鏡久埋地中，光澤黝黑，俗所謂水銀古，乃銅色變化，非鐵也。考古一事，前人疏於後人，此其一也。」[1]

1　羅振玉：《俑廬日札‧鐵鑑》，《羅振玉學術論著集》第三集，上海古籍出版社，2010 年，100 頁。

圖 4-2　洛陽南流變電站 19 號
唐墓鐵鏡（程永建供圖）

　　中華人民共和國成立以來，確實有經考古發掘出土的唐代鐵鏡面世，但鏽蝕嚴重，無法判定鏡背是否有紋飾和銘文。以洛陽地區已發表資料的唐代鐵鏡為例，在隋唐洛陽城址中出土一面鐵鏡，有 9 座唐墓各出一面鐵鏡，形制均為圓形。隋唐洛陽東城中部偏東發掘 3 號唐代磚瓦窯址，出土一面鐵鏡，鏽蝕嚴重，背面中央有圓鈕，直徑 14.8 厘米[1]。1981 年，洛陽南郊供電局南流變電站發掘 19 號唐墓，於墓室人頭骨東側出土鐵鏡，直徑 16.7、鈕徑 3.1 厘米[2]（圖 4-2）。通過 X 光片來看，鏡背上未見任何紋飾、銘文的跡象，為素面鏡。2002—2004 年，洛陽關林發掘初唐墓兩座、盛唐墓一座，各出一面鐵鏡[3]。鐵鏡鏽蝕嚴重，無法辨認其有無紋飾，直徑為 10.8—17.8 厘米。可見該地區出土唐代鐵鏡數量相對較多，保存狀況不佳。

1　中國社會科學院考古研究所：《隋唐洛陽城：1959—2001 年考古發掘報告》第一冊，文物出版社，2014 年，312 頁。

2　程永建：《洛陽出土鐵鏡初步研究》，《華夏考古》2011 年 4 期。

3　洛陽市文物工作隊：《洛陽關林鎮唐墓發掘報告》，《考古學報》2008 年 4 期。

在日本正倉院收藏的唐代鏡鑑中，也有少量素面鐵鏡，因是傳世品，未在地下埋藏過，所以品相甚善。如日本昭和六十三年（1988 年）第 40 回正倉院文物展上，展出一素面鐵鏡及鏡盒，並於平成十三年（2001 年）第 53 回正倉院文物展上再次與觀眾見面[1]，為現代人認識唐代鐵鏡的真實面貌提供了實物資料。羅振玉曾在著述中提到過正倉院鐵鏡，遺憾的是他未能親眼目睹實物，甚至還不太相信鐵能製鏡：「《宣和博古圖》載鐵鏡甚多，今乃無一見，疑即古鏡白色者，誤認為鐵。往在海東，聞正倉院有鐵鏡，惜未寓目。又聞安陽殷墟出鐵鏡一，已剝蝕。予終疑鐵質粗而不瑩，不可以茹也。」[2]

以鐵製鏡已得到了考古實物的證實，雖然它們現在看上去身披重鏽，其貌不揚，在大唐盛世卻有特殊功效與神奇傳說，如辟大旱，查病灶，數人同照自見其影，鏡照湖中見甲兵等奇異場景。《開元天寶遺事·照病鏡》：唐代道士葉法善「有一鐵鏡，鑑物如水。人每有疾病，以鏡照之，盡見臟腑中所滯之物。後以藥療之，竟至痊瘥」[3]。葉法善的鐵鏡猶如今天醫院使用的 X 光片透視，五臟六腑清晰可見，並通過藥物治療，使患者痊癒，「痊瘥」即病癒之意。

《酉陽雜俎》前集卷一〇：「鐵鏡。荀諷者，善藥性，好讀道書，能言名理，樊晃嘗給其絮帛。有鐵鏡，徑五寸餘，鼻大如拳，言於道者處傳得，亦無他異。但數人同照，各自見其影，不見別人影。」[4] 幾個人同時照這面鐵鏡，卻各自只能看見自己的人影，看不見別人的影子。更為奇特的鐵鏡，是晚唐時期一位漁民從陣湖中打撈上來的，竟然能照

---

1 〔日〕奈良國立博物館：《正倉院展》，40 回，昭和六十三年（1988 年），38—39 頁；《正倉院展》，53 回，平成十三年（2001 年），28—29 頁。

2 羅振玉：《鏡話》，《羅振玉學術論著集》第六集，48 頁。

3 （五代）王仁裕撰、曾貽芬點校：《開元天寶遺事》卷上《天寶上》「照病鏡」條，中華書局，2006 年，21 頁。

4 《酉陽雜俎》前集卷一〇《物異》，58 頁。

出湖中的鎧甲和兵器。《太平廣記》引《玉堂閒話・陴湖漁者》：

> 徐、宿之界有陴湖，周數百里……唐天祐中，有漁者於網中獲鐵鏡，亦不甚澀，光猶可鑑面，闊六五寸，攜以歸家。忽有一僧及門，謂漁者曰：「君有異物，可相示乎？」答曰：「無之。」僧曰：「聞君獲鐵鏡，即其物也。」遂出之。僧曰：「君但卻將往所得之處照之，看有何睹。」如其言而往照，見湖中無數甲兵。漁者大駭，復沉於水。僧亦失之。耆老相傳，湖本陴州淪陷所致，圖籍亦無載焉。[1]

唐代鐵鏡源於何方？太原是鐵鏡的鑄造產地之一，在文獻中有明確記載。《新唐書・地理志三》：「太原府太原郡，本并州，開元十一年為府。土貢：銅鏡、鐵鏡……」[2]并州太原人喬琳撰有《太原進鐵鏡賦》：「晉人用鐵兮從革無方，其或五金同鑄，百煉為鋼。雕鐫而雲龍動色，磨瑩而冰雪生光；燦成形於寶鏡，期將達於明王。」[3]從一側面反映出唐代太原為鐵鏡的鑄地之一，這與太原地區鐵礦資源豐富密不可分。

唐代太原府交城縣「狐突山，在縣西南五十里。出鐵礦」。孟縣「原仇山，在縣北三十里。出人參、鐵礦」[4]。北宋時期，在交城縣設置大通監，以加強對鐵礦開採、冶煉的管理。《太平寰宇記・河東道一・并州》：「土產：梨，馬鞍，甘草，龍骨……鐵鏡。」說明在北宋時期太原仍鑄造鐵鏡。「大通監（治交城縣）。本漢晉陽古交城之地，管東西

---

1 《太平廣記》卷二三二《器玩四》，1780—1781 頁。

2 《新唐書》卷三九《地理志三》，1003 頁。

3 《文苑英華》卷一〇五《賦一〇五・器用四》，480 頁。

4 （唐）李吉甫撰、賀次君點校：《元和郡縣圖志》卷一三《河東道二・太原府》，中華書局，2008 年，372、375 頁。

二冶烹鐵之務也，東冶在綿上縣，西冶在交城縣北山。唐天授二年隨縣移於郤波村，即今理是也。先天二年又置盧川縣，開元二年廢。」「西山冶，在監西文谷內義泉社，去監六十里。此冶取狐突山鐵礦烹煉。…… 狐突山，在縣西南五十五里。出鐵礦。」[1] 清代顧祖禹《讀史方輿紀要·山西二》「交城縣」條：「漢晉陽縣之西境，北齊置牧官於此，隋開皇十六年置交城縣，屬并州，以縣界有古交城而名。唐因之。宋置大通監，金廢監，縣仍屬太原府。…… 又縣西北八十里有大通鐵冶，宋設都提舉司及鐵冶所、巡司，今俱廢。」「狐突山」條：「縣西北五十里。有晉大夫狐突廟，因名。縣之鎮山也。產青鐵，宋因以置監。」[2] 從這些文獻來看，唐宋時期太原地區富含鐵礦，為鑄造鐵鏡及其他鐵器提供了充足的礦產資源。

以唐代鐵鏡為基點，向前追溯鐵鏡的歷史。關於鐵鏡最早出現的時間，文獻記載早到戰國。西漢廣川王劉去疾組織人力盜掘戰國魏襄王之子魏哀王的陵墓，「有鐵鏡數百枚」[3]。鐵鏡的出現時間因新的考古發現而多次被改寫，以往學術界主要有四種代表性觀點，分別為東漢後期、東漢前期、西漢中晚期至東漢早期、西漢晚期[4]。

從目前已發表新的考古資料來看，鐵鏡出現的時間可上溯至西漢早期，最為典型的例子是河南南陽市防爆廠 265 號西漢早期墓出土的一面鐵鏡（圖 4-3）。《南陽出土銅鏡》著錄鐵鏡 9 面，均為圓形，扁圓鈕，鏽蝕較為嚴重，直徑一般為 13—16.5、鈕徑 2.6—4.7

1　（宋）樂史撰、王文楚等點校：《太平寰宇記》卷四〇《河東道一·并州》，中華書局，2007 年，842、1048—1049 頁。

2　（清）顧祖禹撰、賀次君等點校：《讀史方輿紀要》卷四〇《山西二》，中華書局，2008 年，1824—1825 頁。

3　《西京雜記》卷六「廣川王發古塚」條，257—261 頁。

4　徐蘋芳：《三國兩晉南北朝的銅鏡》，《考古》1984 年 6 期；全洪：《試論東漢魏晉南北朝時期的鐵鏡》，《考古》1994 年 12 期；何堂坤：《中國古代銅鏡的技術研究》，紫禁城出版社，1999 年，325 頁；程林泉等：《長安漢鏡》，155—156 頁。

圖 4-3　南陽市防爆廠 265 號西漢墓鐵鏡（《南陽出土銅鏡》，圖版一一二：2）

厘米。從墓葬形制、出土器物判斷，南陽市防爆廠 265 號墓出有屬於西漢早期的器物；市質檢站 15 號、市一中 84 號墓出土鐵鏡時代為西漢晚期，另外 6 面鐵鏡屬於東漢晚期[1]。1980 年，發掘江蘇揚州邗江縣甘泉鎮 2 號東漢早期墓，應是東漢永平十年（67 年）廣陵王劉荊墓，於漆奩內發現一面鐵鏡[2]。東漢中期墓有 1959 年清理的河北定縣北莊東漢永元二年（90 年）中山簡王劉焉墓，出土鐵鏡 5 面，均為圓鈕，連弧紋鏡，大小不等，直徑 19.8—28.7 厘米（圖 4-4）[3]。

　　屬於東漢晚期的鐵鏡出土範圍廣泛，數量最多。1973 年，江蘇新沂唐店南墩 3 號東漢晚期墓清理出一面鐵鏡，鏽蝕，直徑 35 厘米，是目前所見直徑最大的一面鐵鏡，同出

1　南陽市文物考古研究所：《南陽出土銅鏡》，文物出版社，2010 年，91 頁，圖二二二、二二三，圖版一一二。

2　南京博物院：《江蘇邗江甘泉二號漢墓》，《文物》1981 年 11 期。

3　河北省文化局文物工作隊：《河北定縣北莊漢墓發掘報告》，《考古學報》1964 年 2 期，144 頁，圖一七，圖版壹貳：14。

陶廁所及豬圈模型[1]，可以作為斷代的旁證資料。1974—1977 年，安徽亳縣董園村東漢延熹七年（164 年）曹侯墓出土兩面鐵鏡，直徑分別為 20、30 厘米，因鏽蝕嚴重，紋飾不明[2]。1952—1953 年，河南洛陽燒溝漢墓出土 8 面鐵鏡，鏡鈕較大而呈扁圓形，鏡緣仍為平面，未隆起。鐵鏡或出土於棺內，或於棺外匣內，有的鐵鏡外包裹有數層粗細不同的絹，直徑 11—21 厘米。其中一面出於 1037 號東漢建寧三年（170 年）墓，可以大致看出一些鏡背紋飾，可能是為變形四葉紋[3]。1988 年，洛陽機車工廠職工醫院 346 號東漢晚期墓出鐵鏡 3 面，其中一面保存基本完整，邊

圖 4-4　河北定縣北莊東漢劉焉墓鐵鏡線圖（《河北定縣北莊漢墓發掘報告》，《考古學報》1964 年 2 期）

緣略有殘缺，正、背兩面已鏽蝕起層，鏡背殘存有少許錯金紋飾。經 X 光照相可知，該鏡紋飾為蝙蝠形四葉紋鈕座，間飾四字銘文，似為「長宜子孫」。外飾內連弧雲氣紋一周。鐵鏡表面殘留有絲織物痕跡。直徑 13.1、鈕徑 2.8 厘米[4]（圖 4-5）。1960 年，江蘇泰州新莊北雙山寺 3 號墓隨葬的一面鐵鏡保存狀況良好，還能看出鏡背紋飾。鏡鈕為扁圓

1　吳文信：《江蘇新沂東漢墓》，《考古》1979 年 2 期。

2　安徽省亳縣博物館：《亳縣曹操宗族墓葬》，《文物》1978 年 8 期。

3　洛陽區考古發掘隊：《洛陽燒溝漢墓》，198—199 頁；洛陽市文物管理委員會編：《洛陽出土古鏡》（兩漢部分），文物出版社，1959 年，圖 104。

4　洛陽市文物工作隊：《洛陽發掘的四座東漢玉衣墓》，《考古與文物》1999 年 1 期；程永建：《洛陽出土鐵鏡初步研究》，《華夏考古》2011 年 4 期。

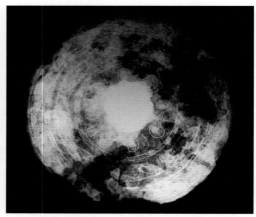

圖 4-5　洛陽機車工廠 346 號東漢墓鐵鏡及 X 射線片（程永建供圖）

形，外圍以八圓枚，枚外為素平圈，圈外飾八內向連弧紋，素平緣較寬，直徑 16 厘米 [1]。

　　漢代是中國鐵鏡史上產生、發展的重要時期。根據製作工藝的差別，漢代鐵鏡可分為一般工藝鏡、特種工藝鏡。從西漢早期到東漢晚期，漢代的一般工藝鏡在各期均有實物標本呈現在讀者的面前，從而勾勒出一條漢代鐵鏡發展的基本脈絡。相比之下，漢代特種工藝鏡發現的數量明顯少於一般工藝鏡，且主要集中在東漢晚期。目前所見漢代最早的特種工藝鏡，為上海博物館藏西漢末至東漢初的金背十二辰博局紋鐵鏡，是一面傳世品。鏡體有褐色鏽，斜緣寬邊，內鑲嵌金片，紋飾是用模子壓成的，線條凸出，金色燦爛。圓鈕，四葉紋鈕座。座外圍以方格，格內有十二乳及十二辰銘相間排列，格外配以博局紋及八乳，其間飾以四神。青龍配雛雞、仙人及飛禽，白虎配雛雞、鼠、鹿、跑

1　江蘇省博物館等：《江蘇泰州新莊漢墓》，《考古》1962 年 10 期。

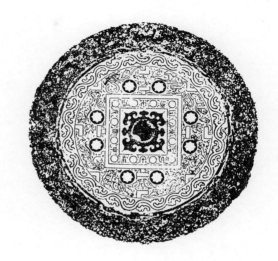

圖 4-6　上海博物館藏漢代金背十二辰
博局紋鐵鏡拓本（《上海市文物保管委員
會所藏的幾面古鏡介紹》，《文物參考資
料》1957 年 8 期）

犀，朱雀配雀、雛雞、騎獸仙人，玄武配雛雞、蟾蜍、奔跑的麒麟。外緣飾一周雲氣
紋。鐵鏡直徑 20.5、金背直徑 15 厘米（圖 4-6）[1]。

　　漢代特種工藝鏡除了金背鐵鏡之外，大多是屬於東漢晚期的金銀錯鐵鏡。1969 年，
河北定縣東漢熹平三年（174 年）中山穆王劉暢夫妻合葬墓，出土鐵鏡 19 面，這是在
目前已發掘墓葬中出鐵鏡數量最多的一例。其中有一面金銀錯鏡，發現於放置劉暢夫人
棺槨的東後室內[2]。同年，甘肅武威雷臺發掘東漢晚期墓，出土一面錯金銀變形四葉八鳳
紋鐵鏡，鏡緣殘損嚴重。正、背兩面殘存有絲織物的痕跡，應是鏡綬與鏡囊的遺痕，圓
鈕。經 X 光透視，精美的金銀錯紋飾清晰可見。方形鈕座四隅，飾以四葉紋，頂端飾

1　沈令昕：《上海市文物保管委員會所藏的幾面古鏡介紹》，《文物參考資料》1957 年 8 期。

2　定縣博物館：《河北定縣 43 號墓發掘簡報》，《文物》1973 年 11 期。

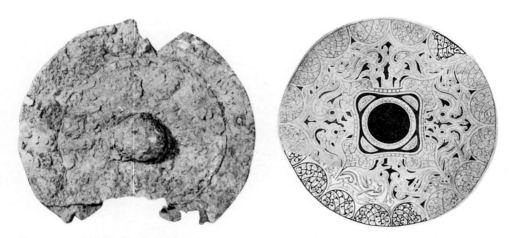

圖 4-7　武威雷臺東漢墓錯金銀四葉八鳳紋鐵鏡及摹本（《武威雷臺漢墓》，《考古學報》1974 年 2 期）

心形紋，其左右有鳥首紋對稱分佈。四葉之間錯以「永保長壽」四字篆書銘文，其下方以兩兩相對的鳳鳥紋相托。鏡緣為十六內向連弧紋，每個連弧紋內為繁縟複雜的渦紋組合，直徑 21 厘米（圖 4-7）[1]。

　　1991 年，河南南陽東郊漢代宛城遺址東約一公里處發掘 10 號東漢晚期墓，出土一面鎏錯金紋鐵鏡。出土時有紅色砂質鏽層粘結較厚，經清理後發現，鏡背運用鎏金與錯金兩種工藝裝飾而成。大扁圓形鈕，鈕徑 5 厘米。鈕外紋飾有主紋與地紋之別，主紋為粗線條凹面陰紋，採用鎏金工藝。鈕外飾變形四葉紋，近緣處飾不規則

1　甘肅省博物館：《武威雷臺漢墓》，《考古學報》1974 年 2 期，圖版拾陸、拾柒；黃展嶽：《關於武威雷臺漢墓的墓主問題》，《考古》1979 年 6 期。關於此墓年代，有東漢晚期、西晉兩種說法，參見何志國：《甘肅武威市雷臺出土銅奔馬年代考辨》，《考古》2008 年 4 期；孫機：《關於甘肅武威雷臺出土銅奔馬的年代》，《南方文物》2010 年 3 期。

連弧紋與弦紋各一周。地紋利用錯金工藝，飾以細線捲草紋、火焰紋等。此外，鏡鈕及鏡緣外側立面，分別飾錯金三角鋸齒紋兩周及一周，平直緣。直徑 16.4、厚 0.2 厘米（圖 4-8）[1]。此鏡的珍貴價值在於，作為鎏金鐵鏡，考古發掘品世所罕見；採用鎏金與錯金複合工藝，在鐵鏡上設計出有主紋、地紋兩個層次的紋飾，僅此一面。有學者指出：「因為鐵鑄件在凝固時體積會略增大，故在模鑄時難以像鑄銅鏡那樣鑄出有主輔的或浮雕式的繁雜的紋飾來。為了彌補這方面的不足，便將這時期已較少施於青銅器上的金銀錯工藝較多地移到鐵鏡上，以增加美觀。」[2]而南陽東漢墓出的這面鐵鏡則採用兩種工藝，呈現出主紋與地紋兩個層次，其工藝技術在漢代特種鐵鏡中達到了最高水平。

中國國家博物館藏一面東漢錯金銀五獸紋鐵鏡，是 1954 年由國家文物局調撥入館的傳世品。這面鐵鏡背面用金錯嵌出五隻瑞獸紋，圓形鈕座周

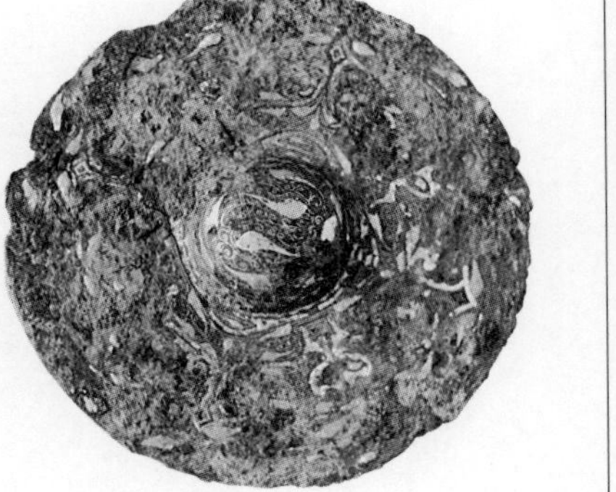

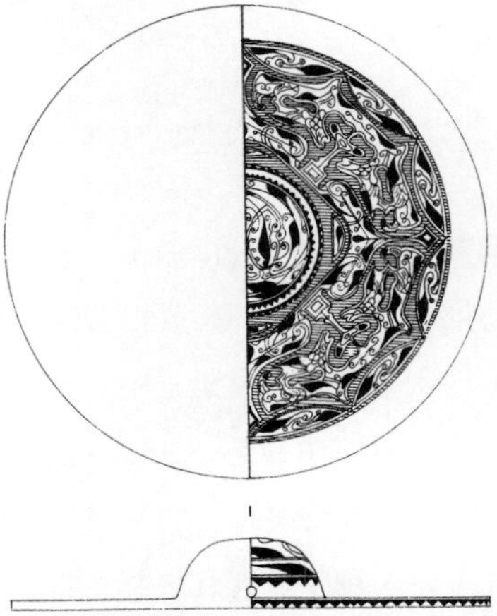

圖 4-8　南陽宛城 10 號東漢墓鎏錯金紋鐵鏡及線圖（《河南南陽出土一件漢代鐵鏡》，《文物》1997 年 7 期）

1　張方等：《河南南陽出土一件漢代鐵鏡》，《文物》1997 年 7 期，彩圖見封底。

2　全洪：《試論東漢魏晉南北朝時期的鐵鏡》，《考古》1994 年 12 期。

圖 4-9　中國國家博物館藏東漢錯金銀五
獸紋鐵鏡（《華夏之路》第二冊，147 頁）

圖 4-10　東漢錯金銀鐵鏡民國老照片（賈樹供圖）

圍及三角紋鏡緣分別用金、銀絲錯嵌，直徑 16.5、緣厚 0.8 厘米（圖 4-9）[1]。另有一張民國時期在北京拍攝的東漢錯金銀四獸紋鐵鏡老照片（圖 4-10），實物早已不知下落，唯有照片上鐵鏡清晰的紋飾，向人們訴説着往昔的輝煌與榮耀。

　　值得關注的是，2008—2009 年，河南安陽西高穴發掘出東漢晚期曹操高陵，在後室內清理出一面鐵鏡（圖 4-11）。鏡外包裹有一層紡織物，已朽。鏡體鏽蝕，呈黃褐色。半球形鈕，鏡緣對稱有兩個支點，直徑 21 厘米（圖 4-12）[2]。由於該鏡未作 X 光透視，不知是否有紋飾或為特種工藝鏡。

1　中國歷史博物館編：《華夏之路》第二冊，朝華出版社，1997 年，147 頁，圖 171。

2　河南省文物考古研究所等：《河南安陽市西高穴曹操高陵》，《考古》2010 年 8 期；河南省文物考古研究所：《曹操墓真相》，科學出版社，2010 年，51、101 頁。

图 4-11　安陽西高穴東漢曹操
高陵鐵鏡發掘現場（《曹操墓真
相》，51 頁）

圖 4-12　安陽西高穴東漢曹操高陵鐵鏡（《曹操墓真相》，101 頁）

圖 4-13　孟津送莊三國曹休墓殘鐵鏡及銅印印面（洛陽市文物考古研究院供圖）

　　兩漢是鐵鏡發展的重要時期，東漢以降的魏晉南北朝至隋時期，鐵鏡的生命力仍然旺盛。由於政局動盪，戰爭不斷，銅料的匱乏造成銅鏡鑄造業進入低谷，而鐵鏡成為銅鏡較為理想的替代品。

　　2009—2010 年，在河南孟津縣送莊鄉三十里鋪村東南發掘三國曹魏大將曹休墓。在前室與北側室交接處出土殘鐵鏡一面，僅存大半。圓形，扁圓形鈕。直徑約 15、鈕徑 3.6、厚 0.4 厘米（圖 4-13）。曹休是曹魏將軍，曹操族子，從其征戰四方，屢建奇功，加官晉爵，任大司馬，封長平侯。曹魏太和二年（228 年），與孫吳軍隊在石亭一戰，慘敗而歸，後因背上毒瘡發作，病逝，葬於洛陽[1]。由於三國時期長年混戰，民不聊生，連

1　洛陽市第二文物工作隊：《洛陽孟津大漢塚曹魏貴族墓》，《文物》2011 年 9 期；《三國志》卷九《魏書九·曹休傳》，中華書局，1959 年，279—280 頁。

國都也是一片蕭條景象，「洛陽何寂寞，宮室盡燒焚。垣牆皆頓擗，荊棘上參天」[1]。作為曹魏的高官，曹休生前用的還是鐵鏡，可以想見由於三國時期銅料的短缺，只能以鐵鏡作為代用品。

唐代虞世南撰《北堂書鈔》引魏武王曹操進獻鐵鏡的文獻資料，雖然記述的是東漢晚期金銀錯鏡與普通鐵鏡的使用情況，但也曲折地反映出曹魏時期鐵鏡的使用。「魏武《上雜物疏》云：御物有尺二寸金錯鐵鏡一枚，皇后雜物用純銀錯七寸鐵鏡四枚。」[2] 北宋《太平御覽》所引資料與其略有不同：「魏武帝《上雜物疏》曰：御物有尺二寸金錯鏡一枚，皇太子雜純銀錯七寸鐵鏡四枚，貴人至公主九寸鐵鏡四十枚。」[3] 由於鐵鏡使用者等級、身份的不同，鐵鏡的尺寸、製作工藝也有相應的差別。作為最高等級的皇帝，用的是一尺二寸的金錯鏡；皇后或皇太子用純銀錯七寸鐵鏡，貴人至公主用普通工藝製作的九寸鐵鏡。

東漢晚期曹操的《上雜物疏》，反映出不同身份、等級的人使用尺寸不同、製作工藝不同的鐵鏡。金銀錯一類的特種工藝鏡僅限於皇帝、皇后或皇太子使用；普通貴族如曹休這樣的，用的是一般工藝鏡，應是符合當時的實際狀況。曹休墓出的鐵鏡殘徑 15 厘米，而隨葬曹操高陵的鐵鏡直徑達到 21 厘米，這兩面鐵鏡用實物資料為曹操的《上雜物疏》做了一個恰如其分的注解。

三國鼎立的局面，最終由司馬氏建立的西晉政權一統華夏而結束。鐵鏡在人們日常生活中的使用仍較為普遍，在西晉葬俗中也有所反映。1953—1955 年，洛陽發掘西晉墓

---

1 （魏）曹植著、趙幼文校注：《曹植集校注》卷一，人民文學出版社，1984 年，3 頁。

2 《北堂書鈔》卷一三六《服飾部三・鏡六五》，552 頁。

3 （宋）李昉等撰：《太平御覽》卷七一七《服用部一九・鏡》，中華書局，1960 年，3178 頁。

54 座，出土鐵鏡 7 面，均為圓形，鏡面製作與銅鏡相同，因氧化過甚，鏡背紋飾不清[1]。如洛陽拖拉機廠宿舍工地 7 號西晉墓，於耳室死者頭右側出土一面鐵鏡，半球形鈕，鈕頂部較平。器形保存較好，僅邊緣缺一小塊，鏡面表層略有鏽層脫落。直徑 11.3、鈕徑 2.2 厘米。洛陽食品公司倉庫 53 工區 2 號西晉墓，於墓室人頭骨左上側出土一面鐵鏡，半球形鈕，鈕徑較大。器形基本完整，正、背面鏽蝕呈龜裂狀，鏽蝕起層也較嚴重，鏡面鏽蝕起層多已脫落。直徑 17、鈕徑 3.7 厘米[2]（圖 4-14）。徐蘋芳對魏晉鐵鏡興盛的原因做出了合理解釋：「自漢代以來，中國主要的銅礦都在南方的長江流域。三國時代，南北分裂，魏的境內銅料不足，銅鏡鑄造業不能不受到影響。正是由於魏的銅鏡鑄造業不很發達，鐵鏡便應運而興……由於銅料的缺乏，鐵鏡在魏和西晉時期的北方盛極一時，這是一個值得注意的事實。」[3]

西晉末年，七王之亂，五胡亂華，中原士人南遷江左，也帶去了使用鐵鏡的習俗，一些東晉墓包括高等級墓葬中出土了一定數量的鐵鏡。1981 年，南京汽輪電機廠東晉墓出土兩面鐵鏡，扁平鈕，殘缺、鏽蝕嚴重。一面直徑 24 厘米，放置於大石板之上。另一面直徑 18 厘米，鏡上附有絲織物與銀櫛背。推測墓主人為晉穆帝[4]。1965 年，南京燕子磯人臺山東晉永和四年（348 年）王興之夫妻合葬墓出土一面鐵鏡，圓形，扁圓鈕，鏡背原有紋飾，現已鏽蝕不清。直徑 20、厚 0.5 厘米，現藏南京市博物館（圖 4-15）[5]。1998 年，在南京仙鶴觀發掘出東晉永和十二年（356 年）高崧與謝氏夫妻合葬墓，

1 河南省文化局文物工作隊第二隊：《洛陽晉墓的發掘》，《考古學報》1957 年 1 期。

2 程永建：《洛陽出土鐵鏡初步研究》，《華夏考古》2011 年 4 期。

3 徐蘋芳：《三國兩晉南北朝的銅鏡》，《考古》1984 年 6 期。

4 南京市博物館：《南京北郊東晉墓發掘簡報》，《考古》1983 年 4 期。

5 南京市文物保管委員會：《南京人臺山東晉興之夫婦墓發掘報告》，《文物》1965 年 6 期；南京市博物館：《六朝風采》，文物出版社，2004 年，158 頁，圖 119。

圖 4-14 洛陽食品公司倉庫 2 號西晉
墓鐵鏡（程永建供圖）

圖 4-15 南京象山東晉王興之夫妻合葬墓
鐵鏡（《六朝風采》，158 頁）

出土三面鐵鏡，均為圓形，扁圓鈕，鏽殘。其中一面鏡體有織物包裹的痕跡，直徑 15.5
厘米[1]。

　　1965 年，在遼寧北票發掘北燕太平七年（415 年）范陽公、車騎將軍馮素弗墓。清
理出兩面鐵鏡，小鏡僅存鈕座部分。大鏡鏡背鈕外錯刻大柿蒂紋方座，刻溝殘見金質，
應是採用了錯金工藝；直徑 27、鈕徑 9.7、厚 1.6 厘米[2]。魏晉南北朝時期使用的鐵鏡大多
為一般工藝鏡，馮素弗墓所出錯金鐵鏡是這一時期罕見的特種工藝鏡。

　　從整體上看，北魏墓出土無論銅鏡還是鐵鏡，數量都比其他時期少。以北魏太和

1　南京市博物館：《江蘇南京仙鶴觀東晉墓》，《文物》2001 年 3 期。

2　黎瑤渤：《遼寧北票縣西官營子北燕馮素弗墓》，《文物》1973 年 3 期。

十九年（494年）孝文帝遷都洛陽為界限，將北魏墓分為前、後兩期。1988年，在山西大同南郊發掘北魏前期墓167座，出土鐵鏡5面，有的在棺內頭骨一側，或在腿骨旁，有的在棺外，直徑為5.27—13.5厘米。其中92號墓棺內，女性墓主人頭東側置一面鐵鏡，一端有殘柄，鏡面較平，鏡背中間有鏡鈕；直徑約6.5、鏡鈕直徑1.5、殘柄長1.6、寬1.8厘米。既帶柄又有鏡鈕的鐵鏡形制，僅此一例。107號墓所見鐵鏡，出於墓室棺內前中部，鏽蝕嚴重，器身殘留數層紡織品；圓形，圓鈕；直徑11.26、鈕徑1.6厘米。同出銀罐、鎏金鏨花銀碗、磨花玻璃碗等源於波斯薩珊王朝的高檔奢侈品[1]，說明墓主人擁有與眾不同的身份、地位；仍以鐵鏡隨葬，而非銅鏡，反映出這一時期銅礦資源的稀缺。

北魏後期鐵鏡以洛陽吉利區呂達墓出土鐵鏡為代表。1987年，在洛陽市黃河北岸的吉利區配合洛陽煉油廠三聯合裝置車間的基建工程，發掘北魏正光五年（524年）呂達墓。在墓室中部出土鐵鏡兩面，其中一面為圓形，半球形鈕，有緣。保存完整，鏡背鏽蝕局部有起層現象，鏡面鏽蝕層大部分已脫落。經X光照相可知，鏡背紋飾為柿蒂形鈕座，主體紋飾似為簡化夔鳳紋，外側飾內連弧紋，寬平緣。直徑21、鈕徑4.6厘米（圖4-16）。另有一面殘甚，已碎。據墓誌可知，墓主人呂達，是北魏威遠將軍、積射將軍。正光五年（524年），卒於洛陽城承華里。皇帝哀悼，乃下詔追贈輔國將軍、博陵太守[2]。

隋代鐵鏡資料最早見於北宋《宣和博古圖》「鐵鑑門」中。經考證，此鏡不是隋鑑，而是唐鏡。該書云：「隋十六符鐵鑑，徑七寸九分，重一斤十有一兩，銘三十四字。」並附有隋鑑摹本[3]。將其與河南偃師杏園村954號晚唐墓出的八卦符籙星象鏡相比較，紋飾

1　山西大學歷史文化學院等：《大同南郊北魏墓群》，科學出版社，2006年，205、230、504—508頁。

2　洛陽市文物工作隊：《河南洛陽市吉利區兩座北魏墓的發掘》，《考古》2011年9期；程永建：《洛陽出土鐵鏡初步研究》，《華夏考古》2011年4期。

3　（宋）王黼編纂、牧東整理：《重修宣和博古圖》卷三〇，595、601頁。

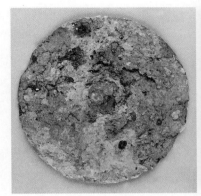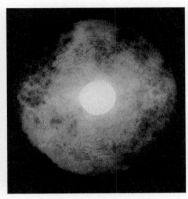

圖 4-16　洛陽煉油廠
北魏呂達墓鐵鏡及 X
射線片（程永建供圖）

近似，可知《宣和博古圖》中「隋十六符鐵鑑」的時代應屬於晚唐，不可能早到隋代。
隋代鐵鏡的實物資料，來自於洛陽博物館藏隋代大業九年墓出土鐵鏡。何堂坤對此鏡進
行過細緻觀察和金相分析，並得出以下結論：「從外形考察來看，鐵鏡之體部與鈕部是
分鑄的，即先鑄鈕部，之後再將之與體部合鑄為一。」「鐵鏡採用分鑄法成形，是一種
很好的工藝選擇。」這面鐵鏡做過可鍛化退火處理，從而加強了它的硬度，以利於研磨
加工和磨光映照[1]。長期在洛陽市文物考古研究院庫房工作的程永建則認為：「多數鐵鏡
是一次性鑄造而成，從部分鏽蝕起層且鏡表鏽層脫落後鐵鏡鏡鈕與鏡體仍緊密結合而沒
有縫隙，可以證實是一次性鑄成的。鏡體與鏡鈕分鑄可能只是其中一部分，雖然一些鐵
鏡的鏡鈕與鏡體已基本脫離或有縫隙，但尚無法斷定其原因是分鑄還是鏽蝕起層所造成

1　何堂坤：《中國古代銅鏡的技術研究》，329—331 頁。

的。」[1] 由此看來，鐵鏡是分體鑄造還是一次成型，需要具體問題具體分析，不能以偏概全，必須落實到每件實物上。

唐代是鐵鏡發展史上的高峰，鐵鏡鑄造達到鼎盛，從《宣和博古圖》著錄的 22 面唐代鐵鑑已充分説明了這一點。五代十國時期的鐵鏡實物不易找尋，但兩則有關前蜀鐵鏡的軼聞，讓人感受到某些鐵鏡的神奇功能。

> 蜀王宗壽得一鐵鏡，晦不可覽，屢令工人磨之，了無所睹，置之巾奩中。有日，忽覽之，光彩煥發，因見市舍中有一青衣小兒，草角獨坐，宗壽令人訪之，於是，小兒欣然肯來。因曰：「我為鐵鏡來耳，神物當見還。」宗壽出鏡與之，長揖而去。[2]

> 前蜀嘉王頃為親王鎮使，理廨署得一鐵鏡，下有篆書十二（三）字，人莫能識。命工磨拭，光可鑑物，掛於臺上，百里之內並見。復照見市內有一人弄刀槍賣藥，遂喚問此人，云：「只賣藥，元不弄刀槍。」嘉王曰：「吾有鐵鏡，照見爾。」賣藥者遂不譁，仍請鏡看。以手劈破肚，內鏡於肚中，足不著地，冉冉升空而去，竟不知何所人。其篆列之如左。[3]

1　程永建：《洛陽出土鐵鏡初步研究》，《華夏考古》2011 年 4 期。

2　（宋）路振撰、連人點校：《九國志》卷六《前蜀》「王宗壽」條，劉曉東等點校：《二十五別史》13 冊《九國志》，齊魯書社，2000 年，57—58 頁。

3　《太平廣記》卷八五《異人五》引《玉溪編事·蜀城賣藥人》，554 頁。

　　這兩則有關鐵鏡的奇聞，發生的地點均為前蜀時期的川中。鐵鏡的主人王宗壽、王顒是前蜀皇帝王建的宗親，得到鐵鏡後都加以磨拭，只不過前一面鏡子磨了之後仍無法照容，終於有一天光彩奪目，竟能照出市場中的青衣小兒。後一面鐵鏡磨了就能映照，照出一位市上的賣藥者。鐵鏡的主人分別將兩位鏡中人物請到當面，未曾料到卻是為索鏡而來。故事的結局略有不同，王宗壽將鐵鏡送給了青衣小兒，小兒長揖而去；賣藥者則是從嘉王手中接過鐵鏡，將鏡納入肚中，彷彿超人一般，騰空而去。

　　上述有關前蜀鐵鑑的奇聞皆見於天府之國，而北宋黃休復在《茅亭客話·趙十九》中記述了他曾玩賞一面鐵鏡的傳奇經歷。此鏡最先發現於蜀地，後至京師，反映出四川有可能是當時使用鐵鏡的主要地區，正如該地區是鑄造和使用鐵錢的重點流通區域一樣，與其儲藏豐富的鐵礦資源關係緊密。有一位稱「趙十九」的人，名處琪，以在馬嚼子、馬鐙上鑲嵌銀花為業；淳化年間（990—994 年）收得一面鐵鏡，有些奇特之處。當時，有一位畢先生，名藏用，字隱之，九十多歲，沒人了解他修行的內容；曾經飲酒、少食，自稱本是天台山的道士，入川作儒生已三十餘年，遍遊蜀中名山勝景。一天，畢先生與趙處琪帶着鐵鏡來茅亭拜訪黃休復，黃氏欣賞了一番鐵鏡。此鏡有一斤多重，直徑七八寸，鏡鈕大而圓。圍繞鏡鈕有四象八卦，外有大篆二十四字，鏡背與鏡面均為青綠色。據說每到陰曆十五或十六月光盈滿之夜，鐵鏡的光明比平常更加明亮。景德（1004—1007 年）年間，畢先生將趙十九的鐵鏡攜至京師汴梁宮廷，正值北宋真宗皇帝趙恆封禪泰山，因從觀大禮，得以召見，符合上意。真宗遂與披掛，賜畢先生紫服，賜號通真大師。封香，令於青城山焚修，御詩送行。畢先生到川之日，親赴茅亭再訪黃休復。黃問其鐵鏡的下落，已在貴人之處 [1]。

1　（宋）黃休復集：《茅亭客話》卷九《趙十九》，收入（宋）趙與時撰：《林靈素傳》（及其他三種），中華書局，1991 年，59 頁。

這一鐵鏡背面圍繞鏡鈕有四象八卦，外有大篆二十四字，應是唐代鑄造。北宋《宣和博古圖》卷三〇著錄有一面唐十二辰鐵鑑，「徑七寸九分，重三斤一十兩，銘二十四字，未詳」，並附以摹圖[1]，其直徑、鏡背紋飾構圖、篆字數量皆與《茅亭客話》所記鐵鏡相同，唯重量相差較大。《茅亭客話》云其鏡有一斤多重，《宣和博古圖》收錄的鐵鑑則重三斤一十兩。此類以四象八卦裝飾鏡背的銅鏡，近半個多世紀來屢有發現。偃師杏園村唐會昌五年（845 年）李廿五女墓發掘出小半塊殘鏡；洛陽東郊採集到一面完整銅鏡；洛陽博物館收藏一面河南澠池縣出土的此類銅鏡。經王育成考證，應稱為「上清長生寶鑑祕字鏡」[2]，與道教關係密切。

北宋晚期，孔平仲撰有《談苑・鐵鏡》，描寫了一面原本普普通通的鐵鏡，經人誇張渲染之後高價賣出的事實：

> 京師有畜鐵鏡者，謂人曰：「此奇物也。」以照人手，則指端見有白氣，以氣之長短，驗人之壽夭。好事者乃以厚價取之。既而詢之博物者，曰：「此造作也。」蓋磨鏡時，只以往手，無以來手，則照指自見其端有如氣者耳。[3]

北宋京城汴梁有一位收藏鐵鏡的人，告訴別人：「這是一件奇特的寶物。」用鐵鏡來照人手，可以看見手指尖上的白氣；以白氣的長短，可以占卜一個人長壽還是短命。還

1　（宋）王黼編纂、牧東整理：《重修宣和博古圖》卷三〇，596 頁。

2　王育成：《唐代道教鏡實物研究》，《唐研究》第六卷，北京大學出版社，2000 年，45—47 頁；霍宏偉等主編：《洛鏡銅華：洛陽銅鏡發現與研究》下冊，286—288 頁。

3　（宋）孔平仲撰：《孔氏談苑》卷一《鐵鏡》，收入（宋）潘汝士撰、楊倩描等點校：《丁晉公談錄》（外三種），中華書局，2012 年，190 頁。

真有人相信此話，以高價購入。後來去請教博學多識之人，答曰：「此乃一派胡言。」實為大概磨鏡之時，手指和以鏡藥，自下而上磨拭，直到鏡緣，不再返回向下磨，鏡面會留下一些手指向上的痕跡。當有人映照手指之時，鏡緣處的磨痕猶如白氣。

　　無論是充滿夢幻色彩的，還是平淡無奇卻被人渲染披上神祕外衣的鐵鏡，如果一旦被埋入地下，重見天日之時則是褐鏽纏身，面目全非，與傳世品的相貌有天壤之別。隋唐洛陽城在北宋時期繼續沿用，所以也有宋代遺物留存於世。考古工作者在皇城東區遺址 103 號探方、東城南區遺址 167 號探方內，分別發掘出北宋鐵鏡各一面，均為圓形，背面中央有圓鈕，鏡體鏽蝕嚴重；直徑 13—16、厚 0.7—0.8 厘米[1]。隋唐洛陽城遺址出土的這兩面北宋鐵鏡，鏡背究竟是否有紋飾，因重鏽裹身，不得而知，只有將來通過拍攝 X 光片等方法才能大致看到鐵鏡鏡背是否有紋飾。

　　宋代以降，鐵鏡的鑄造與使用突然銷聲匿跡，無跡可尋。究其衰落的原因，何堂坤從金屬成分分析的角度提出了以下推斷：「鐵鏡是古人為改進製鏡合金使用性能而發明出來的，從某種意義上講，它與高錫青銅鏡之淬火回火，與宋後錫鉛青銅鏡、錫鉛黃銅鏡的使用都是同一個目的，宋後鐵鏡見衰，也是與鑄鏡銅合金成分之變化密切相關的。」[2]

　　本章意在為鐵鏡立傳，記述其產生、發展、鼎盛、衰亡的歷史，讓讀者了解在中國古代鏡鑑史上，除了聲名顯赫的銅鏡大家族之外，還有鐵鏡體系。銅鏡與鐵鏡的關係分為兩種情況，一是在漢唐盛世，兩者的發展都達到了歷史上的最高水平。二是遭遇亂世，兩者的地位此消彼長。兵荒馬亂、殺伐頻仍的結果是，銅荒嚴重，銅料短缺，無法

1　中國社會科學院考古研究所：《隋唐洛陽城：1959—2001 年考古發掘報告》第一冊，199、272 頁。

2　何堂坤：《中國古代銅鏡的技術研究》，332 頁。

鑄造銅鏡，鐵鏡義不容辭地擔當了主要角色，其鑄造與使用才略顯發達。

目前所見最早的鐵鏡出現於西漢早期，歷經兩漢、魏晉的逐步發展，至唐代達到鼎盛，衰落於北宋時期，其鑄造與使用時間大致經歷了 1200 餘年。它始終未能成為鏡鑑家族的「鐵老大」，是由於其天然的缺陷，具有易氧化鏽蝕、不易保存等特點。鐵鏡彷彿是一位隱士，特別是特種工藝鏡，可以說是「絢爛之極，復於平淡」，藏在厚厚的鏽中，遠離世間紛擾。在鏡鑑研究如火如荼的今天，鐵鏡仍不被世人所關注，似乎情由可原。長久埋藏於黃泉之下的鐵鏡，當重新被考古工作者發掘出來之後，大多鏽蝕嚴重，層層起皮，甚至掉渣。即使鏡背有紋飾，也早已被褐鏽所包裹，失去了往昔的風采，黯然神傷。今人見之，已無美感可言。與銅鏡相比，鐵鏡出土數量相對較少，保存狀況令人堪憂，距離今人漸行漸遠，成了胸藏錦繡、含而不露的「尤物」，一道遙不可及、陌生無言的風景。

正倉院祕寶

　　1934 年 11 月 5 日上午，一位中國學者走進日本奈良皇室寶庫正倉院（圖 5-1），登木梯，入倉門，盡覽倉中寶物；1936 年，將其所見所聞撰文發表於《國聞周報》上，受到時任帝室博物館總長杉榮三郎的讚譽，又特許他三次入倉仔細觀摩文物，並改訂增補前文，於 1940 年出版了第一部中國學人研究正倉院的著作《正倉院考古記》，此人乃是 1933 年赴日任京都帝國大學東方文化研究所講師的傅芸子[1]。

　　2003 年，又有一位中國大學教授被獲准進入正倉院，對其木構建築本身及其周圍自然環境進行實地調查、拍攝，他就是復旦大學歷史系教授韓昇[2]。傅芸子、韓昇兩位國內學者的著述，使我們有機會認識和了解傳說中的正倉院，特別是其中珍藏有種類繁多、工藝精湛的銅鏡[3]。

　　正倉院創建於 750 年，位於日本奈良東大寺大佛殿西北，分為北、中、南三個倉庫。收藏光明皇后捐贈品的北倉（圖 5-2），管理最為嚴格，最早實行敕封。而後，平安

1　傅芸子：《正倉院考古記》，上海書畫出版社，2014 年。

2　韓昇：《海外中國文化珍寶探祕書系·正倉院》，上海人民出版社，2007 年。

3　本書有關正倉院的歷史背景資料、藏品數據等基本信息均引自上述兩本書，特此說明。

圖 5-1　正倉院建築外景及內部結構（《正倉院》，1-2 頁）

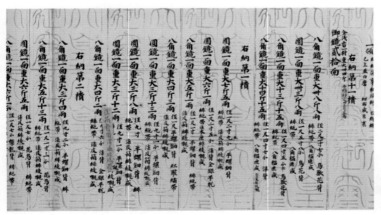

圖 5-2　《國家珍寶帳》中有關銅鏡的記錄（《正倉院展目錄》，58 回，124 頁）

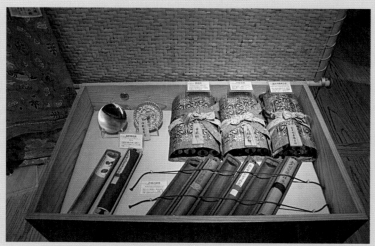

圖 5-3　九州國立博物館展出復原的遣唐使船艙及所運之物（霍宏偉攝影）

時代中倉也實行敕封。只有收藏東大寺珍貴物品的南倉，長期由東大寺管理，直到明治八年（1875年），正倉院才統一移交國家管理，全部實行敕封。30年後，在正倉院西面用鋼筋、水泥建造了恆溫、恆濕的西寶庫，大部分藏品移入新庫保管。該院藏品分為20種，240類，共計5645件[1]。部分文物屬於中國隋唐時期的器物，由日本遣隋遣唐使、留學生、僧人等歷盡千辛萬苦帶回扶桑（圖5-3）。

實際上，正倉院就是一座外貌看似普通、結構為干欄式建築的木構倉庫。令人感到震撼的是，這座建築歷經1200多年的風霜雨雪，依然如故，所藏絕大部分寶物保存完好。作為正倉院管理者的杉榮三郎博士曾經不無感慨地説：「當天災之際雖罹落雷之厄，僅燒門扇不至大禍。又當戰亂之際雖兵燹咫尺於街，四鄰化為燒土，祝融亦加護本寶庫。如此等雖不可不歸於天佑，然而當戰國牆垣朽敗，流浪之徒連年自由出入園內，甚至任意起臥於地板下時，亦無有敢損毀寶庫牆壁者。」[2]

不過，正倉院也會碰上偶然發生的盜寶行動，雖可謂千年一遇，但對於文物的破壞是無法估量的，這一無知的大膽蟊賊現身於1230年。據《東大寺續要錄》所記，寬喜二年（1230年）十月二十七日，有賊潛入正倉院北倉，盜走8面御鏡。賊人從奈良跑到京都去銷贓，想將銅鏡賣掉，結果卻無人買，於是惱羞成怒，一氣之下把盜來的鏡子全部敲碎成片，棄之不要。後來東窗事發，盜賊被抓了起來，經審訊才知實情，官府派人將銅鏡殘片趕快撿回，並歸還正倉院。其中，金銀平脫花鳥鏡1面、螺鈿花鳥鏡2面、雙鸚鵡鏡1面，於明治年間修復如初[3]。

1　韓昇：《海外中國文化珍寶探祕書系·正倉院》，23—24頁；傅芸子：《正倉院考古記》，15頁。

2　〔日〕杉榮三郎：《正倉院考古記》原版序三；傅芸子：《正倉院考古記》，8頁。

3　傅芸子：《正倉院考古記》，66頁；王綱懷：《日本正倉院藏鏡（一）》，《收藏》2009年12期；《日本正倉院藏鏡（二）》，《收藏》2010年1期。

正倉院現藏銅鏡 55 面，原放置於北倉與南倉。北倉上層南棚藏 20 面，為光明皇后捐贈，後因被盜損毀 2 面，無法修復，今存 18 面。銅鏡形制多為圓形或八瓣菱花形，質地為青銅或白銅。分中國大唐的舶來品和日本本土鑄造兩類，傅芸子曾就此徵求過日本銅鏡專家梅原末治的意見。如 78 號花鳥背八角鏡、83 號盤龍背八角鏡均為唐鏡，87 號雲鳥飛仙背圓鏡、直徑最大的鳥獸花背八角鏡則是日本奈良時代本地鑄造的銅鏡[1]。

除了一般工藝鏡之外，特種工藝鏡有金銀平脫鏡與螺鈿鏡。此棚所藏特種工藝鏡，多經修補。銅鏡殘損的原因，是由於上述盜賊的人為破壞。南倉上層南棚原藏鏡鑑 37 面，為東大寺藏品。鏡背紋飾、製作工藝均優於北倉藏鏡。特種工藝鏡有黃金琉璃花卉銀鏡、鎏金銀背山水八卦鏡、螺鈿花鳥鏡等。

正倉院收藏的寶鏡，根據製作工藝的不同，分為一般工藝鏡與特種工藝鏡兩種。該院藏一般工藝鏡，包括雙龍鏡、雙獸雙鸞鏡、瑞獸葡萄鏡、四神八卦十二生肖鏡、山水花鳥鏡、花鳥鏡等。屬於北倉的雙龍鏡，為八出葵花形，伏龜鈕，鈕座為一圓形帶紋蓮葉，看上去似一神龜靜伏於蓮葉之上。鈕座兩側，飛龍在天，交頸騰空。龍首之上，鈕座之下，各飾形態不同的三山，鈕座下的三山突兀聳立，山腳飾以三座低緩的山丘，以襯托三山的巍峨。龍體前後、下部各飾有祥雲紋。雙龍紋之外，有兩周弦紋組成的圈帶，內飾八卦紋，其間飾以三山紋。直徑 31.7 厘米，重 4170 克（圖 5-4）。有學者對北倉藏鏡做過無損 X 射線分析，銅鏡成分大致為約 70% 的銅、約 25% 的錫、約 5% 的鉛，可以考慮為舶載品[2]，意味着這些銅鏡大多來自中國。

1　傅芸子：《正倉院考古記》，68 頁。

2　〔日〕宮內廳正倉院事務所監修：《正倉院》，財團法人菊葉文化協會，平成五年（1993 年），19 頁。

圖 5-4　正倉院藏雙龍鏡
（《正倉院》，19 頁）

　　中國境內發現的唐代雙龍鏡，數量較少，可分為兩種類型，一種為飛龍在天型，如 2005 年江蘇儀徵市萊茵達工地 64 號唐墓出土一面雙龍鏡，直徑 12.4、厚 0.8 厘米（圖 5-5）。《銅鏡圖案》一書收錄的一面雙龍鏡拓本，為鏡鈕兩側各飾一條升龍（圖 5-6），其紋飾與考古發掘品紋飾完全一致。

　　雖然與正倉院雙龍鏡形制、紋飾完全相同的銅鏡在中國本土至今尚未發現，但是北倉雙龍鏡上的諸多元素都能在唐代銅鏡上找到，如龜鈕、蓮葉鈕座。1979 年，西安市新城區韓森寨出土一面八卦十二生肖鏡，鏡鈕亦為龜伏於蓮葉上，繞鈕環列八卦[1]，其方位與正倉院藏雙龍鏡均同。鈕座接近八邊形，而正倉院雙龍鏡鈕座為圓形，其鏡緣八卦的

---

[1]　孫福喜主編：《西安文物精華·銅鏡》，世界圖書出版西安公司，2007 年，127 頁。

圖 5-5　江蘇儀徵萊茵達 64 號唐墓雙龍鏡
（《儀徵出土文物集粹》，113 頁）

圖 5-6　湖南所見雙龍鏡拓本（《銅鏡圖案》，
55 頁）

排列方式，一般稱為「文王八卦」，亦稱「後天八卦」。上海博物館藏一面鳳凰金裝葵花
鏡，臥龜作鏡鈕，龜頭、尾、四爪緊貼荷葉，成為鈕座。鈕座上方有三條平行橫線，上
托三重仙山，上重仙山正中為一輪明月[1]。《史記·龜策列傳》載，褚少孫「為郎時，見《萬
畢石朱方》，傳曰：『有神龜在江南嘉林中……龜在其中，常巢於芳蓮之上。』左脅書
文曰：『甲子重光，得我者匹夫為人君，有土正，諸侯得我者為帝王』」[2]。由此看來，在鏡
背中央鑄以龜鈕，並伏於荷葉之上，是有一定深層含義的。

　　飛龍在天也是中國傳統文化的一種體現。《周易·乾卦》：「飛龍在天，利見大人。」

1　上海博物館編：《練形神冶 瑩質良工：上海博物館藏銅鏡精品》，上海書畫出版社，2005 年，258—259 頁。
2　《史記》卷一二八《龜策列傳》，3227 頁。

圖 5-7　洛陽東郊熱電廠 622 號唐墓
五嶽真形圖鏡拓本（侯秀敏供圖）

只不過正倉院藏鏡上的雙龍為交頸，中國所見雙龍龍首相對，飾於鈕座兩側。日本鏡上三神山的兩種形態，龍首之上的三神山為上、下疊壓，每座山由一主兩次三峰組成，底部均有一條水平橫線。接近鏡緣弦紋圈內的八個神山紋，應該是從此山紋簡化而來，形成三組上下、平行的三角紋。中國國家博物館藏西安唐代天寶四載（745 年）墓出土飛天鏡，兩位飛天的頭頂上方有一座神山，山半腰有一條直線貫穿，山腳以三條平行直線相托。正倉院雙龍鏡上方的三神山形態，無疑是飛天鏡神山的簡化形式。而鈕座下的三山，三峰並立，而以中峰最高，山體以豎線加弧線來表現，其外側以密集的平行短橫線來象徵山上樹木繁茂，與洛陽東郊熱電廠 622 號唐墓出土的五嶽真形圖鏡表現手法相似 [1]（圖 5-7）。雙龍鏡的另一種類型是盤龍環繞於鈕座周圍，僅見於西安市文物保護考古

1　侯秀敏：《洛陽發現的一件唐代山水禽獸紋銅鏡》，《文物》2008 年 10 期。

研究院藏一面徵集品[1]。唐代白居易的詩作《感鏡》:「照罷重惆悵,背有雙盤龍。」[2] 詩中「背有雙盤龍」銅鏡,說的應該就是這種鏡型。

正倉院收藏有 5 面瑞獸葡萄鏡,其中 1 面方形,4 面圓形。這面方鏡原藏南倉,伏蛙鈕,繞鈕飾 6 隻瑞獸。邊長 17.1 厘米,重 1945 克(圖 5-8)。這面鏡子的罕見之處在於,它是正倉院藏鏡中保存狀態最好的銅鏡,鏡面閃耀着銀色的光輝,直到今天仍能映照出人們的面容[3]。

檢索中國本土所見瑞獸葡萄方鏡,與圓鏡相比數量較少,一般為四獸葡萄鏡,出土品少見,多為徵集品與傳世品。1973 年,廣西藤縣城關三合村出土一面方鏡,邊長 11.3、緣厚 1.3 厘米;1974 年,灌陽縣黃關鎮白竹舖出土一面,邊長 11.6、緣厚 1.3 厘米。1979 年,浙江衢州市上墟頭出土一面方鏡,邊長 9.3 厘米。1980 年,安徽舒城縣白馬檔官塘村出一面邊長 8.8 厘米的方鏡[4]。陝西歷史博物館著錄的方鏡 3 面,均為徵集品,邊長 9—9.7 厘米,重 406—1052 克。北京故宮博物院藏有一面方鏡,紋飾清晰,略帶紅斑綠鏽,邊長 11.5 厘米。臺北故宮博物院藏一面四瑞獸葡萄鏡,帶有鏡匣,應是清宮舊藏。上海博物館藏銀背鳥獸葡萄方鏡一面[5]。

1　孫福喜主編:《西安文物精華·銅鏡》,93 頁。

2　《白居易詩集校注》卷一〇《感傷二》,802 頁。

3　〔日〕宮內廳正倉院事務所監修:《正倉院》,54 頁。

4　廣西壯族自治區博物館編:《廣西銅鏡》,文物出版社,2004 年,162—163 頁;王士倫等:《浙江出土銅鏡》(修訂本),圖版 114,237 頁;安徽省文物考古研究所等編:《六安出土銅鏡》,文物出版社,2008 年,207 頁。

5　陝西歷史博物館編:《千秋金鑑:陝西歷史博物館藏銅鏡集成》,三秦出版社,2012 年,343—344 頁;何林主編:《故宮藏鏡》,86—87 頁;朱仁星:《鏡臺與鏡架》,臺北《故宮文物月刊》1990 年 6 期;上海博物館編:《鏡映乾坤:羅伊德·扣岑先生捐贈銅鏡精粹》,100、108 頁;上海博物館編:《練形神冶 瑩質良工:上海博物館藏銅鏡精品》,246—247 頁。

圖 5-8　正倉院藏瑞獸葡萄方鏡
（《正倉院》，54 頁）

　　中國境內的瑞獸葡萄方鏡均為四獸，而正倉院藏鏡則為六獸。中國所見方鏡邊長 6.1—11.6 厘米，而正倉院方鏡邊長達到 17.1 厘米，是目前已知最大的瑞獸葡萄方鏡。唐代詩人賈島有一首《方鏡》詩：「背如刀截機頭錦，面似升量澗底泉。銅雀臺南秋日後，照來照去已三年。」[1] 可見在唐人生活中除了使用圓鏡之外，也用方鏡照容理妝。

　　1957 年，西安唐長安大明宮含光殿遺址發掘出一塊瑞獸葡萄紋磚，磚上紋飾與瑞獸葡萄鏡的紋飾相似（圖 5-9）；在含光殿北 500 多米的一處唐代遺址中，採集到多塊保存較好的瑞獸葡萄紋磚（圖 5-10）。1980 年之後，在三清殿遺址也清理出許多瑞獸葡萄紋和葡萄鹿紋磚。2001—2002 年，在太液池一帶出土三塊瑞獸葡萄紋殘磚，其中一塊殘長

1　《全唐詩》卷五七四《賈島四》，6735 頁。

圖 5-9　西安唐大明宮含光殿遺址瑞獸
葡萄紋磚拓本（《唐長安大明宮》，54 頁）

圖 5-10　唐大明宮西內苑北側唐代殿址瑞獸葡萄紋殘磚（《唐
長安大明宮》，圖版伍貳）

31、厚 8 厘米 [1]。正倉院藏方鏡紋與唐大明宮遺址所見磚紋，雖題材相同，但在構圖上略
有差異。不同之處在於，鏡背上的葡萄紋遍佈於內、外區，六隻戲耍的瑞獸大多為俯視
像，一對前肢伸展，一條後腿蹬地或是枝蔓環繞於鈕座周圍，而磚上則以一隻奔跑的
瑞獸側面像為中心，葡萄紋分佈於瑞獸周圍。兩者相同之處，均以密集的凸點紋來表
現葡萄的立體感，葡萄與枝蔓相連接。1960—1964 年，陝西乾縣乾陵發掘陪葬墓唐永
泰公主墓，出土一座線刻畫像石槨，其中一幅畫為一位侍女雙手捧盤，盤中盛滿了成串
的葡萄（圖 5-11）[2]。

1　中國科學院考古研究所：《唐長安大明宮》，科學出版社，1959 年，54 頁，圖三一，圖版伍貳；馬得志：《唐長安城發掘新
　　收穫》，《考古》1987 年 4 期；中國社會科學院考古研究所等聯合考古隊：《唐長安城大明宮太液池遺址發掘簡報》，《考古》
　　2003 年 11 期。

2　樊英峰等：《線條藝術的遺產：唐乾陵陪葬墓石槨線刻畫》，文物出版社，2013 年，255 頁。

圖 5-11　陝西乾縣唐永泰公主墓石槨線刻端葡萄盤圖（《線條藝術的遺產：唐乾陵陪葬墓石槨線刻畫》，255 頁）

　　自西漢武帝時期，張騫出使西域，進一步擴大了中原與西域的經濟、文化交流，葡萄亦被引入內地種植。《史記·大宛列傳》：「漢使取其實來，於是天子始種苜蓿、蒲陶肥饒地。及天馬多，外國使來眾，則離宮別觀旁盡種蒲萄、苜蓿極望。」[1] 及至唐代，葡萄與人們的日常生活更加密不可分。唐太宗貞觀十四年（640年），侯君集率軍隊滅了高昌國之後，太宗命人在長安禁苑中種植葡萄，並釀造葡萄酒。《唐會要》卷一〇〇：「葡萄酒，西域有之，前世或有貢獻。及破高昌，收馬乳葡萄實，於苑中種之。並得其酒法，自損益造酒。酒成，凡有八色，芳香酷烈，味兼醍醐，既頒賜群臣，京中始識其味。」[2] 唐高宗、武則天時期，葡萄紋作為銅鏡紋飾風靡一時，並且在唐人小說、詩歌中均有所反映。《太平廣記》引《廣異

1　《史記》卷一二三《大宛列傳》，3173—3174 頁。

2　（宋）王溥：《唐會要》卷一〇〇《雜錄》，中華書局，1955 年，1796—1797 頁。

記‧汝陰人》：汝陰許氏男子入一大戶人家做客，「食器有七子螺九枝盤紅螺杯葉葉碗，皆黃金隱起，錯以瑰碧。有玉罍，貯車師葡萄酒，芬馨酷烈」。《太平廣記》引《原化記‧陸生》：「唐開元中，有吳人陸生，貢明經舉在京。貧無僕從，常早就識，自駕其驢。驢忽驚躍，斷韁而走。生追之，出啟夏門，直至終南山下，見一徑，登山，甚熟。此驢直上，生隨之上，五六里至一處，甚平曠，有人家，門庭整肅。生窺之，見茅齋前有葡萄架，其驢繫在樹下。」[1]唐代的詩人們從不同角度來吟詠葡萄，無論是植根於田野中生長的藤葉，還是成熟收穫之後製成的佳釀，葡萄如同「潤物細無聲」的春雨，點點滴滴滋潤着唐人的心田。

> 蒲萄美酒夜光杯，欲飲琵琶馬上催。（王翰《涼州詞二首》）
> 遙看漢水鴨頭綠，恰似葡萄初釀醅。（李白《襄陽歌》）
> 翠瓜碧李沉玉甃，赤梨葡萄寒露成。（杜甫《解悶十二首》）
> 天馬常銜苜蓿花，胡人歲獻葡萄酒。（鮑防《雜感》）
> 野田生葡萄，纏繞一枝高。（劉禹錫《葡萄歌》）
> 筐封紫葡萄，筒卷白茸毛。（姚合《謝汾州田大夫寄茸氈葡萄》）[2]

正倉院收藏的特種工藝鏡數量較多，種類豐富，如黃金琉璃花瓣鏡、金銀平脫花鳥鏡、鎏金銀背山水八卦鏡、螺鈿花鳥鏡等，似群星閃耀，流光溢彩。黃金琉璃花瓣鏡藏

---

1 《太平廣記》卷三〇一《神一一》，2387 頁；《太平廣記》卷七二《道術二》，448 頁。
2 《全唐詩》卷一五六《王翰》，1609 頁；《全唐詩》卷一六六《李白六》，1717 頁；《全唐詩》卷二三〇《杜甫一五》，2518 頁；《全唐詩》卷三〇七《鮑防》，3484 頁；《全唐詩》卷三五四《劉禹錫一》，3975 頁；《全唐詩》卷五〇一《姚合六》，5742 頁。

圖 5-12　正倉院藏黃金琉璃花瓣鏡
（《正倉院展目錄》，52 回，31 頁）

於南倉。鏡鈕似一朵含苞待放的花蕾，鈕座由六片花瓣構成，主體紋飾為六片形制較大的花瓣，每個花瓣內飾有葉紋及兩組渦紋，兩個花瓣之間以一片小花瓣來襯托，從而形成以鏡鈕花蕾為中心，鈕座與主紋、輔紋組成三重花瓣。鏡緣一周，花瓣之間三角形上飾金黃色、形似珍珠的金粟紋。最大徑 18.5、緣厚 1.4 厘米，重 2177 克（圖 5-12）。原田淑人提出：「七寶者，惟此正倉院一鏡。……考諸文獻，日本奈良以前已有琺琅鏡，新羅芬皇塔亦有七寶針筒，是唐有此工益無疑。」[1]

「七寶」形容用多種寶物裝飾的器物，原為佛教用語，日本人將此鏡稱為「七寶

1　傅芸子：《正倉院考古記》，117 頁。

圖 5-13　明代陳洪綬《仕女對鏡圖》局部（《陳洪綬》中卷《彩圖編》，94 頁）

圖 5-14　洛陽礦山機械廠西晉墓
釉陶鏡（霍宏偉攝影）

鏡」。這種如蓮花綻放似的多瓣形制，與河南登封嵩嶽寺遺址出土唐代蓮花紋瓦當[1]、《金石索》著錄蓮瓣形詩鏡相似，在明代陳洪綬《仕女對鏡圖》中也可見到此類形制（圖 5-13）。

　　1970 年，洛陽澗西礦山機械廠西晉墓清理出一面直徑 17 厘米的四葉連弧紋釉陶鏡（圖 5-14），因為無法使用，應該為明器。1955 年，西安小土門村 47 號唐墓出土一面直徑 3.9 厘米的弦紋琉璃鏡，經檢測其成分為高鉛硅琉璃，亦為明器[2]。在中國本土的唐代琉璃鏡鮮見，但是作為建築構件的琉璃瓦與瓦當殘片在唐兩京長安大明宮、洛陽宮城與上陽宮遺址中，均有發現。1957—1959 年，發掘唐長安大明宮麟德殿遺址，出土兩小片

1　河南省文化局文物工作隊：《在嵩嶽寺舊址發現的瓦件》，《文物》1965 年 7 期。

2　霍宏偉等主編：《洛鏡銅華》上冊，202 頁；王綱懷：《日本正倉院藏鏡（一）》，《收藏》2009 年 12 期。

綠釉琉璃瓦。1957 年，在含光殿遺址清理出淺綠釉蓮花磚，綠色與藍色釉板瓦、筒瓦數片[1]。1980 年之後，在大明宮三清殿遺址發掘出許多琉璃瓦殘片，除了黃、綠、藍等單色瓦之外，還有很多黃、綠、藍三色的三彩瓦片[2]。

1959 年，發掘隋唐洛陽皇城右掖門遺址，出土少量綠色琉璃瓦片，厚 1.5—1.8 厘米；1981 年，清理洛陽宮城西夾城遺址，出有少量綠釉琉璃瓦，厚 1.2—1.5 厘米；1989—1993 年，在隋唐洛陽宮城西南揭露出上陽宮園林遺址，發現黃、綠釉琉璃瓦 200件，琉璃瓦當 59 件[3]。以上考古發現説明，在唐代將琉璃製品作為建築構件使用於重要的宮殿是較為普遍的現象，但將琉璃燒製技術運用於鏡子背面卻是極為罕見的，所以正倉院收藏的黃金琉璃花瓣鏡才更顯珍貴，它讓今人看到了唐代高超的工藝製作水平。

原藏於北倉的金銀平脱花鳥鏡，八出葵花形，圓鈕，鈕頂為銀花飾，鈕座則以一周纖細的銀絲製成纏枝花卉紋環繞鏡鈕，向外伸出 5 個花朵與 5 個花葉相間排列，均為金黃色的金片製作。圍繞鈕座，順時針方向排列花鳥紋，內區分佈有銜綬仙鶴、飛雁、銜枝小鳥、蝴蝶等，外區近緣處分別用銀片飾以 4 隻鳳鳥與 4 叢折枝。直徑 28.5 厘米，重2929 克（圖 5-15）。

1992 年，洛陽市勞動教養所餐廳樓基建工地發掘中唐時期的潁川陳氏墓，清理出一

1　中國科學院考古研究所：《唐長安大明宮》，39、54 頁。

2　馬得志：《唐長安城發掘新收穫》，《考古》1987 年 4 期；陝西省考古研究所銅川工作站：《銅川黃堡發現唐三彩作坊和窯爐》，《文物》1987 年 3 期，彩色插頁二。

3　中國科學院考古研究所洛陽發掘隊：《隋唐東都城址的勘查和發掘》，《考古》1961 年 3 期；洛陽市文物工作隊：《1981 年河南洛陽隋唐東都夾城發掘簡報》，《中原文物》1983 年 2 期；中國社會科學院考古研究所洛陽唐城隊：《洛陽唐東都上陽宮園林遺址發掘簡報》，《考古》1998 年 2 期。

圖 5-15　正倉院藏金銀平脱花鳥鏡（《正倉院》，17 頁）

圖 5-16　偃師新莊唐張盈墓金銀平脱花鳥鏡（洛陽市文物考古研究院供圖）

件銀平脱漆盒，蓋內、外均為纏枝雙鳳對舞圖[1]。漆盒上纖細、密實的纏枝紋，與正倉院金銀平脱花鳥鏡細膩、捲曲的金花葉銀枝鈕座有異曲同工之妙。漆盒上成對鳳鳥紋的姿態與造型，也與正倉院金銀平脱花鳥鏡緣內的 4 隻鳳鳥神韻相仿。2004 年，偃師首陽山鎮新莊村西北唐長安三年（703 年）汝州郟城縣令張盈墓出土一面金銀平脱花鳥鏡，直徑 24.6 厘米，重 1528 克[2]（圖 5-16）。整體感覺與正倉院金銀平脱鏡相似，但若仔細比對，發現正倉院藏鏡風格可謂疏可走馬，紋飾製作細膩，佈局疏密有致。偃師唐鏡風格則為密不透風，紋飾造型略顯粗糙，鋪滿鏡背。

　　正倉院藏鎏金銀背山水八卦鏡，世上僅此一面，為八瓣菱花形，內切

1　洛陽市文物工作隊：《洛陽北郊唐潁川陳氏墓發掘簡報》，《文物》1999 年 2 期。

2　韓占坡等：《偃師張盈墓發掘簡報》，《文物鑑定與鑑賞》2010 年 9 期。

圖 5-17　正倉院藏鎏金銀背山水八卦鏡（《正倉院展目錄》，58 回，53 頁）

圓形。魚子紋地，花蕾形鈕，陰線刻水波紋鈕座。以一圈連珠紋凸棱劃分出內、外兩區。內區圍繞鈕座，四面各有一座仙山，仙山之間分別飾以兩位仙人與兩隻舞鳳、兩條盤龍（圖 5-17）。其中，一位仙人端坐於林間撫琴，引來鳳鳥翩翩起舞，與唐代真子飛霜鏡構圖近似。另有一位仙人獨坐於山石筌蹄上吹笙，有鳳來儀，這位仙人就是王子喬，筌蹄為一束腰圓形坐具，在唐李壽墓石槨線刻侍女圖中有此形象 [1]。《列仙傳 · 王子喬傳》：「王子喬者，周靈王太子晉也。好吹笙作鳳凰鳴。遊伊、洛之間，道士浮邱公接以上嵩高山。三十餘年後，求之於山上，見桓良，曰：『告我家，七月七日待我於緱氏山巔。』至時，果乘白鶴駐山頭，望之不得到。舉手謝時人，數日而去。」[2] 白居易《王子晉廟》詩

圖 5-17　正倉院藏鎏金銀背山水八卦鏡局部（《正倉院展目錄》，58 回，54 — 55 頁）

圖 5-18　洛陽機瓦廠出土唐
吹笙引鳳鏡（洛陽市文物考古
研究院供圖）

云：「子晉廟前山月明，人聞往往夜吹笙。鸞吟鳳唱聽無拍，多似霓裳散序聲。」[1]1964
年，洛陽機瓦廠出土一面王子喬吹笙引鳳鏡，子喬吹笙的姿勢與正倉院銀背鏡上的人物
形象相似[2]（圖 5-18）。

　　這面鏡子上兩條盤龍的造型，與一些盤龍鏡上的紋飾相似，昂首張口，鱗爪飛揚。
外區一周滿飾 S 形纏枝紋，並點綴鳳鳥、飛鳥等動物。近鏡緣一周，鏨刻雙鈎八卦卦
名、卦形及五言律詩一首，與繁縟細膩的畫面相得益彰：

　　　　舞鳳歸林近，盤龍渡海新。緘封待還日，披拂鑑情親。只影嗟為客，孤鳴

1　《白居易詩集校注》卷二八《律詩》，2191 頁。

2　霍宏偉等主編：《洛鏡銅華》下冊，260 頁。

復幾春。初成照膽鏡，遙憶畫眉人。

此詩從畫面景物中的舞鳳、盤龍寫起，觸景生情，抒發對親人的思念之情。「舞鳳」「盤龍」，似源自隋末唐初的鏡銘「盤龍麗匣，舞鳳新臺」。「隻影」「孤鳴」，引的是西域罽賓國鸞鳥孤鳴的故事。「畫眉」則源自西漢張敞畫眉的典故。《漢書·張敞傳》：「敞無威儀 …… 又為婦畫眉，長安中傳張京兆眉嫵。有司以奏敞。上問之，對曰：『臣聞閨房之內，夫婦之私，有過於畫眉者。』」[1] 西漢張敞為妻子描畫眉毛的故事被傳為佳話，後人以「畫眉」形容夫妻感情融洽。「畫眉人」指夫婿。

> 新妝莫點黛，余還自畫眉。（南朝梁·劉孝威《郡縣遇見人織率爾寄婦》）
> 空憶常時角枕處，無復前日畫眉人。（隋·薛道衡《豫章行》）
> 仙郎看隴月，猶憶畫眉時。（唐·岑參《韓員外夫人清河縣君崔氏輓歌二首》）
> 盤龍玉臺鏡，唯待畫眉人。（唐·王昌齡《朝來曲》）
> 妝罷低聲問夫婿，畫眉深淺入時無。（唐·朱慶餘《近試上張籍水部》）

歷史上以長安、洛陽為中心的唐代兩京地區，中華人民共和國成立以來考古發掘出土了一定數量的金背鏡、銀背鏡。其題材普遍為花鳥，形制多為六瓣菱花形，直徑較小。如 2002 年西安灞橋區馬家溝唐墓出土一面金背瑞獸葡萄鏡，直徑 19.7 厘米（圖

1　《漢書》卷七六《張敞傳》，中華書局，1975 年，3222 頁。

圖 5-19　西安馬家溝一號唐墓金背瑞獸葡萄鏡（西安市文物保護考古研究院供圖）

5-19），屬於此類鏡中形制較大、製作工藝上乘之佳作[1]。

　　正倉院收藏的銀背鏡長徑 40.7、短徑 38.6 厘米，重 7483 克。鏡背採用陰線鏨刻、局部鎏金的特殊工藝，紋飾集人物、山水、花鳥、詩歌等元素於一鏡，吸收了仙人故事、後天八卦卦象及卦名等與道教密切相關的文化因素，可說是鏡中有畫，畫中有詩，完全可以借用宋人蘇東坡對唐代詩人王維作品的評價：「摩詰之詩，詩中有畫；觀摩詰之畫，畫中有詩。」[2] 這在中國本土發現的金背鏡與銀背鏡中尚未見到過，推測此鏡有可能是唐朝皇室為日本遣唐使特意製作的。

1　西安市文物保護考古研究院：《西安馬家溝唐太州司馬閻識微夫婦墓發掘簡報》，《文物》2014 年 10 期。

2　（宋）蘇軾：《書摩詰〈藍田煙雨圖〉》，《東坡畫論》，山東畫報出版社，2012 年，50 頁。

圖 5-20　正倉院藏花鳥螺
鈿鏡（《正倉院》，18 頁）

　　正倉院收藏最多的唐代特種工藝鏡是螺鈿鏡，多達 9 面，其中北倉 7 面，南倉 2 面。藏於北倉的花鳥螺鈿鏡，鏡胎為白銅質，八出葵花形，圓鈕，連珠紋圓形鈕座。其外是花葉紋，再環繞一周連珠紋。四面正中各有一朵七瓣花卉。鏡背裝飾的各類材料色彩鮮艷，如白色的是用夜光貝殼製作的螺鈿，紅色的是琥珀，與現在的黃色琥珀不同，黑地上的細片是土耳其石、青金石。直徑 27.4 厘米，重 2150 克（圖 5-20）[3]。

　　對於正倉院收藏的各類花鳥螺鈿鏡，韓昇提出：「把南海出產的夜光貝，東南亞出產

───────────────

3　〔日〕宮內廳正倉院事務所監修：《正倉院》，18 頁。

的琥珀，特別是緬甸出產的紅琥珀，以及中東出產的寶石，來自阿富汗的藍寶石，巧妙地組合在一起，構成五彩繽紛的圖案，有吉祥的衛枝飛鳥和象徵愛情的鴛鴦，還有中國特有的青龍、白虎、朱雀、玄武四獸。能夠用這麼多國家的珍寶來構成中國圖案，顯然只有唐朝才能做到。」[1]

這些銅鏡均為花鳥螺鈿鏡，形制有圓形、八出葵花形之別，與中國境內出土的螺鈿鏡相比，題材相對單一，但使用的裝飾材料十分昂貴，顯示出這些鏡子的持有者與眾不同的身份和地位。2013 年，在日本九州國立博物館推出「中國王朝的至寶」大型文物展覽，展出一面陝西省考古研究院藏西安地區出土的唐代開元二十四年（736 年）花鳥螺鈿鏡，與正倉院藏螺鈿鏡紋飾的裝飾手法有一定相似之處。中國國家博物館藏洛陽澗西唐墓出土的高士宴飲螺鈿鏡屬於人物鏡，在正倉院藏品中未見同類題材的鏡子。

正倉院數以千計的寶物能夠歷經 1200 多年的世事變幻而依然如故，這簡直是人類物質文明收藏史上的一大奇跡。究其原因，不管歷代政權怎樣更迭，始終如一地嚴格遵守敕封制度是保證這一大批珍寶安全的重要前提。

為什麼正倉院收藏的部分銅鏡更接近於唐鏡的原始狀態？因為這些銅鏡被帶到日本之後，進入王室或寺院，受到最高禮遇，得到妥善保存。從正倉院的藏鏡來看，有的銅鏡上下覆襯布墊，放入鏡盒（圖 5-21），再盛入木櫃，櫃上貼以標籤。正倉院所存鏡盒，北倉 16 件，南倉 15 件，共計 31 件[2]。這些鏡盒為銅鏡減少與空氣的接觸、避免鏡體氧化提供了良好的保存環境。我們的大唐先人也是如此保護銅鏡的，只是無法看到那時的情

1　韓昇：《海外中國文化珍寶探祕書系．正倉院》，98 頁。

2　〔日〕奈良國立博物館：《正倉院展》，47 回，平成七年（1995 年），81 頁。

圖 5-21　正倉院藏山水八卦鏡高麗錦鏡盒（《正倉院展目錄》，58 回，56 — 57 頁）

景。目前所見只能是來自於地下發掘的墓葬，已與那時的現實生活有較大距離。以瑞獸葡萄鏡為例，河南偃師杏園唐長壽三年（694 年）李守一墓出土一面瑞獸葡萄鏡，鏡子放置於一件鏡奩之內，在發掘現場看到的是鏡奩蓋已大部分殘缺，僅存器身（圖 5-22）[1]。經過 1200 多年的地下埋藏之後重見天日，保存環境反差太大，今人所見與銅鏡的原始面貌相距甚遠。而正倉院藏瑞獸葡萄方鏡自鑄造出來之後，從東土大唐帶回東瀛扶桑，一直都處於精心呵護的狀態，從未埋於地下，其物理特徵未發生太大變化，更接近於方鏡本身的原始狀態，鏡體光亮如新，鏡面仍能照容，古鏡今照，彷彿有穿越大唐之感。

　　為什麼正倉院收藏的部分銅鏡代表了中國唐朝銅鏡製作的最高水平？因為當時日本的遣唐使、僧人、留學生攜帶回國的都是大唐最為精良的銅鏡，徑大體厚，工藝上乘，製作考究，用料昂貴。這些精美的銅鏡在唐朝社會上層也在使用，但後來由於政治動

1　中國社會科學院考古研究所：《偃師杏園唐墓》，科學出版社，2001 年，80 頁，圖版 37：4。

圖 5-22　偃師杏園唐李守一墓瑞獸
葡萄鏡出土現狀（《偃師杏園唐墓》，
圖版 37：4）

盪，殺伐頻仍，大量器物毀於戰火，千年之後留存於世的唐鏡傳世品堪稱鳳毛麟角。而
中國境內考古發掘的唐鏡，特別是特種工藝鏡大多出土於一般或高級官吏的墓葬之中，
皇家墓葬或為貴族墓被盜嚴重，所出銅鏡極少，或是屬於帝陵禁止發掘。所以，在中國
本土恐難以見到一批能夠代表唐代最高技術水準的銅鏡，而正倉院的珍藏無疑為我們彌
補了這一缺憾。

　　正倉院寶鏡反射出來的，是 1300 多年前大唐帝國的光輝，恰如唐代盧照鄰的詩作
《元日述懷》：「筮仕無中秩，歸耕有外臣。人歌小歲酒，花舞大唐春。草色迷三徑，風光
動四鄰。願得長如此，年年物候新。」[1]「花舞大唐春」，多麼意氣風發、豪情萬丈的詩句，
它所展現出來的是一個充滿生機與活力的唐人生活場景。透過正倉院的這些奇珍異寶，
唐人生活真切地呈現在人們面前，似乎觸手可及，夢回唐朝。

1　《全唐詩》卷四二《盧照鄰二》，528 頁。

鑄鏡須青銅

　　　鑄鏡須青銅，青銅易磨拭。結交遠小人，小人難姑息。鑄鏡圖鑑微，結交
　　圖相依。凡銅不可照，小人多是非。[1]

　　唐代孟郊的這首《結交》詩以青銅鑄鏡作比喻，來說明結交朋友之理。鑄鏡既需要
以青銅為原材料，更要有高超的鑄造技藝，製成的鏡子才能照容鑑微。中國古代鑄鏡的
歷史源遠流長，但是關於銅鏡具體的鑄造方法，留存至今的文獻較少談及。

　　多年來，湖北鄂州博物館進行過多次仿製中國古代銅鏡的實踐活動，其基本流程
為：製模→製範→青銅熔煉→澆注→脫範→打磨→青銅鏡成品（圖 6-1）[2]。綜合前人已有的
實踐與研究成果，筆者將鑄鏡流程簡單概括為以下五步：第一步，製模翻範；第二步，
晾乾與焙燒泥範；第三步，冶煉銅合金[3]（圖 6-2）；第四步，用銅水澆注鏡範；第五步，新
鑄銅鏡的後期加工。

　　在明代馮夢禎《快雪堂漫錄》中有一段詳細記載，重點談的是第三步與第五步：

1　《全唐詩》卷三七四《孟郊三》，4213 頁。

2　國家文物局編：《惠世天工：中國古代發明創造文物展》，中國書店，2012 年，247 頁。

3　（明）宋應星著、潘吉星譯注：《天工開物譯注》卷中《五金第八》，上海古籍出版社，2008 年，143 頁。

製模　　　　　　　製範　　　　　　　青銅熔煉

澆注　　　　　　　　　　　脫範

打磨　　　　　　　　青銅鏡成品

圖 6-1　仿製中國古代銅鏡鑄鏡場景（《惠世天工：中國古代發明創造文物展》，247 頁）

圖 6-2　明代《天工開物》中的
煉銅圖（《天工開物譯注》卷中
《五金第八》，143 頁）

　　凡鑄鏡煉銅最難，先將銅燒紅，打碎成屑，鹽醋搗莩薺拌銅埋地中。一七日取出，入爐中化清，每一兩投磁石末一錢，次下火硝一錢，次投羊骨髓一錢，將銅傾太湖沙上，別沙不用，如前法六七次愈妙。待銅極清，加椀錫，每紅銅一斤加錫五兩，白銅一斤加六兩五錢。所用水，梅水及揚子江水為佳。白銅煉淨，一斤止得六兩，紅銅得十兩，白銅為精。

　　鑄成後開鏡藥，好錫一錢六分，好水銀一錢。先鎔錫，次投水銀，取起，入上好明礬一錢六分，研細聽用。若欲水銀古，用膽礬、水銀等分，入新鍋燒成豆腐查（渣）樣，少許塗鏡上，火燒之。若欲黑漆古，開面後上水銀，完入皂礬水中浸一日取起，諸顏色須梅天製造。[1]

1　（明）馮夢禎撰：《快雪堂漫錄・鑄鏡法》，《乘異記》（及其他七種），叢書集成初編本，中華書局，1991 年，16 頁。

以上是關於鑄造銅鏡的基本步驟。就西漢而言，國都長安和臨淄、丹陽等是重要的銅鏡產地。臨淄，戰國時期為齊國國都，西漢時期亦為五都之一（圖6-3），手工業發達。《史記·燕召公世家》：「將五都之兵。」司馬貞索隱：「五都即齊也。按：臨淄是五都之一也。」[1]《漢書·食貨志下》載，新莽時期，「遂於長安及五都立五均官，更名長安東西市令及洛陽、邯鄲、臨菑、宛、成都市長皆為五均司市師」[2]。近數十年來，在山東臨淄齊故城遺址區內多次採集到西漢鏡範，並有研究專集面世。2013年，在該城址範圍內的闞家寨遺址第二發掘點，考古學者清理一處秦漢時期的銅鏡鑄造作坊遺址[3]，為了解古代銅鏡的鑄造工藝技術揭開了冰山一角。

圖6-3　鑄鏡作坊遺址在臨淄故城中的位置（《山東臨淄齊故城秦漢鑄鏡作坊遺址的發掘》，《考古》2014年6期）

　　闞家寨遺址位於齊故城大城中部略偏東，齊都鎮闞家寨村南部與劉家寨村交界處，以前出過漢代鏡範。這次揭露出與鑄鏡相關的文化遺跡，主要包括鑄坑、水井、灰坑及房基等（圖6-4）。在發掘區中部發現1號鑄坑，平面呈不規則形，東西長3、南北寬0.9—1.8、深約0.3米，坑內填灰黑土。鑄坑中部偏東有一平面呈橢圓形的小沙

1　《史記》卷三四《燕召公世家》，1557頁。

2　《漢書》卷二四下《食貨志下》，1180頁。

3　白雲翔等主編：《山東省臨淄齊國故城漢代鏡範的考古學研究》，科學出版社，2007年；中國社會科學院考古研究所等：《山東臨淄齊故城秦漢鑄鏡作坊遺址的發掘》，《考古》2014年6期；楊勇等：《山東臨淄齊故城秦漢銅鏡鑄造作坊遺址》，《2013中國重要考古發現》，文物出版社，2014年，64-67頁。

圖 6-4　闞家寨鑄鏡作坊遺址發掘現場（東南→西北，楊勇攝影）

坑，發掘者推測是澆注銅鏡時用來固定鑄範的設施。結合《快雪堂漫錄》記載來看，「將銅傾太湖沙上，別沙不用」，也有可能是煉銅時需要的沙子。鑄坑南側地面被晚期遺存破壞嚴重，北側保留有較為平整、堅硬的踩踏面，出土一件殘鏡範（圖 6-5）。從這些遺跡、遺物來判斷，此坑應該是澆注銅鏡使用的設施。在發掘區西北隅，清理出兩眼水井遺跡，依明代人説的「所用水，梅水及揚子江水為佳」，可知水井不僅是為了解決鑄鏡工匠的生活飲水問題，而且也是作為生產用水，因為在煉銅過程中需要加水。灰坑數量較多，坑內一般填埋生產與生活垃圾，均發現一些鏡範。遺址區內還揭露出一些夯土基址，但大部分遭到嚴重破壞。其中，13 號基址應是鑄鏡作坊中的工棚類建築遺跡。

該遺址出土器物種類豐富，形制多樣。不僅有大量磚瓦等建築構件，而且出有陶、銅、鐵、骨、玉石器等以及與冶鑄相關的鑄範、耐火磚、鼓風管、爐壁殘塊、銅渣、鐵

圖 6-5-a　1 號鑄坑發掘現狀（北→南，楊勇攝影）

圖 6-5-b　1 號鑄坑四乳弦紋鏡殘
陶背範（楊勇供圖）

圖 6-6　銅鏡殘陶面範（楊勇供圖）

渣等。在 200 餘件鑄範中，個別為滑石錢範，絕大多數為陶範，以鑄鏡範為主，另有少量用於鑄造其他銅器或鐵器。鏡範分為鏡面範與背範兩類，皆為殘塊。其形制大致呈鉢形，平面以圓弧底梯形為主。面範正面光滑平整（圖 6-6）。背範正面上部中央為澆口，兩側為排氣孔，鏡範大小、厚薄有所不同。所鑄銅鏡直徑大者超過 30 厘米，小者僅數厘米，一般多為 10 餘厘米。範體大多呈青灰色，澆口、排氣孔的表面多呈黃褐色，有的可見因澆鑄受熱留下的黑色痕跡。鏡範質感一般較輕，從斷面可以看到一些大小不一的孔隙。部分鏡背範保存有較為清晰的紋飾，有蟠螭紋（圖 6-7）、四

圖 6-7-a　蟠螭鏡殘陶背範
（楊勇供圖）

圖 6-7-b　蟠螭鏡（淄博臨淄區乙烯生活區 29 號
西漢墓，《鑑耀齊魯》，181 頁）

乳弦紋蟠螭（圖 6-8）、四乳弦紋連弧（圖 6-9）、草葉紋（圖 6-10），多為西漢早期與中期銅鏡上的常見紋飾。另有一些素面無紋（圖 6-11），個別殘存三弦鈕的型腔。上述鏡範中，有一些紋飾與山東境內西漢墓中出土銅鏡的紋飾相同或相似，但也有不少新出的類型。

　　考古簡報整理者認為，該區域應是齊故城內的一處銅鏡鑄造作坊，年代大致為西漢前期，上限或可早到秦或戰國末年。此次考古發掘，是國內外關於古代銅鏡鑄造作坊遺址的首次科學發掘，不僅證明臨淄是秦漢時期的銅鏡鑄造中心之一，還為研究當時的銅鏡鑄造工藝技術及銅鏡產地、流通等問題提供了重要的實物資料，是秦漢時期乃至整個古代銅鏡鑄造業及鑄造技術研究的重大突破。在結合歷史文獻與考古資料的基礎上，筆者認為從這個鑄鏡遺址的已發掘部分，基本上能夠看出與鑄造銅鏡的第三步冶煉銅

圖 6-8-a　四乳弦紋蟠螭鏡殘陶背範（楊勇供圖）

圖 6-8-b　四乳弦紋蟠螭鏡（淄博臨淄區外貿
工地 41 號西漢墓,《鑑耀齊魯》,171 頁）

圖 6-9-a　四乳弦紋連弧鏡殘陶背範
（楊勇供圖）

圖 6-9-b　四乳弦紋連弧鏡（淄博臨淄區乙烯生
活區 49 號西漢墓,《鑑耀齊魯》,167 頁）

合金、第四步用銅水澆注鏡範相關，今後發掘重點應放在尋找製模翻範遺跡、烘範窯址以及後期加工遺跡，從而為進一步完整復原西漢鑄鏡作坊的生產鏈提供更加豐富的實物資料。

臨淄西漢鑄鏡作坊遺址的考古發掘看似平淡無奇，實則學術意義重大。有關漢代鑄鏡的逸聞趣事難以尋覓，更多的是關於唐代的，不僅有傳説故事渲染，還有詩賦、鏡銘助興，為唐代鑄鏡披上了一層神祕外衣。其中盤龍鏡的鑄造經過，就具有濃厚的傳奇色彩。天寶三年（744 年）五月十五日，揚州進獻給唐玄宗李隆基一面水心鏡，縱橫九寸，青瑩耀日。鏡背有盤龍紋，長三尺四寸五分，體勢生動。玄宗看了之後，覺得此鏡很奇特。

進鏡官揚州參軍李守泰云：「鑄鏡時，有一位老人，自稱姓龍名護，鬚髮皓白，眉如絲，垂下至肩，穿白衫。有一小童相隨，年十歲，衣黑衣，龍護呼為玄冥。以五月朔日忽然來訪，神采有異，無人認識。對鏡匠呂暉説：『老人家住在附近，聽説少年鑄鏡，過來看一下。』老人解造真龍，欲為少年製之，頗將愜於帝意。遂令玄冥入爐所。關閉門窗，不讓其他人進入。經過三天三夜，門左洞開。呂暉等二十人於院內搜覓，找尋不到龍護及玄冥的蹤影。鏡爐前獲素書一紙，文字小隸云：『鏡龍長三尺四寸五分，法三才，象四氣，稟五行也。縱橫九寸者，類九州分野。鏡鼻如明月珠焉。開元皇帝聖通神靈，吾遂降祉。斯鏡可以辟邪，鑑萬物。秦始皇之鏡，無以加焉。』呂暉等遂移鏡爐置船中。以五月五日午時，乃於揚子江鑄之。未鑄前，天地清謐。興造之際，左右江水，忽高三十餘尺，如雪山浮江。又聞龍吟，如笙簧之聲，達於數十里。稽諸古老，自鑄鏡以來，未有如斯之異也。」玄宗聽了之後，下詔派專人保管此鏡。龍護老人臨走之際，還留下一首《鑄鏡歌》：「盤龍盤龍，隱於鏡中。分野有象，變化無窮。興雲吐霧，行雨生

風。上清仙子，來獻聖聰。」[1]

《酉陽雜俎・貝編》有一段類似記載，只不過將時間由天寶三年（744 年）提前到了開元年間，可見這一傳說傳播之廣泛：「僧一行窮數有異術。開元中嘗旱，玄宗令祈雨，一行言當得一器，上有龍狀者，方可致雨。上令於內庫中遍視之，皆言不類。數日後，指一古鏡，鼻盤龍，喜曰：『此有真龍矣。』乃持入道場，一夕而雨。或云是揚州所進，初範模時，有異人至，請閉戶入室，數日開戶，模成，其人已失。有圖並傳於世。此鏡五月五日，於揚子江心鑄之。」[2]《國史補》也提到揚子江中鑄鏡一事：「揚州舊貢江心鏡，五月五日，揚子江中所鑄也。或言無百煉者，六七十煉則止。易破難成，往往有鳴者。」[3]

文獻中反覆提到兩個重要的時間、地點：「此鏡五月五日，於揚子江心鑄之。」這是什麼原因呢？文中所云鑄鏡時間為「五月五日」，即端午節，據聞一多考證，這是一個龍的節日，是古代先民以龍為圖騰信仰的反映[4]。陝西歷史博物館就收藏有一面「五月五日」銘文禽鳥葡萄紋鏡，直徑 5.3 厘米[5]。為什麼鑄鏡一定要選擇在揚子江心呢？《快雪堂漫錄》給出了明確答案，是由於煉銅的需要：「待銅極清，加椀錫，每紅銅一斤加錫五兩，白銅一斤加六兩五錢，所用水，梅水及揚子江水為佳。」

唐代張匯《千秋鏡賦》談到以龍為題材的銅鏡鑄造：「雖大小而殊致，必規圖（圓）而相似。且夫考工垂典，匠人有作。或鑄或鎔，是磨是削。刻以為龍，鏤以成鵲。」[6]在西安、洛陽屬於唐代兩京地區發現幾面盤龍鏡，這一紋飾題材與上述故事應有着密不可分

1　《太平廣記》卷二三一《器玩三》引《異聞錄・李守泰》，1771 頁。

2　《酉陽雜俎》前集卷三《貝編》，24 頁。

3　《太平廣記》卷二三二《器玩四》引《國史補・揚州貢》，1776 頁。

4　聞一多：《端午考》，《聞一多全集》1，生活・讀書・新知三聯書店，1982 年，221—228 頁。

5　陝西歷史博物館編：《千秋金鑑》，346 頁。

6　《文苑英華》卷一〇五《賦一〇五・器用四》，480 頁。

圖 6-10-a　草葉紋鏡殘陶背範
（楊勇供圖）

圖 6-10-b　草葉紋鏡（濟南章丘女郎山 2 號西漢墓，《鑑耀齊魯》，223 頁）

圖 6-11-a　素面鏡殘陶背範
（楊勇供圖）

圖 6-11-b　素面鏡（濰坊三元孫墓地 35 號西漢墓，《鑑耀齊魯》，153 頁）

圖 6-12　西安郭家灘 65 號唐墓千秋盤龍鏡（《千秋金鑑》，355 頁）

圖 6-13　偃師杏園唐李景由墓盤龍鏡（徐殿魁供圖）

圖 6-14　弗利爾美術館藏唐盤龍鏡（霍宏偉攝影）

的關係。陝西歷史博物館發表七面唐代盤龍鏡資料[1]，其中有「千秋萬歲」與「千秋」銘文的盤龍鏡各兩面（圖6-12）。洛陽北窯出土一面盤龍鏡，龍首向前。偃師杏園唐開元二十六年（738年）李景由墓出土的一面盤龍鏡，曲頸回首，朝向鏡鈕[2]（圖6-13）。美國華盛頓弗利爾美術館藏一面與李景由墓唐鏡龍形相同的銅鏡，為六出葵花形，且無鏡緣（圖6-14），這一造型極為少見。揚州鑄鏡如此有名，以至於唐代詩人白居易曾以揚州百煉鏡為素材，寫過一首《百煉鏡》詩，含義深刻：

> 百煉鏡，鎔範非常規，日辰處所靈且祇。江心波上舟中鑄，五月五日日午時。瓊粉金膏磨瑩已，化為一片秋潭水。鏡成將獻蓬萊宮，揚州長史手自封。人間臣妾不合照，背有九五飛天龍。人人呼為天子鏡，我有一言聞太宗。太宗常以人為鏡，鑑古鑑今不鑑容。四海安危居掌內，百王治亂懸心中。乃知天子別有鏡，不是揚州百煉銅。[3]

此詩以揚州百煉鏡為切入點，簡要敍述了揚州鏡的鑄造過程及目的。接着話鋒一轉，說到唐太宗的人鏡與古鏡，知人善任，知古鑑今，明鏡高懸，才是天子真正需要擁有的寶鏡。

有關百煉鏡的文獻記載，最早見於前秦王嘉撰《拾遺記·方丈山》：「方丈之山，一名巒雉。…… 有池方百里，水淺可涉，泥色若金而味辛。以泥為器，可作舟矣。百煉可

1　陝西歷史博物館編：《千秋金鑑》，352—356頁。

2　霍宏偉等主編：《洛鏡銅華》下冊，264—265頁。

3　《白居易詩集校注》卷四《諷喻四》，359—360頁。

為金，色青，照鬼魅猶如石鏡，魑魅不能藏形矣。」[1] 據學者研究，早期金屬製品的銘文中沒有用「煉」字的，只有對「湅」數的記載。鏡銘中的「百湅」，雖然出現於東漢末，但這種説法直至 3 世紀中葉才開始盛行，主要是出於商業目的[2]。

在白居易詩中被讚頌的主角 —— 揚州百煉鏡實物難以尋覓。在經過了長久的等待與期盼之後，它終於浮出了水面。1998 年，在蘇門答臘海域的勿里洞島附近，一艘阿拉伯沉船「黑石號」出水了大量瓷器，另有 30 餘面漢唐銅鏡，尤為值得關注的是一面唐代百煉鏡。鏡為圓形，龜鈕，紋飾均為陽文，自內向外分為三周，第一周為四神紋，第二周為八卦符號，第三周為楷書銘文帶：「唐乾元元年戊戌十一月廿九日，於揚州揚子江心百煉造成。」（圖 6-15）[3] 這面銅鏡鑄於唐肅宗「乾元元年」，即戊戌年（758 年），在「安史之亂」爆發後三年。天寶十四年（755 年）震驚朝野的「安史之亂」，成為大唐由盛到衰的轉折點。殘酷的戰爭讓揚州為唐玄宗進貢銅鏡的事就此擱淺，但用於商業貿易的銅鏡還在鑄造，揚州最終停止給皇帝進貢銅鏡是在大曆十四年（779 年）。《舊唐書·德宗紀上》載，大曆十四年六月，「己未，揚州每年貢端午日江心所鑄鏡，幽州貢麝香，皆罷之」[4]。1954 年，西安東郊郭家灘 39 號唐墓還出土一面八卦百煉鏡。鏡背內飾一周八卦紋，外圍一周楷書銘文，「精金百煉，有鑑思極。子育長生，形神相識」（圖 6-16）[5]。此鏡自銘「百煉」，並飾以八卦紋，應與道教密切相關。

1　（晉）王嘉撰：《拾遺記》卷一〇《方丈山》，中華書局，1981 年，225—226 頁。

2　孫機：《百煉鋼刀劍與相關問題》，《仰觀集》，146—148 頁。

3　梅叢笑：《以銅為鑑：中國古代銅鏡藝術》，中國書店，2012 年，191、193 頁。

4　《舊唐書》卷一二《德宗紀上》，中華書局，1975 年，322 頁。

5　陝西省文物管理委員會編：《陝西省出土銅鏡》，文物出版社，1959 年，103 頁。

圖 6-15　蘇門答臘海域沉船出水唐百煉鏡
（《以銅為鑑：中國古代銅鏡藝術》，193 頁）

圖 6-16　西安郭家灘 39 號唐墓八卦百煉鏡
（《陝西省出土銅鏡》，103 頁）

　　鑄鏡對於當代人而言，是一件較為陌生的事，今人看到更多的是古鏡的成品，至於鑄造、生產出銅鏡的「母體」——鑄鏡作坊以及鑄鏡的一般流程，則少有人關注，這方面的資料也是鳳毛麟角。今以漢唐鑄鏡為主題，借助歷史文獻及考古資料對古代鑄鏡技術試作梳理，或可略窺一斑。隨着清代西洋玻璃鏡的傳入，中國古老的鑄鏡歷史似乎也畫上了句號。但是，有關鑄鏡的傳統技藝、傳說故事、詩詞歌賦，仍然深深地積澱在神州大地，代代相傳。

磨鏡客

「磨鏡」即磨拭銅鏡，是古代的一種職業。從事這種職業的人，被稱為「磨鏡客」或「磨鏡匠」，有點類似於走街串巷、吆喝着「磨剪子嘞戧菜刀」的磨刀匠。古時，銅鏡需要常磨才能照影。《朱子語類》卷一七：「鏡本明，被塵垢昏之，用磨擦之工，其明始現。」[1]也許自從有了銅鏡之後，就逐漸產生了磨鏡客。

宋代文獻史料中記述了「磨鏡」，作為一種職業，磨鏡客在南宋的城市生活中隨處可見。吳自牧的《夢粱錄‧諸色雜貨》，描繪出南宋都城臨安城內的熱鬧景象，市肆街景歷歷在目，從事各種職業的人都能見到：「若欲喚鋦路釘鉸、修補鍋銚、箍桶、修鞋、修襆頭帽子、補修魷冠、接梳兒、染紅綠牙梳、穿結珠子、修洗鹿胎冠子、修磨刀剪、磨鏡，時時有盤街者，便可喚之。」[2]「盤街」，即走街串巷。在這如此繁多的職業當中，「磨鏡」也位居其中。臨安城內的街道已被現代杭州城所覆壓，只有保存下來的一段南宋御街遺址訴說着昔日的繁華（圖 7-1）。

值得關注的是，四川彭山南宋留氏墓出土的磨鏡磚為復原當年的磨鏡場景，提供

1　（宋）朱熹撰、鄭明等校點：《朱子語類》卷一七，《朱子全書》14 冊，上海古籍出版社等，2002 年，578 頁。

2　（宋）吳自牧：《夢粱錄》卷一三「諸色雜貨」條，浙江人民出版社，1980 年，120—121 頁。

圖 7-1　杭州南宋臨安城
御街遺址（霍宏偉攝影）

了無盡的想象空間。1982 年 7 月，四川彭山縣文物調查組在普查工作中，於雙江鎮場後半山亭子坡發現一座南宋夫妻合葬墓。該墓為雙石室結構，據出土墓誌分析，墓主人虞公著於南宋寶慶二年（1226 年）葬在東室。其夫人留氏為丞相衛公留正之女，慶元六年（1200 年）葬在西室。該墓早年被盜嚴重。在留氏安葬的西室封門石前擾土中，出有磨鏡磚、銅鏡各一件。磨鏡磚為細泥灰陶，加工呈圓形，磨面光滑平整，出土時面上殘留有少許黑色粉末及水銀細粒。背面鑿有自外至內的三條方向相同的弧形斜面棱槽，槽長 7—9、寬 6—7 厘米；磚直徑 26、厚 3 厘米（圖 7-2）。銅鏡已殘，為六角菱邊形，橋形小鈕。鏡上有長方形印記，印文模糊不清。直徑 13、厚 0.3 厘米[1]。南宋留氏墓出土的，既有銅鏡，又有磨鏡磚。而這件磨鏡磚，是探討古代磨鏡工藝技

1　四川省文物管理委員會等：《南宋虞公著夫婦合葬墓》，《考古學報》1985 年 3 期。

術獨特的實物資料。以宋代為基點,來考察磨
鏡的歷史,上追漢唐,下接明清。資料散見於
歷史文獻、詩詞歌賦、傳世繪畫之中,可以大
致勾勒出磨鏡這一古老職業的發展歷程。

在漢代文獻中,有關磨鏡的記述較少,磨
鏡的典故卻流傳甚廣,成為後人津津樂道的趣
事。磨鏡的具體方法,目前最早的文獻見於西
漢劉安《淮南子・修務訓》:「明鏡之始下型,
矇然未見形容;及其粉以玄錫,摩以白旃,
鬢眉微毫可得而察。」[1]大致意思是說,剛從模

圖 7-2　四川彭山南宋留氏墓磨鏡磚(《南宋虞
公著夫婦合葬墓》,《考古學報》1985 年 3 期)

子裏鑄出來的鏡面很模糊,照不出身影容貌;要用玄錫摩擦,再用毛氈用力擦拭之
後,人的兩鬢、眉毛、毫毛都能在鏡中清晰可見。《呂氏春秋・達鬱》東漢高誘注
亦有相似的說法:「鏡明見人之醜,⋯⋯ 而扢以玄錫,摩以白旃。」[2]銅鏡用得時間長
了,會變得昏暗無光,古人稱為「昏鏡」(圖 7-3),需要重新磨拭才能光亮。託名
西漢劉向撰《列仙傳》中記載的負局先生(圖 7-4),是一位具有仙風道骨、充滿傳
奇色彩的磨鏡客:

　　　　負局先生者,不知何許人也。語似燕代間人。常負磨鏡局,循吳市中,

1　劉文典撰、馮逸等點校:《淮南鴻烈集解》卷一九《修務訓》,643 頁。
2　許維遹撰:《呂代春秋集釋》卷二《達鬱》,中華書局,2009 年,567 頁。

圖 7-3　洛陽西漢墓出土昏鏡（霍宏偉攝影）

衒磨鏡一錢，因磨之。輒問主人：「得無有疾苦者？」輒出紫丸藥以與之，
得者莫不癒，如此數十年。後大疫病，家至戶到，與藥，活者萬計，不取一
錢。吳人乃知其真人也。後止吳山絕崖頭，懸藥下與人。將欲去時，語下人
曰：「各還蓬萊山，為汝曹下神水。」崖頭一旦有水，白色流從石間來下，服
之多癒疾，立祠十餘處。[1]

1　王叔岷撰：《列仙傳校箋》卷下「負局先生」條，150 頁。負局先生畫像引自（明）汪雲鵬：《列仙全傳》卷一，萬曆二十八年
（1600 年）刊本，鄭振鐸編：《中國古代版畫叢刊》（三），上海古籍出版社，1988 年，55 頁。

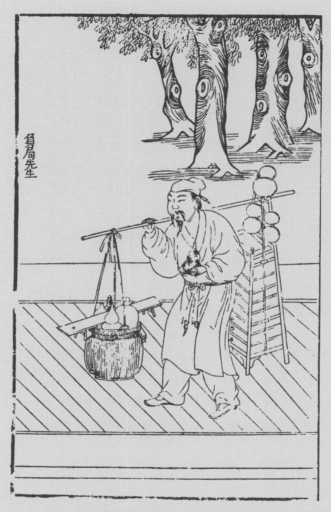

負局先生

圖 7-4　明代人想象中的負局先生像（《中國古代版畫叢刊》〔三〕，55 頁）

《説文·口部》：「局，促也。從口在尺下，復局之。一曰博，所以行棋。象形。」[1] 班固《弈旨》：「局必方正，象地則也。道必正直，神明德也。」[2] 由此推斷，「負局」就是背負着像博局一樣的方形平板狀磨鏡器具。磨鏡時，將昏鏡鏡面放置於平板之上，先將鏡面清理乾淨，再塗以磨鏡藥，加以磨拭，直至光亮如新。負局先生也不知是何方人氏，聽口音像是北方燕代之間的人。他經常背着磨鏡器具，在吳地的市場上溜達。給人磨拭昏鏡，只收一枚銅錢的費用。他看似以磨鏡為業，實則為患者送藥治病，懸壺濟世，可謂傳說中的仙人，他是中國歷史上第一位留下名字的磨鏡客。這一故事對後世影響至深。

> 價珍負局，影麗高堂。（南朝·梁江總《方鏡銘》）
> 門前負局人，為我一磨拂。（唐·劉禹錫《磨鏡篇》）
> 不必負局仙，金沙發光炯。（唐·李群玉《古鏡》）
> 負局高風不可陪，玉霄峰北置樓臺。（前蜀·貫休《寄天台葉道士》）[3]

以上這些詩銘説明，歷經南朝、唐、五代，「負局」這一角色經久不衰，作為磨鏡的代名詞，成為後代詩文中經常引用的典故，磨鏡客亦稱「負局人」「負局仙」。

在兩漢時期，磨鏡作為一種職業，是一種謀生手段。《益部耆舊傳》記述了東漢書生杜真為了求師，遊學齊魯大地，通過磨鏡來賺取盤纏的逸聞。「杜真孟宗周覽求師，經

1　（漢）許慎撰：《説文解字》二上《口部》，中華書局，1985 年，35 頁。

2　《藝文類聚》卷七四《巧藝部·圍棋》，1273 頁。

3　《藝文類聚》卷七〇《服飾部下·鏡》，1228 頁；《全唐詩》卷三五四《劉禹錫一》，3987 頁；《全唐詩》卷五六八《李群玉一》，6630 頁；《全唐詩》卷八三七《貫休一二》，9514 頁。

歷齊魯，資用將乏，磨鏡自給。」[1]《後漢書‧翟酺傳》注引《益部耆舊傳》：「杜真，字孟宗，廣漢綿竹人也。少有孝行 …… 」[2]《海內先賢傳》亦云：「故南郡太守南陽程堅，體履仁孝，秉志清潔。少讓財兄子，仕郡縣。居貧無資，摩鏡自給。」[3]曾任南郡太守的南陽程堅，年輕時將財產讓給了哥哥的兒子，到郡縣去做官。自己窮得沒有資財，只能依靠磨鏡來餬口度日。

> 楊府可則，盤龍斯鑄。徐稚經磨，孫承晉賦。散池菱影，開雲桂樹。玉面方窺，仙刀永故。

這是 1955 年西安郭家灘一座隋墓出土楊府四瑞獸銘帶鏡上的銘文（圖 7-5）。其中，「楊府可則」一句，有學者認為此處的「楊府」當指揚州，「可則」兩字意當為「可為準則」「值得效仿」，可見揚州鑄鏡在隋代中後期已名聲在外了[4]。這面方鏡後面的幾句銘文，未見有人解釋。「盤龍斯鑄」，說的是鑄造盤龍鏡，但鏡背上的紋飾卻非盤龍，而是四隻瑞獸。「徐稚經磨」，源於東漢隱士徐稚磨鏡、萬里赴弔的故事。《後漢書‧徐稚傳》云：徐稚，字孺子，豫章南昌人，清妙高時，超世絕俗。陳蕃為太守時，以禮請徐稚暫任功曹，徐氏拜謁之後離去。陳蕃在郡不接賓客，唯有徐稚來時特設一榻，去而懸之[5]，後人稱為「徐榻」或「徐稚榻」。在唐代王勃《滕王閣序》中有一名句：「物華天寶，

1　《太平御覽》卷七一七《服用部一九‧鏡》，3178 頁。

2　《後漢書》卷四八《翟酺傳》，中華書局，1965 年，1605 頁。

3　《太平御覽》卷五一二《宗親部二‧伯叔》，2334 頁。

4　陝西省文物管理委員會編：《陝西省出土銅鏡》，90 頁，這面隋代銘文鏡邊長 14.7 厘米；陳燦平：《揚州鑄鏡與隋唐銅鏡的發展》，《江淮文化論叢》第二輯，278 頁。

5　《後漢書》卷五三《徐稚傳》，1746—1748 頁。

圖 7-5　西安郭家灘隋墓
楊府瑞獸鏡（《陝西省出土
銅鏡》，90 頁）

龍光射牛斗之墟；人傑地靈，徐孺下陳蕃之榻。」[1] 引的就是陳蕃禮賢下士、為徐稚設榻
的典故（圖 7-6）。

　　徐稚曾為太尉黃瓊所徵召，未前往。及黃瓊去世後歸葬，徐稚乃徒步前往，設雞
酒祭奠之，哭畢而去，不留姓名。「前後為諸公所辟，雖不就，及其死，萬里赴弔。」[2]
《海內士品》記述了一個其他典籍未載的細節：在黃瓊卒後，徐稚前往憑弔，但家裏
很窮，沒有路費。他隨身攜帶磨鏡器具，依靠着為別人磨拭銅鏡來賺取旅費，得以成
行。「徐孺子嘗事江夏黃公，黃公薨，往會其葬，家貧無以自資，以磨鏡具自隨。每至

1　（唐）王勃：《秋日登洪府滕王閣餞別序》，（清）董誥等編：《全唐文》卷一八一《王勃五》，1846 頁。

2　《世說新語・德行篇》引謝承《後漢書》，參見（南朝宋）劉義慶撰、（梁）劉孝標注、朱鑄禹彙校集注：《世說新語彙校集注》，
　　上海古籍出版社，2002 年，1 頁。

所在，賃磨取資，然後能達。」[1] 這一故事被後人廣為流傳，甚至作為銘文鑄於隋代銅鏡之上。

故宮博物院藏清代乾隆時期周鯤繪《村市生涯圖冊》，第六開為《磨鏡圖》，冊頁左側為題詩：「拂塵盦回，月魄嬋娟。對影明瑤席，方為千里行。聊取一錢積，負局生乎束芻客。」（圖 7-7）[2] 詩中後兩聯所隱含的就是徐孺子遠行憑弔、磨鏡取資的逸聞。「負局生」是指在旅途中暫以磨鏡為職業的徐稚。「束芻」即捆草成束，亦稱祭品，「束芻客」代指徐氏。東漢名士郭林宗的母親去世後，徐孺子前往弔唁，放置一束草於廬前，故稱其為「束芻客」。《後漢書·徐稚傳》：

圖 7-6　明代人想象中的徐稚像
（《三才圖會·人物五卷》，618 頁）

> 及林宗有母憂，稚往弔之，置生芻一束於廬前而去。眾怪，不知其故。林宗曰：「此必南州高士徐孺子也。《詩》不云乎：『生芻一束，其人如玉。』吾無德以堪之。」[3]

隋代鏡銘中的「孫承晉賦」，也是用典，「孫」應是指東晉才華橫溢的孫綽，他撰寫的《天台山賦》，自以為有「金石聲」，為時人所推崇。《晉書·孫綽傳》：「嘗作《天台

1　《北堂書鈔》卷一三六《服飾部三·鏡六五》，553 頁。

2　金衛東主編：《明清風俗畫》，上海科學技術出版社等，2008 年，170、173 頁。

3　《後漢書》卷五三《徐稚傳》，1747—1748 頁。

圖 7-7　故宮藏清代周鯤繪《磨鏡圖》(《明清風俗畫》，173 頁)

山賦》，辭致甚工，初成，以示友人范榮期，云：『卿試擲地，當作金石聲。』…… 會稽內史王羲之引為右軍長史。」[1] 後人因而以「孫金」作為孫綽的別稱，亦用以指代文辭工麗的詩文。東晉永和年間，孫綽還與「書聖」王羲之交往甚密。王羲之曾寫下被後人稱為「天下第一行書」的《蘭亭集序》，當時孫綽不僅身臨其境，親眼目睹了這一非凡傑作的誕生過程，而且還撰有兩首《蘭亭詩》、一篇序，遺憾的是他寫的序未能如王羲之序那樣成為千古絕唱[2]。

　　大唐是一個意氣風發的時代，不僅在銅鏡背面種類豐富的紋飾上反映出它的文化與

1　《晉書》卷五六《孫綽傳》，1544 頁。

2　《晉書》卷八〇《王羲之傳》，2098—2099 頁。

審美，而且在與磨鏡內容相關的唐詩、小說中，曲折呈現出那個時代人們的社會生活，儒、釋、道三界均留下了由磨鏡引發的逸聞佳話。

> 床前磨鏡客，樹下灌園人。（王維《鄭果州相過》）
>
> 可中三日得相見，重繡錦囊磨鏡面。（王建《鏡聽詞》）
>
> 長在城中無定業，賣丹磨鏡兩途窮。（劉得仁《贈道人》）
>
> 新詩不覺千回詠，古鏡曾經幾度磨。（賈島《黎陽寄姚合》）
>
> 昔歲相知別有情，幾回磨拭始將行。（羅鄴《鏡》）[1]

特別是《贈道人》一詩中的兩句，細緻描繪出生長在唐代城市中磨鏡客的生活困境，不只是單純磨鏡，而且兼營售賣丹藥。

白居易寫有四首與磨鏡相關的詩，不同年齡段創作的詩歌，表達了作者不同的心境。第一首《新磨鏡》以磨鏡為題，是詩人 39 歲時作於元和五年（810 年）的長安：「衰容常晚櫛，秋鏡偶新磨。一與清光對，方知白髮多。鬢毛從幻化，心地付頭陀。任意渾成雪，其如似夢何？」第二首《歎老三首》之二，是白居易 40 歲時作於元和六年（811 年）下邽，正值壯年，卻仕途不暢：「我有一握髮，梳理何稠直。昔似玄雲光，如今素絲色。匣中有舊鏡，欲照先歎息。自從頭白來，不欲明磨拭。」第三首《悲歌》是白氏任杭州刺史時所作，長慶三年（823 年），作者 52 歲，雖然官居高位，但日漸衰老的身體以及時常聽到故人逝去的消息，讓他感到無限悲涼，新洗的白髮與磨拭一

1　《全唐詩》卷一二六《王維二》，1276 頁；《全唐詩》卷二九八《王建二》，3379—3380 頁；《全唐詩》卷五四五《劉得仁二》，6357 頁；《全唐詩》卷五七四《賈島四》，6737 頁；《全唐詩》卷六五四《羅鄴》，7582 頁。

新的銅鏡成為他抒發情懷的引子：「白頭新洗鏡新磨，老逼身來不奈何。耳裏頻聞故人死，眼前唯覺少年多。」第四首《詠老贈夢得》作於開成二年（837 年）的洛陽，白氏 66 歲，這首詩是贈給劉禹錫的。兩位詩人均已步入老年，無心自照磨拭過的銅鏡，去注意自己的儀表：「與君俱老也，自問老何如？眼澀夜先臥，頭慵朝未梳。有時扶杖出，盡日閉門居。懶照新磨鏡，休看小字書。情於故人重，跡共少年疏。唯是閒談興，相逢尚有餘。」[1]

與白樂天磨鏡詩反映文人士大夫情感變化形成較大反差的是，唐代小說《聶隱娘傳》則從另外一個角度描寫了處於社會底層磨鏡少年的生活狀態：「聶隱娘者，唐貞元中，魏博大將聶鋒之女也。…… 忽值磨鏡少年及門，女曰：『此人可與我為夫。』白父，父不敢不從，遂嫁之。其夫但能淬鏡，餘無他能。」[2]「貞元」為唐德宗的年號（785—804 年），屬於中唐時期。從中可以看出，磨鏡少年除了磨拭銅鏡、使其光亮之外，還做一些與銅鏡相關的活，如「淬鏡」，即對銅鏡做淬火處理[3]。唐時磨鏡亦稱為「洗鏡」。《雲溪友議·祝墳應》：「列子終於鄭，今墓在郊藪，謂賢者之跡，而或禁其樵採焉。里有胡生者，性落拓，家貧，少為洗鏡、鎪（鉸）釘之業。候遇甘果、名茶、美醞，輒祭於列禦寇之祠壟，以求聰慧，而思學道。」[4]該書記述的是中唐至晚唐間的佚事。文中的胡生，年少時家裏很窮，從事過磨鏡這個職業。

磨鏡客不僅盤桓於坊里之間，為他人磨拭昏鏡，而且在唐人筆下，磨鏡客有時還擔當着占卜吉凶的神奇角色，甚至成為人神之間溝通的使者。《太平廣記》引《廣異記·

1　《白居詩集校注》卷一四《律詩》，1085 頁；卷一〇《感傷二》，785 頁；卷二〇《律詩》，1632 頁；卷三三《律詩》，2488 頁。

2　《太平廣記》卷一九四《豪俠二》引《傳奇·聶隱娘傳》，1456—1457 頁。

3　何堂坤：《中國古代銅鏡的技術研究》，167 頁。

4　（唐）范攄：《雲溪友議》卷下「祝墳應」條，古典文學出版社，1957 年，58—59 頁。

李進士》：有進士姓李，忘記名。曾經夢見有幾個人來追他，他趕快躲進一城。入門有廳，室宇宏壯。初不見人，李進士徑直升堂，側坐床角。忽然出現一人，持杖打他，罵道：「何物新鬼，敢坐王床！」李進士趕緊走出堂外。不久，門內傳聲：「王出。」於是，看見穿着紫衣的大王升坐廳堂。李進士由僕人引領入堂，大王問他為什麼要盜取其妹夫的錢，李氏起初不太明白大王之意，王曰：「汝與他賣馬，合得二十七千，汝須更取三十千，此非盜耶！」稍停片刻，有穿緋衣者入堂，為李陳謝：「此人尚有命，未合即留住，但令送錢還耳。」大王限令李進士十五日內還錢。李進士一覺醒來，以為做的夢是一件荒唐事，理不足信。過了十多天，有磨鏡人到他家，自稱善於占卜。家人使占，有驗，爭着告訴李進士。李進士親自到磨鏡人的住所，質問道：「何物小人，誑惑諸下！」磨鏡者怒云：「賣馬竊資，王令計會。今限欲滿，不還一錢，王即追君，君何敢罵國士也！」李進士認為這是夢中事，他竟然知曉，覺得很奇怪，問其緣由。磨鏡者答：「昨朱衣相救者，是君曾祖，恐君更被追，所以令我相報。」李言：「妹夫已死，錢無還所。」磨鏡人云：「但施貧丐，及散諸寺，云為亡妹夫施，則可矣。」李進士聽從了磨鏡人的話，散錢佈施，大王亦不再追究他的過錯了 [1]。

唐代開元年間，還發生過一件「磨磚成鏡」的趣事，亦稱「磨磚作鏡」，以此來比喻事情不能成功。《景德傳燈錄·南嶽懷讓禪師》：

開元中，有沙門道一住傳法院，常日坐禪，師知是法器，往問曰：「大德坐禪圖什麼？」一曰：「圖作佛。」師乃取一磚於彼庵前石上磨。一曰：「師作什麼？」師曰：「磨作鏡。」一曰：「磨磚豈得成鏡邪？」師曰：「坐禪豈得

1　《太平廣記》卷二八一《夢六》，2237—2238 頁。

作佛邪？」[1]

「磨磚成鏡」的另外一種含義，有一種「鐵樑磨繡針，功到自然成」的意味，如宋代陸游《仰首座求鈍庵》：「掘井及泉那用巧，磨磚作鏡未為愚。」[2]

唐代呂洞賓是道教中的著名人物，曾留下一段磨鏡逸聞：「岩，字洞賓，京兆人，禮部侍郎呂渭之孫也。咸通初中第，兩調縣令。……往往邀遊洞庭、瀟湘、溢浦間，自稱『回道士』，時傳已蟬蛻矣。……又嘗負局奩於市，為賈尚書淬古鏡，歸忽不見，留詩云：『袖裏青蛇凌白日，洞中仙果艷長春。須知物外餐霞客，不是塵中磨鏡人。』」[3]呂洞賓的這首詩亦收錄於《全唐詩》之中，標題為《為賈師雄發明古鐵鏡》[4]，「發明」意為磨鏡後使之放出光芒。1971年，陝西乾縣唐代章懷太子墓出土一面太子妃房氏生前使用的銅鏡，直徑24.6厘米。鏡背內區四面配以青龍、麒麟、鸞鳳等珍禽瑞獸，外飾一周反書陽文：「鑑若止水，光如電耀。仙客來磨，靈妃往照。鸞翔鳳舞，龍騰麟跳。寫態徵神，㧑茲巧笑。」（圖7-8）[5]銘文中所說「仙客來磨」，應是指負局先生之類的仙人扮成磨鏡客，來到世間為人磨鏡。

與漢唐時期相比，元明清史料中有關磨鏡的記載數量較多，更為詳細。在元、明之際通俗讀物《碎金・藝業篇》第二十七「工匠」部門記載元代的上百種行業中，「磨鏡」

1　（宋）釋道原撰：《景德傳燈錄》卷五《慧能大師》「南嶽懷讓禪師」條，《續修四庫全書》1282冊，427頁。

2　（宋）陸游著、錢仲聯校注：《劍南詩稿校注》卷二四，上海古籍出版社，2005年，1764頁。

3　（元）辛文房撰：《唐才子傳》卷一〇《呂岩》，叢書集成初編本，中華書局，1991年，141頁。

4　《全唐詩》卷八五八《呂岩三》，9764頁。

5　陝西省咸陽市文物局編：《咸陽文物精華》，文物出版社，2002年，48頁。

圖 7-8　陝西乾縣唐章懷太子墓瑞獸銘文鏡（《咸陽文物精華》，48 頁）

名列其中。從事這些不同行業的人，元代人是一律當成工匠看待的[1]。

　　傳為明代劉基撰的《多能鄙事》，記錄了三條有關磨鏡及磨鏡藥的祕方。第一條是磨古鏡，用豬、羊、犬、龜、熊五種動物的膽，先陰乾，合和為粉末。再用水濕鏡，撒藥粉於其上。將鏡面翻過來面向地，不用磨鏡，自然就會重見明亮。第二條也是關於磨鏡的方子，用鹿頂骨（燒灰）、白礬（枯）、銀母砂（對母者，或四六者，亦可等分），研為細粉末，和勻。在銅鏡磨拭乾淨之後，再以此粉末磨鏡，使鏡面出現光明。用此藥磨鏡一次，可保持一兩年。第三條是有關磨鏡藥的配製，主要原料為白礬六錢、水銀一錢、白鐵（即錫）一錢、鹿角灰一錢。先用水銀將白鐵與砂子細磨如泥，淘洗白淨，加

1　沈從文：《中國古代服飾研究》，上海書店出版社，2002 年，133—134 頁。

圖 7-9　故宮藏明代張宏繪《磨鏡圖》
（《明清風俗畫》，27 頁）

入鹿角灰及礬，研磨極細才可使用。如果顏色發青，再洗令白 [1]。

　　除了歷史文獻記述與磨鏡相關的史料之外，目前所見 8 幅《磨鏡圖》（明代 2 幅，清代 6 幅），為今人了解和認識磨鏡這個古老職業，提供了清晰的圖像資料。故宮博物院藏明崇禎十一年（1638 年）張宏繪《雜技遊戲圖卷》，紙本，墨筆，描繪了市井之中磨鏡、説書等風俗百態。在這幅《磨鏡圖》中，畫了三位人物，呈三角形分佈，磨鏡客位於畫面右下角，側身騎坐於長條凳後部，躬身向前，抬頭直視前方正在照鏡的女子。雙手重疊抓緊氈團，正在擦拭鏡面。左腳着地，右腳踩踏着一條為了固定銅鏡的環狀繩子。在畫面左側，有一位女子正在用磨好的銅鏡端詳自己，圓鏡中呈現出女人的清秀容貌。在

1　（明）劉基輯：《多能鄙事》卷五，《明代通俗日用類書集刊》3 冊，西南師範大學出版社，2011 年，473—474 頁。

兩人之間的畫面上部，有一位老翁在等待磨鏡的過程中，雙手拄杖，凝視着磨鏡客一箱內側立架上掛着的銅鏡（圖 7-9）[1]。

　　故宮博物院收藏的另一幅明代佚名《磨鏡圖》，為絹本，設色。畫面右下角是一位磨鏡客的正面像，雙腿叉開，騎坐於條凳後端。銅鏡放置於凳子前端，雙手按住氈團，在鏡面上擦拭。條凳左側地上有一小木盆，右側地面上分別放有橢圓形與長方體箱子各一，橢圓形箱蓋上有一小藥瓶，長方體箱上有一串連鐵，箱體後側有一立架，掛着三面銅鏡。箱體後地上橫置一條扁擔。畫面左側立有三人，兩位少婦與一位幼兒。站在磨鏡客左側的一位女子持鏡自照，其身後立一少婦，引頸右望銅鏡，一手持扇，一手拉着小童子（圖 7-10）。

　　「連鐵」是一種磨鏡客走街串巷時用來招引顧客的鐵質響器，使之鏗然有聲，謂之「透閨」或「驚閨」。元代孔齊《至正直記·磨鏡透閨》：「磨鏡者以鐵片六七葉參差銜擊之，行市則搖動，使其聲聞於內院，如雲響板之音，謂之『透閨』。」[2]明代《事物原始》引《齊東野語》，對鐵片的大小、尺寸記得更為詳細：「用鐵數片，長五寸許，闊二寸五分，如拍板樣。磨鏡匠手持作聲，使閨閣知之，名曰驚閨。」[3]

　　畫面內容較為豐富的清代佚名《磨鏡圖》，分別收藏於中國國家博物館和故宮博物院。國博藏畫為立幅，絹本，設色，無題跋。縱 81、橫 52 厘米（圖 7-11）。畫面上共五人，左側四人為顧客，右側一人為磨鏡客。磨鏡老漢坐於木條凳後端，前端放鏡，左腳踩着一條繩子，是為了固定正在磨的銅鏡。雙手握氈團，在鏡面上摩擦。條凳內側放

1　金衛東主編：《明清風俗畫》，27 頁。

2　（元）孔齊：《至正直記》卷四「磨鏡透閨」條，中華書局，1991 年，101—102 頁。

3　（明）徐炬輯：《新鐫古今事物原始全書》卷一九「驚閨」條，《續修四庫全書》1238 冊，53 頁。

圖 7-10　故宮藏明代《磨鏡圖》
（《明清風俗畫》，69 頁）

圖 7-11　中國國家博物館藏清代
《磨鏡圖》（中國國家博物館供圖）

置一個圓筒，頂部可見裝有磨鏡藥的罐、瓶等器皿。畫面左側四人，坐者與立者各有兩人。前坐一老翁、一老婦，神情專注地看着磨鏡。後立兩少婦，一位攬鏡自照，鏡中容貌自見；另一位懷抱一面大銅鏡，望着照鏡女子。

　　史樹青認為，國博藏《磨鏡圖》有可能是一明畫摹本，因為與文獻記載中明代郭詡繪《磨鏡圖》十分相似：「一人坐凳上作磨鏡狀，旁立一翁、一嫗、二少婦，一婦持鏡自照，鏡中之容逼肖。郭詡自題一詩：『團團古青鏡，久為塵垢羞。磨括回青光，背有雙龍

浮。美人投其好，欲介金鳳求。此鏡千金不易得，此鏡一覽露九州。我欲獻君置殿頭，照見天下赤子皆窮愁。』」[1]

故宮博物院藏清代佚名《磨鏡圖》，與國博那幅畫最大的不同之處在於，設計的場景相對較大，畫面內容更加豐富，除了一位磨鏡客、四位少婦之外，還有五個小孩子，站在磨鏡客的鏡架前，爭先恐後地看鏡子中的影像，為畫面增添了不少童真意趣（圖 7-12）。

以上四幅《磨鏡圖》，畫面豐富，刻畫細緻，構圖豐滿，色彩協調，反映的可能是明清時期北方地區磨鏡的場景。而下面三幅《磨鏡圖》畫面較小，描繪的是清代江浙、嶺南地區的磨鏡情況。清代乾隆年間方熏繪製的《太平歡樂圖》中，收錄有《磨鏡圖》。一男子頭戴斗笠，騎坐於條凳之上，俯身，雙手覆於鏡面之上呈磨拭狀。條凳前端，放一立架，架上掛有五面大小不等的銅鏡，斜插一條扁擔。磨鏡客左腳邊放一小盆與一塊布，身體右側放一桶（圖 7-13）[2]。畫面上方墨書七行案語：

案：《西吳枝乘》：鏡以吳興為良，最知名者薛氏。《烏程縣志》：薛，杭人，
而業於湖，以磨鏡必用湖水故也。浙人至今珍薛氏鏡，且有專以磨鏡為業者。
持小鐵片如拍板樣，於里巷中拍之，聲琅琅然。

清代道光二十六（1846 年）浙江人錢廉成臨摹的《廛間之藝》，其中有一幅《磨鏡圖》。磨鏡匠位於畫面左側，坐於條凳上磨鏡，抬頭張望，右腳邊放有一盆，身體左側

1　史樹青：《古代科技事物四考》，《文物》1962 年 3 期。
2　（清）金德輿編、方熏繪：《太平歡樂圖》；王稼句編纂：《三百六十行圖集》上冊，古吳軒出版社，2002 年，37 頁。

圖 7-12　故宮藏清代《磨鏡圖》
（《明清風俗畫》，188 頁）

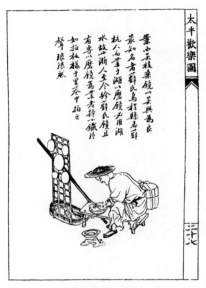

圖 7-13　清代方薰繪《磨鏡圖》（《三百六十行圖集》，37 頁）

放有一箱，箱上立架，架上掛有兩面銅鏡，斜插一條扁擔。架旁立一美髯公，持鏡自照。架前立一婦女，背一幼童，望着磨鏡匠手中正在磨拭的銅鏡（圖 7-14）[1]。

清代嶺南磨鏡方式與北方、江浙地區截然不同。美國皮博迪‧埃塞克斯博物館（Peabody Essex Museum）收藏一套清代廣州畫家庭呱繪外銷畫，反映了 19 世紀 30 年代廣州的市井生活，其中有一幅《磨鋻圖》，「鋻」字為鑑的俗體字。畫面下部，磨鏡匠坐於一條凳上，光頭，斗笠掛於凳子末端，赤腳，左腳大拇指踩鏡面邊緣，右腳着地，雙手持一棒狀物放於鏡面上磨拭。凳子前端放一水盆與磨石（圖 7-15）[2]。其磨鏡方式、使用的工具均與北方磨鏡匠迥然不同。

　　1925 年 2 月 9 日，魯迅在一篇文章中對民國時期難得一見的磨鏡老翁做了生動描寫：

　　　　但銅鏡的供用，大約道光咸豐時候還與玻璃鏡並行；至於窮鄉僻壤，也許

1　（清）錢廉成臨摹：《廛間之藝》；王稼句編纂：《三百六十行圖集》上冊，74 頁。

2　黃時鑑、（美）沙進：《十九世紀中國市井風情：三百六十行》，上海古籍出版社，1999 年，278 頁。

圖 7-14　清代錢廉成摹繪《磨鏡圖》（《三百六十行圖集》上冊，74 頁）

圖 7-15　清代庭呱繪《磨銀圖》（《十九世紀中國市井風情：三百六十行》，278 頁）

至今還用着。我們那裏，則除了婚喪儀式之外，全被玻璃鏡驅逐了。然而也還有餘烈可尋，倘街頭遇見一位老翁，肩了長凳似的東西，上面縛着一塊豬肝色石和一塊青色石，試佇聽他的叫喊，就是「磨鏡，磨剪刀！」[1]

　　由此看來，清代後期，隨着西方玻璃鏡的大量湧入，中國古老的銅鏡在不知不覺中被取而代之，磨鏡作為一種行業也逐漸淡出人們的視線，悄然消逝在歷史的深處。從已知的西漢早期到清代晚期，磨鏡這個行當歷經近兩千年，終於退出歷史的舞臺，這個

1　魯迅：《墳·看鏡有感》，《魯迅全集》第一卷，人民文學出版社，2005 年，210 頁。

職業以及附加於其上的諸多文化信息，如傳説故事、詩歌、小説、繪畫，都漸漸被人遺忘。今天的人們鈎沉索隱，借助於語言文字、圖像、實物，試圖來還原那個古老的職業，面目似乎若隱若現，間距總是若即若離。如果説「鏡殿寫青春」描繪的是上層主流社會皇家宮廷生活狀態的話，那麼「磨鏡客」則是努力揭示掙扎在社會底層普通百姓的現實場景，這是整個社會金字塔結構中兩個無法相比的層面。

歷史常常有驚人相似的一幕。在魯迅文章誕生九十年後的今天，2015 年 8 月 20 日傍晚，我在北京海淀區昌運宮路豪柏公寓小區大門口，見到一位花白頭髮的老者，右手扶着自行車，左手拿着一串「連鐵」，發出「當啷當啷」的響聲。我問他這是幹啥，他説是磨剪子、磨刀，一看後車座兩側分別有條凳、小水桶和磨石。他把這件連鐵稱為「銅鐘」。望着眼前的情景，讓我想起古時的磨鏡客，清代後期逐漸衰亡的磨鏡職業，早已成了歷史的陳跡，很少有人知曉。然而，從站在小區門口、手拿連鐵的磨刀匠身上，彷彿看到了古代磨鏡客忙碌、疲憊的身影，在現實生活中以另外一種方式被後人傳承下來，呈現在人們的面前，也許這就是某一種民族文化頑強的生命力之所在。無論是磨鏡客，還是磨刀匠，抑或是在職場打拚的你我，行走在蒼茫的天地之間，我們都不過只是一個個匆匆過客，倏忽瞬間而逝，唯有自然與精神永恆。

鏡架與鏡臺

　　鏡架與鏡臺，是古人在照容理妝時用於固定或放置銅鏡的主要器具，學界對此已有較為系統、深入的分析[1]，但仍有進一步探討的空間，兩者在形制、結構上有一定區別，確有考證異同的必要。

　　「架」是指支撐或放置器物的用具，鏡架是以銅、鐵等金屬材料或木材縱橫交叉組合而成的器具。《淮南子 · 本經訓》「大夏曾加」高誘注：「架，材木相乘架也。」[2]《說文 · 言部》「誣，加也」，段玉裁注：「古無架字，以加為之。」[3]「鏡架」一詞，最早見於宋代文獻。南宋《雲麓漫鈔》引李清照《投內翰綦公（崇禮）啟》：「清照啟：素習義方，粗明詩禮。近因疾病，欲至膏肓，牛蟻不分，灰丁已具。…… 身幾欲死，非玉鏡架亦安知？」[4]

1　主要論著參見宿白：《白沙宋墓》，文物出版社，1957 年，27 頁；錢柏泉：《鏡臺小說》，《考古》1961 年 2 期；朱仁星：《鏡臺與鏡架》，臺北《故宮文物月刊》1990 年 6 期；周亞：《銅鏡使用方式的考古資料分析》，《練形神冶　瑩質良工：上海博物館藏銅鏡精品》，54—66 頁；王世襄：《明式傢具研究》，生活 · 讀書 · 新知三聯書店，2008 年，212 頁；孫機：《鏡臺》，《中國文物報》2012 年 4 月 11 日第 5 版。Xiaoneng Yang, "A Han Bronze Mirror and Its Gilt Stand in the Nelson-Atkins Museum of Art", *Oriental Art*, 1996.

2　（漢）高誘注：《淮南子》卷八《本經訓》，《諸子集成》七，中華書局，1954 年，122 頁。

3　（清）段玉裁撰：《說文解字注》第三篇上，中華書局，2013 年，97 頁。

4　（宋）趙彥衛撰、傅根清點校：《雲麓漫鈔》卷一四，中華書局，1998 年，246—247 頁。

檢索「中國基本古籍庫」電子版，可知「鏡架」一詞主要見於明清時期的歷史文獻中。從目前考古發現的實物來看，鏡架出現的時間比鏡臺要早。其特點是上部用於放置銅鏡，下部為架腿，無固定的底座。特點是靈活輕巧，某些鏡架不使用時可以摺疊收起，以節省空間。戰國時期的鏡架為獨足架，東漢至兩晉時期出現三足架，唐代創造出新的鏡架形制，其設計靈感應來自於交床收放自如、便於攜帶的結構原理。

「臺」的本義是指高於地面而上平的物體，亦指作為底座用的物體。《說文·至部》：「臺，觀四方而高者。」[1] 鏡臺，即以金屬、木質或其他材料構成的器具，下部以分量較重的固定底座作為支撐的臺子，上部可以放置銅鏡。特點是懸掛銅鏡較為穩定，卻無法摺疊。「鏡臺」一詞，始見於《北堂書鈔》引東漢末曹操《上雜物疏》[2]。中國古代鏡架與鏡臺的發展歷程，大致可以分為漢唐、五代宋遼及元明清三個時期。

一、漢唐時期

鏡架與鏡臺空間位置的第一次變化，是自戰國漢晉時期置於席上向唐五代時期置於床榻上的轉變。

1·席上鏡架與鏡臺

戰國時期，齊國威王的相國鄒忌對鏡照容，鏡子的映照無疑讓他對自己的容貌保持着清醒的頭腦，並留下了《鄒忌諷齊王納諫》充滿睿智的一段佳話[3]。今人無從考證當時鄒

---

1 （漢）許慎撰：《說文解字》一二上《至部》，247 頁。

2 《北堂書鈔》卷一三六《服飾部三·鏡臺六六》，553 頁。

3 （漢）劉向集錄、范祥雍箋證、范邦瑾協校：《戰國策箋證》卷八《齊一》，上海古籍出版社，2006 年，521 頁。

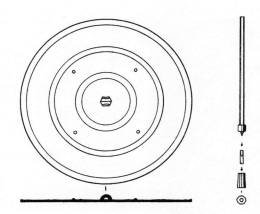

圖 8-1　臨淄商王村 1 號戰國墓銅鏡
與鏡架（《臨淄商王墓地》，31 頁）

忌使用的銅鏡是什麼樣子，卻通過考古手段發現了齊國人使用的彩繪鏡及鏡架。1992—1993 年，在山東臨淄商王村一帶的水泥廠工地進行的考古發掘中，1 號戰國晚期墓內出土 4 面彩繪銅鏡，其中一面彩繪鏡出土時鏡背後有一支架，由細竹、空心木塞、八棱體銅件及圓形箍構成，鏡架高 13 厘米（圖 8-1）。竹尖套在木塞裏，木塞嵌入銅件內，銅箍固定於細竹末端。支架高度略短於銅鏡半徑，用時以支架撐於鏡後，不用時將支架收起，銅鏡放置於漆奩內。考古報告整理者推測，1 號墓主人為女性，可能是齊王的公主或某一重臣的貴戚[1]。墓中出土的竹製鏡架，是中國目前考古所見最早的鏡架。另據商承祚調查，1939 年長沙市郊盜掘一座戰國楚墓，出有銅鏡及竹製鏡架。「瀏陽門外長嶺楚墓，墳於地面 …… 並鏡一，附竹製鏡架。」[2] 有可能與山東臨淄戰國晚期墓所出類似。

1　淄博市博物館等：《臨淄商王墓地》，齊魯書社，1997 年，31 頁，圖二六：1、2，135 頁。
2　商承祚：《長沙古物聞見記 · 續記》，275—276 頁。

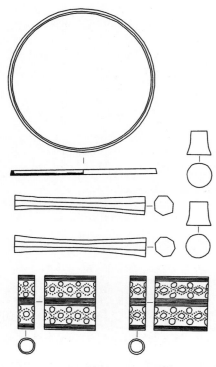

圖 8-2　涪陵點易墓地 3 號西漢墓銅鏡與鏡架構件（《重慶涪陵點易墓地漢墓發掘簡報》，《文物》2014 年 10 期）

西漢時期的鏡架發現極少，2007 年在重慶涪陵點易墓地 3 號西漢早期墓清理出一件與鏡同出的鏡架。鏡面向下，鏡背上散存兩件木質束腰多棱桿、幾件小圓柱體構件及少量金箔。束腰多棱桿形制規整，一個面上粘接有金屬條狀物。雖然木桿已經炭化，但木質堅硬，長度分別約為銅鏡的半徑，應是作為鏡架使用的。近梯形的短圓柱體，分別粘接兩個鑲嵌菱形與圓圈狀紋飾的小圓柱形料器，可能作為鏡飾垂掛於鏡架兩側。其周圍所見少量的破碎金箔，也應是鏡飾的一部分（圖 8-2）[1]。另有 1985 年河北陽原三汾溝 9 號西漢晚期墓中發掘出的兩件圓形木鏡托[2]，可以看作成熟鏡架的前身。

與前代相比，東漢時期的鏡架與鏡臺資料相對豐富。《北堂書鈔》引東漢末魏武《上雜物疏》云：「中宮有純銀參帶鏡臺一枚，又純銀七子，貴人、公主銀鏡臺四，凡有七枚。」[3]這條記載是有關東漢晚期的鏡臺史料，鏡臺類

1　山東大學歷史文化學院：《重慶涪陵點易墓地漢墓發掘簡報》，《文物》2014 年 10 期。

2　河北省文物研究所等：《河北陽原三汾溝漢墓群發掘報告》，《文物》1990 年 1 期。

3　《北堂書鈔》卷一三六《服飾部三‧鏡臺六六》，553 頁。

型為「純銀參帶鏡臺」，使用者是屬於上層社會的「貴人、公主」。頗為巧合的是，2009 年在曹操高陵的發掘中，出土了一件刻有「鏡臺一」三字隸書的石牌（圖 8-3）[1]。儘管沒有發現鏡臺實物，但這件石牌說明當初曹操墓中隨葬有鏡臺。

考古發掘出的鎏金鏡架有兩件，陶質鏡臺一件。1959年，河北省定縣北莊發掘一座東漢永元二年（90 年）中山簡王劉焉墓，出土一件鎏金鑲嵌綠松石雲紋銅鏡架。整體形制呈 H 狀，兩側為縱向鏤空變形雲紋並鑲嵌綠松石的刀形銅片飾，其間以橫向山形雲紋銅片飾相連接。刀形飾的側面，各向外伸出一向上的銅鉤，在底部各附一四葉形座。山形飾中部底端，亦伸出向下的銅鉤。高 38.7、上寬 21.6、下部最寬處 25.5 厘米[2]（圖 8-4）。現藏河北博物院。

圖 8-3　安陽西高穴東漢曹操高陵石牌（《曹操高陵》，圖版 33 頁）

值得注意的是，1973—1981 年，青海省大通縣後子河鄉上孫家寨發掘的 28 號東漢晚期墓出土一件鎏金三足座人像，應是鏡架。人像底座呈圓邊三角形，座上人像呈跪姿，似羽人形象，雙耳高聳，雙手拱於胸前，膊側生出羽翼，人像座高 5.7 厘米。底有三足，由上、中、下三節圓形銅管與木柱構成。上節銅管與底座伸出部分以鉚釘相連，為活節，管長 6.1 厘米。上節與中節銅管之間以木柱相連，木柱已殘斷。中節銅管分為兩部分，亦以鉚釘相合，可摺疊，在上部分管內有一孔，孔長 1.7 厘

1　河南省文物考古研究所等：《河南安陽市西高穴曹操高陵》，《考古》2010 年 8 期；李憑主編：《曹操高陵》，浙江文藝出版社，2010 年，圖版 33 頁。

2　河北省文化局文物工作隊：《河北定縣北莊漢墓發掘報告》，《考古學報》1964 年 2 期，138、140 頁，圖一三；朱仁星：《鏡臺與鏡架》，臺北《故宮文物月刊》1990 年 6 期。

圖 8-4　河北定縣東漢劉焉墓
銅鏡架（梁鑑攝影）

米，孔內有一銅栓，栓長 1.8 厘米，用來固定中節活動銅管。中節與下節銅管之間也是由長約 7 厘米的木柱相連，下節銅管上呈圓形，底呈馬蹄形，管長 6.8 厘米。人像加上三腳架，通高約 33.1 厘米。通體鎏金，木柱外殘留有紅色（圖 8-5）[1]。在洛陽西晉墓、南京東晉墓中均出土形制相似的鎏金三足架。

　　2004 年河北涿州凌雲集團新廠 1 號東漢中晚墓發現一件可調升降式彩繪陶質鏡臺，通高 114 厘米。底座為長方體，長 24.6、寬 24.5、高 11.6 厘米。鏡座中空，前部正中有一圓孔，上部正中有一長方形孔，以插入陶支架下部榫頭，其上等距分佈有三個小孔，

1　青海省文物考古研究所：《上孫家寨漢晉墓》，文物出版社，1993 年，154 頁，圖九〇，圖版七二。

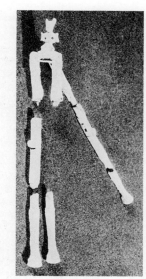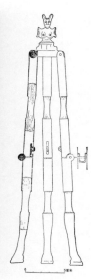

圖 8-5　青海大通縣上孫家寨 28 號
東漢墓銅鏡架及線圖（《上孫家寨漢晉
墓》，154 頁，圖九〇，圖版七二）

可以調節支架高度。支架上部呈 T 字形，中部有一弧形鏡托，放置有一面陶鏡，直徑
16.6、厚 1.7 厘米（圖 8-6）[1]。

　　此外，還有幾件作為傳世品的銅質鏡臺構件。大約 1928—1931 年，傳洛陽金村一
帶東漢墓出土兩件鎏金銅鏡臺構件，半圓形帶槽的鏡臺上部兩端各飾一龍首，下有方
形柱，以下部分缺失（圖 8-7）[2]。上海博物館藏一件東漢鎏金銅鏡臺，為美國友人捐贈品
（圖 8-8）。美國納爾遜·阿特金斯藝術博物館藏一件鎏金銅鏡臺，部分構件屬東漢時期（圖
8-9）。日本大阪市立美術館藏一件漆木鏡臺底座[3]。

1　史殿海：《涿州凌雲集團新廠東漢墓群發掘簡報》，《文物春秋》2007 年 3 期；涿州市文物保管所：《涿州文物藏品精選》，北京
　　燕山出版社，2005 年，圖版 30。

2　〔加〕懷履光：《洛陽故城古墓考》，86 頁，圖版 46—119。

3　上海博物館編：《鏡映乾坤：羅伊德·扣岑先生捐贈銅鏡精粹》，74 頁；美國納爾遜·阿特金斯藝術博物館藏東漢鎏金銅鏡臺，由
　　馬麟博士供圖；孫機：《鏡臺》，《中國文物報》2012 年 4 月 11 日第 5 版。

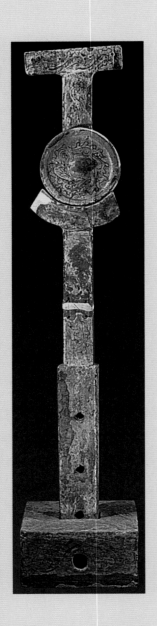

圖 8-6　涿州淩雲集團新廠 1
號東漢墓彩繪陶鏡臺（《涿州
文物藏品精選》，圖版 30）

圖 8-7　傳洛陽金村出土東漢銅鏡臺構件（《洛陽故城古墓考》，圖版 46 — 119）

圖 8-8　上海博物館藏東漢鏡臺及銅鏡（《鏡映乾坤》，74 頁）

圖 8-9　納爾遜 · 阿特金斯藝術博物館藏東漢鏡臺及銅鏡（馬麟供圖）

169

圖 8-10　沂南東漢墓畫像石上手持鏡臺的侍女形象拓本（《中國畫像石全集》第 1 卷《山東畫像石》，171 頁）

　　1954 年，山東沂南縣北寨村東漢晚期墓畫像石上雕刻有一人手持鏡臺的圖像，鏡臺的立柱中間有一長方形臺面（圖 8-10）[1]。1984 年，安徽省馬鞍山市發掘三國孫吳大將朱然墓，出土一件畫像漆盤，畫像中有一女子跽坐於鏡臺前梳妝（圖 8-11）[2]。生動、直觀地再現了當時人們將鏡臺放置於席前使用的生活場景，這是年代最早的一幅鏡臺梳妝圖漆畫。

　　將沂南東漢墓畫像石、三國東吳朱然墓漆盤、傳東晉顧愷之《女史箴圖》圖像中的立桿型鏡臺形象（圖 8-12），與河北涿州東漢中晚期墓陶鏡臺實物做一結構上的比較，

1　蔣英炬主編：《中國畫像石全集》第 1 卷《山東漢畫像石》，山東美術出版社，2000 年，171 頁。

2　安徽省文物考古研究所等：《安徽馬鞍山東吳朱然墓發掘簡報》，《文物》1986 年 3 期；馬鞍山市博物館編：《馬鞍山文物聚珍》，文物出版社，2006 年，67 頁。

發現它們有一定的相似性，也存在着細微的差別。涿州陶鏡臺自下而上，分別為底座、立桿、橫托、掛板。圖像中的鏡臺均有底座，唯形狀有所差別，陶鏡臺底座為中空長方體，而畫中的鏡臺皆為圓墩狀，此類鏡臺底座實物參見 1965 年遼寧北票發掘北燕太平七年（415 年）范陽公、車騎將軍馮素弗墓出土一件圓形殘鐵座，鑄製，直壁，平頂，覆缽狀，頂心殘留一段管狀柱柄。殘高 6.5、底徑 15.2 厘米 [1]，應是鏡臺底座。

涿州陶鏡臺的立桿斷面為長方形，中空，下部等距離分佈有三個圓孔，可以調節立桿的高度，器表彩繪有紋飾。圖像中的立桿斷面為圓形，沂南畫像石墓的鏡臺立桿上亦陰線刻有圓形及橫線紋飾。朱然墓漆盤中的鏡臺形象僅見底座上的部分立桿，上部被長方形臺面與鏡子所擋。《女史箴圖》中的鏡臺立桿中部有兩個乳突，以承托其上的長方形托盤。

陶鏡臺的弧形橫托位於整個鏡臺的三分之一處，恰好為黃金分割線的位置。沂南畫像石墓的鏡臺形象無橫托，卻有一長方形臺面，基本也位於黃金分割線上，這一臺面既可以承托鏡緣，也可以暫放一些梳妝用具。朱然墓漆盤中的鏡臺長方形臺面較厚，大致位於鏡臺中部。《女史箴圖》所描繪的鏡臺中部已不是臺面，而演變成為一個四面起沿的長方形托盤。

陶鏡臺的頂端是一呈 T 字形的掛板，上面有四個圓孔，並飾以彩繪。沂南畫像石中的鏡臺頂端則為捲雲紋弧形頂，朱然墓的漆盤鏡臺頂端被鏡子所擋，無法了解其形制。《女史箴圖》中的鏡臺形象頂端呈丫形。通過比較發現，自東漢、三國、兩晉時期立桿型鏡臺的發展是一脈相承的，並逐漸有所變化。

---

1   黎瑤渤：《遼寧北票縣西官營子北燕馮素弗墓》，《文物》1973 年 3 期。

圖 8-11　馬鞍山三國朱然墓漆盤上的《梳妝圖》及摹本（《安徽馬鞍山東吳朱然墓發掘簡報》，《文物》1986 年 3 期；朱笛摹繪）

圖 8-12　《女史箴圖》中的《梳妝圖》摹本（朱笛摹繪）

圖 8-13　清代版畫中的溫嶠像及其墓誌拓本（王志高供圖）

　　兩晉時期，見於文獻的有玳瑁裝飾的鏡臺、玉鏡臺等特種工藝或特殊質地製作的鏡臺。如晉《東宮舊事》云：「皇太子納妃，服用有玳瑁細漏鏡臺一。」[1] 晉代最著名的玉鏡臺，應該是東晉溫嶠作為聘禮的鏡臺（圖 8-13）。西晉末年，溫嶠在劉琨麾下任長史，北征匈奴劉聰時繳獲一件玉鏡臺，鍾愛有加。溫嶠的夫人去世了，他的堂姑劉氏有一女兒既漂亮又聰明，尚未出嫁，劉氏讓溫嶠為她女兒找一個條件合適的夫婿，嶠有自娶之意。過了幾天，告訴堂姑母，已物色到一位人選，門第尚可，名聲、官職與他相當。於是，送去一件玉鏡臺作為聘禮，劉氏大喜。等成婚之後，新娘拍手大笑道：我猜就是你這老奴，果然如此。[2] 儘管這一故事的真實性還存在着較大爭議，「溫嶠玉鏡臺」卻成為歷代詩人吟誦不絕的重要素材。

1　《初學記》卷二五《鏡臺一〇》，609 頁。

2　徐震堮：《世說新語校箋》卷下《假譎》，中華書局，1984 年，458 頁。

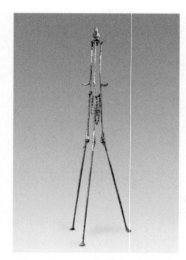

圖 8-14　河南新安縣 262 號西晉墓
銅鏡架（洛陽博物館供圖）

思婦流黃素，溫姬玉鏡臺。（南朝梁·蕭綱《同劉諮議詠春雪》）

羊權須得金條脫，溫嶠終盧玉鏡臺。（唐·李商隱《中元作》）

君不見溫家玉鏡臺，提攜抱握九重來。（唐·張紘《行路難》）[1]

東晉溫嶠的玉鏡臺僅見於字裏行間，無法滿足今人視覺上的享受，而兩晉墓葬出土的鎏金鏡架卻讓人感受到了古器物帶來的歷史存在感。2004 年，河南省新安縣洛新開發區發掘 262 號西晉早期墓，於墓室北部墓主人棺東側出土一件鎏金三足鏡架。鎏金架上端，有一銅人雙手交於胸前，跪坐於架座上。架座連接三個支架，每個支架分為上、下兩節互相銜接，上節中部各伸出一鉤，兩上曲一下曲。鉤下內側各有一環，以銅鏈相連。下節中各飾弦紋三周，下端為蹄形足。通高 73 厘米。自銅人下部至雙鉤的高度約為 13.6 厘米 [2]（圖 8-14）。

1998 年，南京東郊仙鶴山發掘一處東晉家族墓地。在 6 號墓內出土一件鎏金三足架，有三隻細長的竹節形腿，頂端有榫，帶一穿孔，支架中部一側各有一小環鈕，可

1　《梁簡文帝集校注》卷四《詩》，346 頁；《全唐詩》卷五四〇《李商隱二》，6240 頁；《全唐詩》卷一〇〇《張紘》，1073 頁。
2　洛陽市文物工作隊：《河南新安西晉墓（C12M262）發掘簡報》，《文物》2004 年 12 期。

用銅鏈連接、固定，下端為蹄形足。另有一件圓形臺板，中央有孔，周圍等距向外伸出 3 組卡銷，兩側有孔，可用小釘固定連接臺板與支架頂端，連成一體。支架高 78.8、臺板厚 1 厘米（圖 8-15）。考古報告的整理者王志高認為這是一件銅鏡架[1]。這件三足架與新安縣西晉墓所出鏡架形制相同。

南北朝時期的鏡臺資料，未見實物，僅見一些文獻資料。南朝劉宋元嘉年間，廣州刺史韋朗製作了一件銅鏡臺，被人告發，韋氏由此丟了烏紗帽。宋《元嘉起居注》：「韋朗為廣州刺史，作銅鏡臺一具，御史中丞劉楨奏請以見事，免朗所居官。」[2] 銅鏡臺的形制讓人無法想象，南齊詩人謝朓創作的一首詩《詠鏡臺》，其中描繪鏡臺飾以「對鳳」「垂龍」：

> 玲瓏類丹楹，迢亭似玄闕。對鳳臨清水，垂龍掛明月。照粉拂紅妝，插花理雲髮。玉顏徒自見，常畏君情歇。[3]

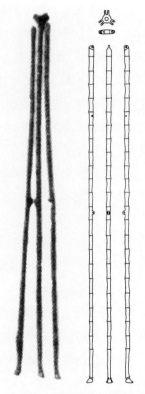

圖 8-15　南京仙鶴山 6 號東晉墓銅鏡架及線圖（《江蘇南京仙鶴觀東晉墓》，《文物》2001 年 3 期）

1　南京市博物館：《江蘇南京仙鶴觀東晉墓》；王志高等：《南京仙鶴觀東晉墓出土文物的初步認識》，《文物》2001 年 3 期。10 頁，圖一九；11 頁，圖二〇，鎏金銅支架線圖。

2　《初學記》卷二五《鏡臺一〇》，609 頁。

3　《初學記》卷二五《鏡臺一〇》，609 頁。

北齊僧人靈昭擅長製作，武成帝令其於山亭造流杯池。胡太后還讓靈昭製作了七寶鏡臺，共計三十六扇門，其形制、結構更為複雜，工藝製作水平較高。《太平御覽》引《三國典略》：「胡太后使沙門靈昭造七寶鏡臺，合有三十六戶。每室別有一婦人，手各執鎖，才下一關，三十六戶一時自閉。若抽此關，諸門皆啟，婦人各出戶前。」[1]北齊末年，政局動盪，物價飛漲，鏡臺價值千金。《北齊書・幼主紀》：北齊幼主高恆之時，「宮掖婢皆封郡君，宮女寶衣玉食者五百餘人，一裙直萬匹，鏡臺直千金，競為變巧，朝衣夕弊」[2]。

隋代獨孤皇后雅性節儉，不尚奢華。隋文帝楊堅毀掉從北齊繳獲的豪華七寶車，而將工藝絕巧的鏡臺賜給皇后，可見鏡臺是當時婦女的喜好之物。《北史》卷一四《獨孤氏傳》：「后雅性儉約。……上以后不好華麗，時齊七寶車及鏡臺絕巧麗，使毀車而以鏡臺賜后。后雅好讀書，識達今古，凡言事皆與上意合，宮中稱為二聖。」[3]1959 年，河南安陽發掘隋代張盛墓，出有一件瓷器座，被認為是鏡臺[4]，形制較為少見。

2・榻上鏡架與鏡臺

唐至五代，鏡架與鏡臺在人們日常生活中的使用更加普遍，其所處空間位置隨着矮式傢具向高足傢具的轉變而有所變化，即從置於席上轉向床榻之類的傢具之上。

唐人使用鏡臺的圖像資料未見，但有文獻詳細記錄了開元年間能工巧匠馬待封設計製作的一件豪華鏡臺，比起北魏胡太后有着三十六扇門的鏡臺更是技高一籌，令人稱奇。《太平廣記》引《紀聞・馬待封》：

1　（宋）李昉等撰：《太平御覽》卷七一七《服用部一九・鏡臺》，中華書局影印本，1960 年，3179 頁。

2　《北齊書》卷八《幼主紀》，中華書局，1972 年，第 113 頁。

3　《北史》卷一四《獨孤氏傳》，中華書局，1974 年，532—533 頁。

4　中國社科院考古研究所安陽發掘隊：《安陽隋張盛墓發掘記》，《考古》1959 年 10 期；錢柏泉：《鏡臺小史》，《考古》1961 年 2 期。

　　開元初修法駕，東海馬待封能窮伎巧。於是指南車、記里鼓、相風鳥等，待封皆改修，其巧逾於古。待封又為皇后造妝具，中立鏡臺，臺下兩層，皆有門戶。后將櫛沐，啟鏡奩後，臺下開門。有木婦人手執巾櫛至。后取已，木人即還。至於面脂妝粉，眉黛髻花，應所用物，皆木人執。繼至，取畢即還，門戶復閉。如是供給皆木人。后既妝罷，諸門皆闔，乃持去。其妝臺金銀彩畫，木婦人衣服裝飾，窮極精妙焉。[1]

　　唐玄宗開元年間，馬待封運用他的聰明才智，為王皇后製作了精妙絕倫的鏡臺，臺下的「木婦人」靈活自如，就像今天的智能機器人，能做一些略微複雜的事情。關於王皇后的這件鏡臺結構，文獻描述生動、細膩，而對於楊貴妃使用的鏡臺則語焉不詳，卻與一個悲劇故事相聯繫。「開元中，嶺南獻白鸚鵡，養之宮中，歲久，頗聰慧，洞曉言詞。上及貴妃皆呼為雪衣女。…… 忽一日，飛上貴妃鏡臺，語曰：『雪衣娘昨夜夢為鷙鳥所搏，將盡於此乎？』…… 鸚鵡方戲於殿上，忽有鷹搏之而斃。」[2]1994 年，在內蒙古赤峰寶山 2 號遼代墓石室北壁發現壁畫《楊貴妃教鸚鵡圖》（圖 8-16）[3]，用畫面詮釋了這一段悲情故事。

　　除了歷史文獻記述之外，還有不少唐詩寫到鏡臺，特別是三首與婚嫁相關的「催妝詩」，鏡臺在其中充當了重要角色。催妝是古代的一種風俗，新娘出嫁，一定要多次催促，才開始梳洗打扮，準備前行，唐段成式《酉陽雜俎·貶誤》轉述了催妝的全

1　《太平廣記》卷二二六《伎巧二》，1739—1740 頁。

2　（唐）鄭處誨撰、田廷柱點校：《明皇雜錄·逸文》，中華書局，1997 年，58 頁。

3　內蒙古文物考古研究所等：《內蒙古赤峰寶山遼壁畫墓發掘簡報》，《文物》1998 年 1 期；吳玉貴：《內蒙古赤峰寶山遼壁畫墓「頌經圖」略考》，《文物》1999 年 2 期。

過程[1]。唐人成婚前夕，賀喜者用賦詩的形式來催促新娘趕快梳妝，這一類詩稱為「催妝詩」。

      少妝銀粉飾金鈿，端正天花貴自然。聞道禁中時節異，九秋香滿鏡臺前。
（陸暢《雲安公主出降雜詠催妝二首》）

      不知今夕是何夕，催促陽臺近鏡臺。誰道芙蓉水中種，青銅鏡裏一枝開。
（賈島《友人婚楊氏催妝》）

      傳聞燭下調紅粉，明鏡臺前別作春。不須面上渾妝卻，留著雙眉待畫人。
（徐安期《催妝》）[2]

上面三首唐詩，均為描寫新婦催妝之作，鏡臺成為其中不可或缺的道具。鏡中映照出的世間生活本是充滿了喜怒哀樂，下面這首描寫鏡臺的詩，是為亡妻而作，披上了一層淡淡的悲涼色彩：

      唐晅者，晉昌人也。……開元十八年，晅以故入洛，累月不得歸。……居數日，果有凶信，晅悲慟倍常。後數歲，方得歸衛南，追其陳跡，感而賦詩曰：「寢室悲長簟，妝樓泣鏡臺。獨悲桃李節，不共夜泉開。魂兮若有感，髣髴夢中來。」……是夕風露清虛，晅耿耿不寐。更深，悲吟前悼亡詩，忽聞暗中

1　《酉陽雜俎》續集卷四《貶誤》，152 頁。

2　《全唐詩》卷四七八《陸暢》，5478 頁；《全唐詩》卷五七四《賈島四》，6734 頁；《全唐詩》卷七六九《徐安期》，8821 頁。

若泣聲，初遠，漸近，旭驚惻，覺有異。[1]

　　若是拋開世俗的兒女情長，悲歡離合，不妨將目光投向佛國世界。雖然佛門淨土少了許多滾滾紅塵中的條條框框與悲喜交集，但對於人心中鏡臺的認識也各不相同，甚至導致衣缽的傳承發生根本性的轉變，禪宗五祖弘忍在選擇接班人方面就是如此。《祖堂集》卷一八：

　　　　五祖欲遷化時，覓人傳法及分付衣缽。眾中有一上座，名曰神秀，遂作一偈上五祖：「身是菩提樹，心如明鏡臺。時時勤拂拭，莫遣有塵埃。」

　　　　後磨坊中盧行者聞有此偈，遂作一偈上五祖曰：「菩提本無樹，明鏡亦非臺。本來無一物，何處有塵埃？」五祖亦見此偈，並無言語，遂於夜間教童子去碓坊中喚行者來。行者隨童子到五祖處，五祖發遣卻童子後，遂改盧行者名為慧能，授與衣缽，傳為六祖。[2]

　　從「明鏡臺」上直指人心的精神層面，讓我們重新回到更加客觀的物質層面，來探討一個有關鏡臺的具體問題，那就是唐代鏡臺到底放於何處？大多數詩歌與文獻未曾交待。據學者考證，唐至五代時期的鏡臺一般放置於所坐的床榻之上[3]。《唐詩紀事·陸暢》云：「趙麟儀質瑣陋，成名後，以薛能為儐相。能詩曰：『第一莫教蛛太過，緣人衣帶上

1　《太平廣記》卷三三二《鬼一七》引《通幽記·唐晅》，2635 頁。
2　（五代）釋靜等輯：《祖堂集》卷一八，《續修四庫全書》1285 冊，606 頁。
3　孟暉：《花間十六聲》，生活·讀書·新知三聯書店，2014 年，40—42 頁。

圖 8-16　內蒙古赤峰寶山 2 號遼墓《楊貴妃教鸚鵡圖》壁畫局部
（《內蒙古遼代壁畫》，53 頁）

人頭。』又『火爐床上平身立，便與夫人作鏡臺』。或曰：『暢羨而能罵。』[1] 由此可見，唐代女性梳妝的方式是把鏡臺直接設在坐榻之上。

唐李賀《美人梳頭歌》一詩，也寫到於象床之上對鏡梳妝的場景。此詩被清代學者姚文燮評論為：「狀美人之曉妝也。奇藻茜艷，極盡情形。顧盼芳姿，彷彿可見。」[2]

西施曉夢綃帳寒，香鬟墮髻半沉檀。轆轤咿啞轉鳴玉，驚起芙蓉睡新足。
雙鸞開鏡秋水光，解鬟臨鏡立象床。一編香絲雲撒地，玉釵落處無聲膩。[3]

「雙鸞開鏡秋水光，解鬟臨鏡立象床」恰好說明美人晨起梳妝，照容用的是雙鸞鏡。她解開環形髮髻，面對着鏡子，跪立於象床之上，一頭烏髮撒落於地，玉釵落處悄然無聲。詩中雖未明確寫到鏡臺，卻點出鏡子是放置於象床之上的。「象床」即象牙裝飾的床，另見於李賀《惱公》詩：「象床緣素柏，瑤席捲香蔥。」[4]《舊唐書·五行志》載，武周時期，「張易之為母阿臧為七寶帳，有魚龍鸞鳳之形，仍為象床、犀簟」[5]。可見象床在唐代亦屬奢侈品。

唐代鐵鏡架實物，僅見於河南偃師杏園唐宣宗大中十二年（858 年）李歸厚夫妻合葬墓。鐵鏡架出於墓室西側李歸厚夫人盧知真棺內腳端，附近出一面直徑 19 厘米的圓形素面銅鏡，小鈕，窄緣稍隆。據墓誌可知，盧知真為官宦人家，其父為睦州刺史兼御

---

1 （宋）計有功：《唐詩紀事》卷三五《陸暢》，中華書局，1965 年，533 頁。《太平廣記》卷二五七《嘲誚五》引《抒情詩·薛能》中有類似記載，2000 頁。

2 （唐）李賀著、（清）王琦等注：《李賀詩歌集注》，上海人民出版社，1977 年，479 頁。

3 《李賀詩歌集注》，314 頁。

4 《李賀詩歌集注》，142 頁。

5 《舊唐書》卷三七《五行志》，1377 頁。

圖 8-17　偃師杏園唐李歸厚墓鐵鏡架（《偃師杏園唐墓》，219 頁）

圖 8-18　日本泉屋博古館藏《遊女圖卷》中的鏡架形象（《泉屋博古館名品選》，115 頁）

史中丞盧鋼，盧氏家族當時正處於子孫權勢興盛之際。這件鐵鏡架的結構，是用鐵條鍛打成兩個梯形框架，框架之間用一軸連接。兩個梯形框架高低不同，大框架上寬 15、下寬 23.5、高 48 厘米；小框架上寬 14、下寬 22、高 38 厘米（圖 8-17）[1]。外框架上端，摺疊鐵條，在左、中、右處做出三個弧形凸起，以便於懸掛銅鏡。內框底部的左右兩側，各有一乳突，中間有孔，以便於穿繫繩索，控制鏡架下部的開合角度。日本泉屋博古館藏江戶時代畫家宮川長春（1682—1752 年）《遊女圖卷》，就繪有與唐代鐵鏡架結構相似的鏡架（圖 8-18）[2]，可以直觀地看到此類鏡架在生活中的使用狀況。

二、五代宋遼時期

1. 五代時期鏡架與鏡臺

目前尚未見到唐代有關鏡臺放置於床榻之

1　中國社會科學院考古研究所：《偃師杏園唐墓》，圖見 219 頁，圖 210：4，172、175、356—357 頁。

2　〔日〕泉屋博古館：《泉屋博古館名品選》，便利堂株式會社，平成十四年（2002 年），114—115 頁。

上的圖像資料，但是，1995 年河北曲陽靈山鎮西燕川村發現的五代後梁龍德三年（923年）王處直墓，東、西耳室各有一幅壁畫，為探討這一問題提供了難得一見的圖像資料。東耳室壁畫描繪的是男主人的梳妝用品，床榻上放置一個三足鏡架，架為圓柱形，前二後一，後面的一足似能摺疊收起，鏡架上部有方鏡一面，覆蓋有花卉紋鏡袱。西耳室壁畫描繪的是女主人的梳妝用品，床上有一件黑色鏡臺，上端及左右雕飾七朵雲頭紋，下端有四根小圓柱垂直向下，固定於底板之上。鏡臺上部放置圓鏡一面，罩以牡丹紋鏡袱（圖 8-19、8-20）[1]。

　　1975 年，在江蘇邗江縣蔡莊發掘一座五代磚室墓。木榻四件，出土於墓中四個側室，其中一件完整，三件已散架。從所遺留的構件看，原是一式四件，木榻分為榻面、榻腿兩部分，榻面木條上原應鋪有席墊、織物敷面等物，今已腐朽無存。榻長 188、寬94、高 57 厘米。蔡莊五代墓四張榻分別出土於墓中四個側室，雖然經過盜擾，但四張榻上當初擺放各種器物的跡象仍很明顯。雖然是隨葬品，但皆為 1:1 的足尺實物，對於了解五代時期南方地區床榻一類傢具構造等提供了重要的實物資料，在中國傢具史上居於承前啟後的地位。南京大學考古與藝術博物館藏五代王齊翰《勘書圖》，一張體量較大的矮榻佔據了畫面的主要部分，周文矩《重屏會棋圖》中也保留有榻的形象。這時在榻上放置物品的習慣還保留着，所以在《勘書圖》《重屏會棋圖》中描繪的榻上看到許多生活用具，如投壺、硯盒、書冊、畫卷、琴囊之類[2]。

　　雖然王處直墓室壁畫畫面上有一種人去樓空的感覺，但今人仍然能夠通過畫中描繪

1　河北省文物研究所等：《五代王處直墓》，文物出版社，1998 年，東、西耳室壁畫摹本參見 24、28 頁，壁畫圖版參見彩版一八、二〇、二三、二四。

2　揚州博物館：《江蘇邗江蔡莊五代墓清理簡報》，《文物》1980 年 8 期；陳增弼：《千年古榻》，《文物》1984 年 6 期。

圖 8-19　曲陽五代王處直墓壁畫中的鏡架形象（《五代王處直墓》，彩版一八）

圖 8-20　曲陽五代王處直墓壁畫中的鏡臺形象（《五代王處直墓》，彩版二三）

圖 8-21　南宋《仕女圖》中的鏡臺形象
（《唐五代兩宋人物名畫》，101 頁）

細膩的各類器物感受到五代人的生活習俗，將鏡架與鏡臺放置於床榻上，說明他們的生活受到唐人的影響，日常所用器具逐漸由矮式傢具向高足傢具轉變。

　　2. 北宋鏡架與鏡臺

　　時至北宋，具有特色的一大變化，是沿襲數千年對鏡鑑的稱謂由「鏡」改為「照」或「鑑」，只因宋太祖趙匡胤的祖父名叫趙敬，後尊為翼祖，為了避諱而改。宋代李攸《宋朝事實・祖宗世次》：「翼祖諱敬、竟、鏡、獍、璥、暽。」[1] 鏡子變成了照子，宋鏡銘文中大多稱為「照子」，鏡臺隨之改稱「照臺」或「鑑臺」，也有少量仍沿用舊名。如南宋吳自牧《夢粱錄・嫁娶》記載：「至迎親日，男家刻定時辰，預令行郎，各以執色如花瓶、花燭、香球、沙羅洗漱、妝盒、照臺、裙箱、衣匣、百結、清涼傘、交椅。」[2] 劉過

1　（宋）李攸撰：《宋朝事實》卷一《祖宗世次》，中華書局，1955 年，2 頁。
2　（宋）吳自牧：《夢粱錄》卷二〇「嫁娶」條，188 頁。

《沁園春》詞：「坡謂西湖正如西子，濃抹淡妝臨照臺。」[1]

「鑑臺」一詞見於《宣和書譜·衛恆》：「然見於世者多其草字，論者以謂『如插花美人，舞笑鑑臺』，是其便娟有餘，而剛健非所長也。」[2]「鏡臺」舊名亦見於文獻之中，如《東京夢華錄·娶婦》：「散後次日五更，用一卓盛鏡臺鏡子於其上，望上展拜，謂之『新婦拜堂』。」[3]

與以往相比，有關宋代鏡架與鏡臺的資料更加豐富，形式多樣。不僅見於傳世繪畫作品，而且在墓葬壁畫、磚雕、石刻中有其形象，甚至在墓中還發現了鏡架實物。由此可見，作為生活器具的鏡架與鏡臺，在日常生活起居中逐步扮演着重要角色，也反映出宋代以來人們對於現實生活的重視，世俗生活氣息愈發濃厚。

臺北故宮博物院藏北宋王詵《繡櫳曉鏡圖》中的鏡臺形象，屬於椅型結構，分為上、下兩層，上層斜放一面葵口銅鏡。鏡臺放置於一長桌之上，一女子佇立於鏡臺前，凝神注視着鏡中自己的容貌。天津博物館藏南宋佚名《盥手觀花圖》，畫中長案中央放一鏡臺，其上層中部斜置一面葵口銅鏡。兩者構造相似，均為框架結構，分為上、下兩層，上層放置銅鏡，下層可暫放梳妝用具。只不過所表現的角度略有差異，前者描繪的是鏡臺的正面，後者刻畫的是鏡臺的背面。與之結構相仿的還有美國波士頓美術館藏南宋佚名《仕女圖》中的鏡臺，將紅、白兩色條帶繫鏡於鏡臺背面的細節描繪得精緻入微（圖 8-21）[4]。

在北宋墓葬壁畫中，也有當時人們使用鏡臺的生活場景。1951 年，河南禹縣白沙發

---

1 《咸淳〈臨安志〉》卷九三《紀遺五》，《宋元浙江方志集成》第 3 冊，杭州出版社，2009 年，1458 頁。

2 （宋）佚名著、范紅絹點校：《宣和書譜》卷一三《草書一》，人民美術出版社，2011 年，142 頁。

3 （宋）孟元老撰、伊永文箋注：《東京夢華錄箋注》卷五《娶婦》，中華書局，2009 年，480 頁。

4 陳雪亮編：《唐五代兩宋人物名畫》，西泠印社出版社，2006 年，101 頁。

掘北宋元符二年（1099 年）趙大翁墓。後室西南壁壁畫中有一位女子站立於鏡臺前面，對鏡整冠，一具淡赭色鏡臺置於桌上，上端畫七枚蕉葉飾，頂端中央蕉葉飾下繫圓鏡一面（圖 8-22）[1]。《雲笈七籤》卷七二收錄有宋代鏡臺線圖，與白沙一號宋墓壁畫中所見鏡臺結構近似[2]。

1998 年，河南新密市平陌村發掘北宋大觀二年（1108年）壁畫墓，在墓室西南壁有一幅女子梳妝圖。上繪藍色懸幔、赭色垂帳。畫面正中有一長方形低案，案上放一鏡架，架上層置一圓鏡。一位女子坐於較矮的長桌內側，對鏡梳妝，鏡中映照出女子秀麗的容貌。鏡架前有一黑色圓盒，裏面放的可能為化妝用品。女子身穿藍色寬袖對開式襦衫，雙手抬起。右手在前，握一髮釵，左手由腦後置於頭頂，拿一素色高冠[3]。鏡架為框架式結構，似由縱橫數根木頭相連而成，分為上、中、下三部分。上端為一橫木，

圖 8-22　河南禹縣白沙北宋趙大翁墓壁畫中的鏡臺形象（《白沙宋墓》，27 頁）

中央飾一雲朵形，兩端翹起。中部有前、後高低錯落的兩根橫木，銅鏡放置於其上。底部為前、後兩根平行橫木。還有四根縱向木頭與橫木相連，構成鏡架（圖 8-23）。

在北宋墓葬磚雕中，鏡架與鏡臺的形象簡潔質樸，也是現實生活的曲折反映。1955年，河南鄭州南關外發掘一座北宋磚室墓。墓室東壁有一磚雕鏡架，上部倒置一面有

1　宿白：《白沙宋墓》，文物出版社，1957 年，27 頁，插圖三四、圖版貳柒。

2　（宋）張君房編、李永晟點校：《雲笈七籤》卷七二《內丹》，中華書局，2003 年，1605 頁。

3　鄭州市文物考古研究所等：《河南新密市平陌宋代壁畫墓》，《文物》1998 年 12 期，彩色插頁肆：1。

圖 8-23　新密平陌村北宋壁畫墓中的《梳妝圖》（《河南新密市平陌宋代壁畫墓》,《文物》1998 年 12 期）

圖 8-24　登封城南莊北宋墓磚雕鏡臺（《鄭州宋金壁畫墓》,123 頁）

柄圓形鏡形象 [1]。2003 年，鄭州市文物考古研究所對河南登封城南莊北宋墓壁畫進行了臨摹。在墓室東北壁，上懸黃、淡青橫帳，下砌一磚雕鏡臺。鏡臺頂設三層搭腦，搭腦兩端飾六枚五瓣蕉葉。上搭腦中部飾一枚三瓣蕉葉，兩足間設一棖，棖上雕半鏡，棖下為三層抽屜。由於有抽屜，此鏡臺也可能為四足，足下有縱向式支座（圖 8-24）[2]。

3. 南宋鏡架與鏡臺

無論是北宋傳世繪畫作品，還是墓葬壁畫，畫面中的照鏡女子大多為站姿，鮮見有坐凳覽鏡者，這反映出北宋的風俗依舊尊崇老的傳統。南宋陸游《老學庵筆記》卷四：

1　河南省文化局文物工作隊第一隊：《鄭州南關外北宋磚室墓》,《文物參考資料》1958 年 5 期。

2　鄭州市文物考古研究所：《鄭州宋金壁畫墓》，科學出版社，2005 年，123、128 頁。

「徐敦立言：往時士大夫家，婦女坐椅子、兀子，則人皆譏笑其無法度。梳洗床、火爐床家家有之。今猶有高鏡臺，蓋施床則與人面適平也。或云禁中尚用之，特外間不復用爾。」[1]

文獻中所説「婦女坐椅子、兀子」，「兀子」即杌子，指小矮凳。這正是北宋仕女照鏡不坐的原因所在，是擔心別人譏笑其無法度。而到了南宋，風俗已變，所以在傳蘇漢臣筆下的《妝靚仕女圖》中，一位女子端坐於長凳之上，凝

圖 8-25　南宋《妝靚仕女圖》中的鏡架形象（《唐五代兩宋人物名畫》，100 頁）

視鏡中的自我，從容不迫，孤芳自賞。桌上放有一面大鏡，斜靠於一個支架上，鏡架的細部不清（圖 8-25）。這是有關兩宋鏡架與鏡臺圖像資料中為數不多的坐姿覽鏡圖，現藏美國波士頓美術館[2]。

日本奈良國立博物館藏南宋陸興宗《十王圖》中的鏡臺，畫的是一件鏡臺的斜側面，似為木質，一根長條形木片垂直向上，上端飾一雲朵形短橫木，其下部有一凹槽，用於繩繫鏡鈕以固定銅鏡，鏡體厚重，長木片下端插入須彌座中央的卯眼中[3]。從畫面比例來看，這件鏡臺高度不是太高，應是放置於桌案之上的。

1　（宋）陸游撰、李劍雄等點校：《老學庵筆記》卷四，中華書局，1997 年，47 頁。

2　陳雪亮編：《唐五代兩宋人物名畫》，100 頁。

3　邵曉峰：《中國宋代傢具》，東南大學出版社，2010 年，彩圖 44 頁，架具 4。

圖 8-26　四川瀘縣南宋陳鼎妻墓石刻鏡架（《瀘縣宋墓》，彩版二四：2）

　　南宋墓葬石刻中雕刻的高浮雕鏡架形象，形制較小，結構簡約。2002 年，四川瀘縣奇峰鎮發掘南宋陳鼎妻墓，墓壁右側石刻侍女手捧一鏡架，其上部為弓形，頂飾蕉葉，底部為雙層（圖 8-26）。中國國家博物館在四川地區徵集到一組南宋紹興二年（1132 年）趙然明墓石刻。其中，有一件捧鏡臺侍女石刻，侍女側身向內，雙手捧一鏡架，臺端飾蕉葉，下繫圓鏡一面 [1]。

　　考古發現的南宋木質鏡架實物有兩件。1975 年，福建福州市第七中學發掘南宋黃昇墓，在頭部右側清理出一件漆木鏡架。通體髹以黑漆，用黑色紋羅帶綁結，有活動支架，叉開時可將銅鏡斜放於架上。高 15.5、寬 12.5 厘米（圖 8-27）。1978 年，在江蘇武進縣村前鄉一座南宋墓中，出土一件漆木鏡箱，將位於上層的支架豎起，即為鏡架。下面還有兩層抽屜，可放置梳妝用品（圖 8-28）[2]。

1　四川省文物考古研究所等：《瀘縣宋墓》，文物出版社，2004 年，86 頁，圖七六，彩版二四：2；呂章申主編：《宋代石刻藝術》，北京時代華文書局，2013 年，40 頁，圖 15，捧鏡臺侍女石刻，高 181、寬 46、厚 20 厘米。41 頁，捧鏡臺侍女石刻局部。

2　福建省博物館：《福州市北郊南宋墓清理簡報》，《文物》1977 年 7 期，圖三八；福建省博物館編：《福州南宋黃昇墓》，文物出版社，1982 年，圖版九九；陳晶等：《江蘇武進村前南宋墓清理紀要》，《考古》1986 年 3 期；陳晶主編：《中國漆器全集》第 4 卷《三國—元》，137 頁。

圖 8-27　福州南宋黃昇墓漆木鏡架（《福州南宋黃昇墓》，圖版九九）

圖 8-28　江蘇武進縣村前鄉南宋墓漆木鏡箱（《中國漆器全集》第 4 卷《三國—元》，137 頁）

　　宋代還有銅質鏡架與鏡臺。在四川資中、湖南等地宋墓中出土有鏡架，動物形鏡臺則見於館藏的傳世品。形制較小，均放於桌上。

　　4. 遼代鏡架

　　目前所見遼代木質鏡架三件，包括河北宣化下八里遼張世本夫婦墓、張文藻墓出土木鏡架等。1993 年，河北宣化發掘張匡正墓與張文藻墓，1989 年清理張世本墓，各出一件鏡架[1]。張文藻墓所出鏡架高 46、上下橫木寬 41.5 厘米；張匡正墓鏡架復原高度為 55、上下橫木寬 33 厘米。張世本墓鏡架保存狀況最好，殘高 38.5、寬 22 厘米（圖 8-29）。遼代鏡架與韓國高麗時期的鏡架相比（圖 8-30），在形制、結構方面有一定的相似性，

1　河北省文物研究所：《宣化遼墓：1974—1993 年考古發掘報告》上，文物出版社，2001 年，61、64、117、120、156、157 頁；該報告下，圖版三三：4，六八：4，八四：3。

圖 8-29　河北宣化遼代張世本墓木鏡架（《宣化遼墓》下，圖版八四：3）

圖 8-30　韓國中央博物館藏高麗時期鏡架（文東洙供圖）

反映出文化交流的日益頻繁。

三、元明清時期

　　元代的鏡架與鏡臺資料極少。1964 年，蘇州發掘元末吳王張士誠父母合葬墓，出土一件銀質鏡架。鏡架頂部飾一朵盛開的葵花。架體由前、後兩部分組成，後身上部作方形，紋飾均精雕細鏤，上為鳳凰戲牡丹圖，下分三組，中雕團龍，左右飾以透雕牡丹。一個 H 形構件斜撐於前後身之間，其中心為玉兔蟾蜍靈芝仙草浮雕。底部又以同樣構件

支撐，中間浮雕一對瑞雀及百花捲草紋。這件鏡架設計巧妙，可隨意放立與摺合。發掘者將銀奩內直徑 12.2 厘米的素面銀鏡放於架上，大小合適[1]。有學者認為，這件元代鏡架「雖為銀製，卻完全反映了有高度雕飾的木器工藝，又為我們提供了元明之際的蘇州傢具資料……鏡架模仿直靠背交椅形式，後背忠實地造出攢框打槽內裝雕花絛環板的式樣，不僅浮雕、透雕花紋與明式傢具甚為接近，就是橫材兩端上翹的雲頭，也和衣架、高面盆架搭腦上的圓雕裝飾十分相似」[2]。該鏡架形制較小，通高 34 厘米（圖 8-31），屬於摺疊式鏡架，應是由交床與座椅兩種傢具元素組合而成，亦由此可見其他傢具對於鏡架形制演變的影響。元代的鏡臺圖像資料僅見一例，即現存日本的對鏡圖嵌螺鈿黑漆盒。從圖像上來看，這件放置於桌面上的應該是椅型鏡臺（圖 8-32）[3]。

明清時期，中國傢具的發展歷史進入繁榮期，反映在鏡架與鏡臺方面，除了繼續沿襲宋元以來鏡架的小型化，放於桌上，便於摺疊、存放之外，鏡臺體量的大型化、使用功能的多樣化促使鏡臺從桌上走向了地上，作為室內的重要梳妝用具直接落地擺放。

留存至今的明代鏡架與鏡臺數量較多。王世襄對其進行過總結：「鏡架是狀如帖架的一種梳妝用具，多作摺疊式，或稱『拍子式』。……鏡臺，或稱『梳妝臺』，明式可分為：摺疊式、寶座式、五屏風式三種。」[4] 其中，摺疊式、五屏風式鏡臺的高度分別為 60、72—80 厘米。

寶座式鏡臺是宋代扶手椅式鏡臺的進一步發展，宋畫《半閒秋興圖》描繪了一件扶

1　蘇州市文物保管委員會等：《蘇州吳張士誠母曹氏墓清理簡報》，《考古》1965 年 6 期。

2　王世襄：《明式傢具研究》，6 頁。

3　〔日〕下中彌三郎：《世界美術全集》20 卷《中國中世 II · 明 · 清附近代》，平凡社，1953 年，圖 119，黑漆螺鈿八棱食籠（蓋表，美人對鏡圖）。

4　王世襄：《明式傢具研究》，212 頁。

圖 8-31　蘇州元末張士誠父母合葬墓銀質鏡架（程義供圖）

圖 8-32　元代對鏡圖嵌螺鈿黑漆盒局部（《世界美術全集》20 卷《中國中世 II · 明 · 清附近代》，圖 119）

手椅式鏡臺的形象。小型者應是放於桌上的，而體量較大者應是放置於地上的。國博專題陳列《大美木藝：中國明清傢具珍品》展出兩件明清大型落地式鏡臺，也有兩件小型摺疊式鏡架。其中，明代晚期黃花梨透雕五屏式麒麟送子紋鏡臺高 92 厘米，清代早期黃花梨透雕五屏式鳳紋鏡臺高 80 厘米，這兩件鏡臺形制、體量較大，是直接落地擺放的。另有明末清初的黃花梨透雕梅花紋摺疊鏡架、黃花梨摺疊鏡架各一件，分別高 38、30 厘米[1]，形制較小，是放置於桌面上的。

　　在明代身份、等級最高的萬曆皇帝定陵中，有一面仿漢代博局鏡，直徑 20.2、緣厚 0.5 厘米，出於孝端皇后棺內西北角最上層，置於盛放梳妝用具的漆盒上邊，背面貼在金

1　呂章申主編：《大美木藝：中國明清傢具珍品》，北京時代華文書局，2014 年，190—195 頁。

圖 8-33　明代定陵彩繪木鏡架
（《定陵》，彩版一三六）

圖 8-34　南京博物院藏明代鏡臺與
銅鏡（霍宏偉攝影）

地彩繪鏡架上。同出的還有放念珠的小圓漆盒及抿子匣等。所有這些用品被包裹於一件黃色薄絹織物內。

與鏡同出的一件彩繪鏡架，下部為方框形座，前端兩抱鼓中心貫一帶鏡托的活軸，鏡托下部作月牙狀，中間有凹槽，用以放置銅鏡，上部為圓形鏡靠，鏡靠背後中部有階梯狀凸起，用以調節鏡面高低。鏡架金地，分別用紅、綠、黑漆描繪紋樣：鏡托繪二龍戲珠和雲紋；上部繪正面龍和雲紋；鏡靠正、背兩面均描繪二龍戲珠、雲紋和壽山福海，其中二龍為一紅、一綠，邊緣部分繪捲草紋。鏡架通高 27.8 厘米（圖 8-33），應是放於桌上的梳妝用具[1]。

1　中國社會科學院考古研究所等：《定陵》上，文物出版社，1990 年，212—213 頁，圖三一四，彩版一三六。

除了木質鏡架與鏡臺之外，明代還製作銅質鏡臺。南京博物院藏明代小型銅鏡臺，最下部為圓形底座，底座中央立細銅柱，柱兩側各飾一對稱的「S」形紋，頂端是弧形帶凹槽橫托架，銅鏡鏡緣可直接嵌入凹槽內（圖 8-34）。這件鏡臺雖然形制較小，但造型設計簡潔精練，實用性強，堪稱明代鏡臺之上品。

通過對中國古代鏡架與鏡臺空間位置三次轉變的探討，可以更加清晰地看到在不同歷史時期隨着人們生活習俗的改變，作為室內梳妝用具的鏡架與鏡臺也在發生着微妙的變化。第一次轉變，是自戰國漢隋時期席上向唐五代時期榻上的轉變；第二次轉變，是自唐五代時期榻上向宋元時期桌上的轉變；第三次轉變，是自宋元時期桌上向明清時期地上的轉變。

戰國至漢隋，鏡架形制主要為獨足架、三足架型，鏡臺形制為立桿型。唐代鏡架為交床型，宋、遼代繼續使用。五代鏡臺開始出現座椅型，北宋沿用。

由於鏡架與鏡臺所在空間位置的逐漸變化，其形制、體量、高度也在慢慢地發生改變。如漢晉時期的立桿型鏡臺、三足型鏡架，逐漸演變為唐代交床型鏡架、五代至兩宋座椅型鏡臺，再由兩宋座椅型鏡臺，演化為明清時期的寶座型、屏風型落地式傢具，由交床型鏡架變為摺疊型鏡架。只有將鏡架與鏡臺放在中國古代傢具史、社會生活史的視野之下來考察，用動態的思維方法，才能更加深刻地理解與把握兩者發展、變化的特點與動因。

耕人犁破宮人鏡

——城址內外的鏡鑑遺蹤

緬想當時宮闕盛，荒宴椒房懱堯聖。玉樹花歌百花裏，珊瑚窗中海日迸。大臣來朝酒未醒，酒醒忠諫多不聽。陳宮因此成野田，耕人犁破宮人鏡。[1]

這首五代前蜀貫休的《陳宮詞》，說的是以南朝陳後主滅亡為鑑的內容。繁華一時的南朝國都建康城，在大隋軍隊的鐵蹄下隨着陳國的覆亡而被夷為平地，長久沉寂，紫禁宮城臺城也成為農人春種秋收的田野，甚至在犁地時還能鏟破當年宮人遺留下的鏡子，這是怎樣的一種悲哀與無奈。

此詩引出一個發人深思的主題，那就是銅鏡與城市居民的關係。遙想當年大都市之中，芸芸眾生，三教九流，少長咸集，各色人等，匯聚於此。作為照容器具的銅鏡，是人們日常生活中不可或缺的用具。當一座城市廢棄之時，銅鏡大多被人隨身攜帶，遠走他鄉。那麼，在這樣一座曾經繁華的廢都，銅鏡的現實狀態是什麼樣的呢？似乎沒有人能夠說清楚它們的真實存在，但是考古學者試圖在做。在中國古代諸多都城遺址中，西

1 《全唐詩》卷八二六《貫休一》，9392—9393 頁。

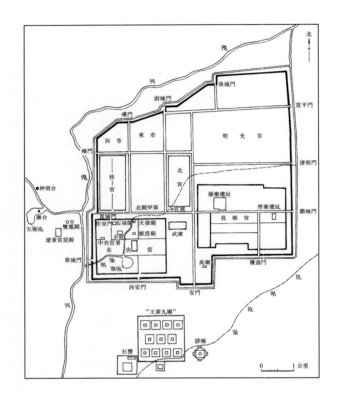

圖 9-1　西安漢長安城遺址（《中國考古學·秦漢卷》，177 頁）

漢長安城無疑是最佳的首選研究對象（圖 9-1）。一方面，該城址經過長期考古發掘，田野資料積累較多。另一方面，西漢是中國封建帝國的最終形成階段，漢鏡是中國鏡鑑史上的一座高峰。有人說，在漢長安城址找不到鏡子的蹤跡，實則不然。在這座都城遺址中，不僅出有鏡子，而且還達到了一定的數量，只不過不像在漢墓中出土的銅鏡形制完整且品相較好。在遺址中尋找鏡子，更像在沙裏淘金，一星半點，多為殘片，但仍積澱着豐富的歷史信息，需要耐心、細緻地在較大範圍內爬梳各類發掘資料。

　　未央宮位於漢長安城地勢較高的西南隅（圖 9-2），是最為重要的宮城區。漢班固《西

圖 9-2 漢長安城未央宮遺址（劉慶柱
供圖）

圖 9-3 未央宮中央官署遺址星雲鏡與
博局鏡鈕座殘片（《漢長安城未央宮：
1980 — 1989 年考古發掘報告》，圖版
九八：2、3）

都賦》：「自未央而連桂宮，北彌明光而互長樂。」[1]1986—1987 年，在其西面西宮門內路北
的中央官署建築遺址，發掘出星雲鏡鈕座、博局鏡鈕座各一件（圖 9-3）[2]。星雲鏡鈕座為連
峰式鈕，座外繞一圈連弧紋。博局鏡鈕座，圓鈕，四葉紋鈕座，外有一周方框。該地出

1　（梁）蕭統編、（唐）李善注：《文選》卷一《賦甲·京都上》，中華書局，2005 年，27 頁。

2　中國社會科學院考古研究所：《漢長安城未央宮：1980—1989 年考古發掘報告》，中國大百科全書出版社，1996 年，83 頁，圖
　　版九八：2、3。

圖 9-4　桂宮五號建築基址銅鏡殘片拓本（《漢長安城桂宮：1996 — 2001 年考古發掘報告》，153 頁，圖二五：6、7）

土的銅鏡殘塊，反映出漢長安城未央宮中央官署官吏們使用銅鏡的情況。

　　未央宮北臨桂宮，這是后妃們居住的宮室所在，創建於漢武帝時期、毀於新莽末年。因中國古代傳說月中有樹曰桂，故以桂代指月亮，「桂宮」一名有可能是將此宮殿區比喻為月宮。《西京雜記·四寶宮》：「武帝為七寶床、雜寶按、廁寶屏風、列寶帳，設於桂宮，時人謂之四寶宮。」[1]1996—2000 年，在桂宮一號、三號建築基址出有銅鏡殘片各一件，五號建築基址發現四乳禽獸鏡、兩周鋸齒紋夾雙線波折紋鏡緣殘片各一件（圖 9-4）[2]。桂宮所見銅鏡殘片，透露出後宮嬪妃或宮女等用鏡的一些歷史信息。與宮外一般社會階層生活中所使用的銅鏡種類基本相同，看不出有太大差別。漢長安城南郊禮制建築為新莽時期營建。1960 年，在位於王莽九廟西南社稷範圍內的十三號遺址 3 號灰坑中，清理出一件星雲鏡連弧鏡緣殘片[3]。

　　長安城內外遺址出土實物資料均為銅鏡殘片，在位於長安城東南少陵原上的西漢宣帝杜陵，居然還能找到完整的銅鏡。1984 年，在杜陵寢園東部的便殿遺址 1 號窖穴內清理出一面昭明鏡，銘文清晰可見。鏡為圓形，圓鈕，圓鈕座，座外有內向八連弧紋一

1　《西京雜記》卷二「四寶宮」條，107 頁。

2　中國社會科學院考古研究所等：《漢長安城桂宮：1996—2001 年考古發掘報告》，文物出版社，2007 年，24、29、153 頁，圖二五：6、7，圖版一三：6。

3　中國社會科學院考古研究所：《西漢禮制建築遺址》，文物出版社，2003 年，155 頁，圖版 20。

圖 9-5　西漢杜陵便殿遺址 1 號窖穴昭
明鏡（《漢杜陵陵園遺址》，圖版 90：3）

周，外為銘文帶：「內清以昭明，光日月。」寬平素緣。直徑 8.2、緣厚 0.35 厘米（圖
9-5）。在宣帝皇后孝宣王皇后陵寢殿東門遺址附近的漢代文化層中，清理出兩件西漢
銅鏡殘片[1]。這些鏡子應該是守陵的宮妃或宮女所用之物，均屬於西漢中晚期遺物。杜陵
為漢宣帝的陵寢，宣帝曾留下一段有關身毒小鏡的佳話。傳說宣帝登基之前，親佩一
面身毒寶鏡，多次化險為夷。即帝位後，以之為寶，倍加珍愛，後下落不明。《西京雜
記·身毒國寶鏡》：「宣帝被收繫郡邸獄，臂上猶帶史良娣合采婉轉絲繩，繫身毒國寶鏡
一枚，大如八銖錢。舊傳此鏡見妖魅，得佩之者為天神所福，故宣帝從危獲濟。及即大
位，每持此鏡，感咽移辰。常以琥珀笥盛之，緘以戚里織成錦，一曰斜文錦。宣帝崩，

1　中國社會科學院考古研究所：《漢杜陵陵園遺址》，科學出版社，1993 年，57、74 頁，圖版 90：3。

圖 9-6　偃師新莽壁畫磚上的《覽鏡圖》
（張應橋供圖）

不知所在。」[1] 身毒寶鏡是否隨葬杜陵中，後人不得而知，但在杜陵地面建築遺址中發現
銅鏡確有其事。

　　通過對漢長安城址出土銅鏡資料的梳理，可以歸納出以下幾個特點：一、銅鏡多為
殘片；二、零星分佈；三、均為普通品，看不出銅鏡使用者身份、等級的差別；四、都
城遺址發掘品與漢墓出土銅鏡種類的一致性，說明墓中隨葬銅鏡應是生活日用品；五、
都城遺址銅鏡殘片，與漢墓中出土鏡殘片的內涵有時不太一樣，遺址所見殘片，一般為
日常生活中不慎打碎後的廢棄物，墓葬殘損鏡片有時是為了表達夫妻生死離別，有意將
一鏡打破，各執一半，帶着企盼破鏡重圓的美好願望；六、漢長安城遺址內外所出銅鏡
殘片，均為西漢時期，與都城的使用時間，具有高度的一致性。

　　出土於城市角落的銅鏡殘片，只能說明當時人使用過銅鏡的形制與種類，卻無法綴

1　《西京雜記》卷一「身毒國寶鏡」條，30 頁。

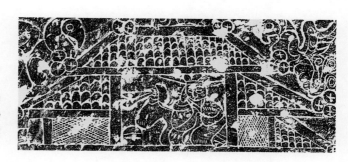

圖 9-7　安徽靈璧東漢畫像石上的
《梳妝圖》拓本（《中國畫像石全集》
第 4 卷《江蘇、安徽、浙江漢畫像
石》，139 頁）

合與復原人們使用銅鏡的生活場景，借助一些生動的圖像資料，會讓我們清晰地看到漢人使用鏡子的狀況。在河南偃師一座新莽墓壁畫中，有一幅覽鏡圖，一女子手持鏡鈕繫組，對鏡端詳[1]（圖 9-6），形象地描繪出新莽時期人們使用鏡子的方式之一。

　　無論是東漢班固的《兩都賦》，還是張衡的《兩京賦》，均反映出在漢人的思想觀念中，東西兩京總是相提並論的。西漢長安城遺址的文化堆積相對單純，在經歷了西漢、新莽之後基本廢棄不用。東漢建都洛陽之後，歷經曹魏、西晉、北魏三代，所以被後人統稱為「漢魏洛陽故城」。其各個時期文化層堆積深厚，內城中的東漢遺存被後世破壞嚴重，而位於城市南郊的遺跡保存相對較好，偶爾會發現銅鏡殘片或鐵鏡。

　　1964 年，考古工作者在漢魏洛陽故城南郊偏西南一片高地上，發掘了一處東漢刑徒墓地。在墓地晚期地層中，採集了一件銅鏡橋形殘鈕[2]。1972 年，在城址南郊禮制建築辟雍中心大型夯土建築基址西南部出土一面東漢鐵鏡[3]。1973 年，第二次發掘漢魏洛陽故城

1　曹建強：《洛陽新發現一組漢代壁畫磚》，《文博》2009 年 4 期。陳長虹認為，這一覽鏡女子形象應是梁高行的畫像，參見陳長虹《漢魏六朝列女圖像研究》，科學出版社，2016 年，81 頁。

2　中國社會科學院考古研究所：《漢魏洛陽故城南郊東漢刑徒墓地》，文物出版社，2007 年，42 頁。

3　中國社會科學院考古研究所：《漢魏洛陽故城南郊禮制建築遺址》，文物出版社，2010 年，166、167 頁，圖 126：1；圖版一〇七：6。

圖 9-8　南陽東漢畫像石上的覽鏡女子像拓本（《中國畫像石全集》第 6 卷《河南漢畫像石》，184 頁）

太學遺址，出土漢魏時期銅鏡殘片兩小塊。1980 年，第六次發掘太學遺址，在一處東西向排房建築基址上清理出鏡緣殘片一塊[1]。從目前發表的考古資料來看，漢魏洛陽故城遺址中出土的銅鏡殘片，數量明顯少於西漢長安城遺址。讓人略感寬慰的是，留存於世數量較多、畫面豐富的東漢畫像石資料，在一定程度上可以彌補一些缺憾，今人可以更加直觀、生動地看到東漢人在某些特定的生活場景中使用銅鏡的狀況。

這些圖像資料所反映的內容大致可分為覽鏡與持鏡兩類。覽鏡者的姿勢分為跽坐與站立。如安徽靈璧縣九頂鎮出土一塊東漢畫像石上，一位女子跽坐於樓閣上層照鏡梳妝（圖 9-7）。在河南南陽一塊畫像石上，一女子跽坐，左手抱壺，右手執鏡，凝視着自己的面容（圖 9-8）[2]。

有關持鏡者的畫像石亦可舉出兩例。在四川成都曾家包 2 號東漢晚期墓兩扇墓門上，均雕刻有站立持鏡的女子（圖 9-9）。在南陽英莊出土一塊東漢畫像石上，一女子持鏡而立（圖 9-10）[3]。這些圖像以寫實的手法，記錄了東漢

1　中國社會科學院考古研究所：《漢魏洛陽故城南郊禮制建築遺址》，273、275 頁，圖 219：1、2、3。

2　湯池主編：《中國畫像石全集》第 4 卷《江蘇、安徽、浙江漢畫像石》，山東美術出版社，2000 年，139 頁；王建中主編：《中國畫像石全集》第 6 卷《河南漢畫像石》，河南美術出版社，2000 年，184 頁。

3　成都市文物管理處：《四川成都曾家包東漢畫像磚石墓》，《文物》1981 年 10 期；王建中主編：《中國畫像石全集》第 6 卷《河南漢畫像石》，142 頁。

圖 9-9　成都曾家包東漢墓門上的持鏡女子像（蘇奎攝影）

時期人們在日常生活中用鏡的歷史瞬間，為今天的讀者進一步了解漢人的生活細節提供了具有可視性的珍貴資料。

　　漢代東西兩京城址發現銅鏡資料的確是一鱗半爪，難窺歷史全貌，所幸有東漢畫像石上的圖像略可彌補實物資料之不足。除了兩漢都城所見銅鏡之外，在後世的城址中亦有銅鏡的發現。唐代薛逢《靈臺家兄古鏡歌》，以詩歌的形式記錄了當時人稱「赫連城」的十六國時期統萬城下耕地偶然出土的漢鏡：

圖 9-10　南陽畫像石上的持鏡女子像拓本（《中國畫像石全集》第 6 卷《河南漢畫像石》，142 頁）

　　　一尺圓潭深黑色，篆文如絲人不識。耕夫

云住赫連城，赫連城下親耕得。鏡上磨瑩一月餘，日中漸見菱花舒。金膏洗拭鈆澀盡，黑雲吐出新蟾蜍。人言此是千年物，百鬼聞之形暗慄。玉匣曾經龍照來，豈宜更鑑農夫質。有時霹靂半夜驚，窗中飛電如晦明。盤龍鱗脹玉匣溢，牙爪觸風時有聲。

耕夫不解珍靈異，翻懼赫連神作祟。十千賣與靈臺兄，百丈靈湫坐中至。溢匣水色如玉傾，兒童不敢窺泓澄。寒光照人近不得，坐愁雷電湫中生。吾兄吾兄須愛惜，將來慎勿盧拋擲。興雲致雨會有時，莫遣紅妝穢靈跡。[1]

從詩中的記述來看，靈臺家兄收藏的這面古鏡，為直徑約一尺的圓鏡。「深黑色」應是黑漆古，「篆文如絲」説明銅鏡銘文為筆畫纖細的篆書體。「黑雲吐出新蟾蜍」，是將鏡背鏽蝕去除後露出蟾蜍紋。「盤龍鱗脹」，是説鏡上還有盤龍紋。由此來看，有可能是一面漢代尚方四神博局鏡。耕夫無法理解古鏡的珍奇靈異之處，以為是赫連勃勃顯靈害人，故將這面漢鏡以一萬錢的價格賣給了靈臺家兄。

這面古鏡的來源，據説是耕夫自己在赫連城下耕地時所得。赫連城，應是指十六國時期赫連勃勃營建的大夏國都統萬城（圖 9-11）。匈奴南單于曾娶漢宗室女，其子孫以劉為姓。至劉虎時，以「鐵弗」為號。東晉義興三年（407年），劉虎的後人勃勃（亦名屈子）僭稱大夏天王，「屈子恥姓鐵弗，遂改為赫連氏，自云徽赫與天連」[2]。東晉義熙九年（413年），赫連勃勃「以叱干阿利領將作大匠，發嶺北夷夏十萬人，於朔方水北、黑水之南營起都城。勃勃自言：『朕方統一天下，君臨萬邦，可以統萬為名。』阿利性尤工

---

1 《全唐詩》卷五四八《薛逢》，6375 頁。
2 《魏書》卷九五《屈子傳》，中華書局，1984 年，2056 頁。

圖 9-11　陝西靖邊縣十六國時
期大夏國統萬城遺址鳥瞰（中
國國家博物館供圖）

巧，然殘忍刻暴，乃蒸土築城，錐入一寸，即殺作者而並築之。勃勃以為忠，故委以營
繕之任」。並「以宮殿大成，於是赦其境內，又改元曰真興。刻石都南，頌其功德」。刻
石中記述統萬城內的宮殿，「溫宮膠葛，涼殿崢嶸，絡以隨珠，綷以金鏡」。統萬城「背
名山而面洪流，左河津而右重塞。高隅隱日，崇墉際雲，石郭天池，周綿千里」[1]。四面有
門，南門曰朝宋門，東門為招魏門，西門稱服涼門，北門是平朔門。

　　統萬城址位於今陝西省靖邊縣紅墩界鄉白城子村北一公里處。創建於 413 年，毀
於 994 年。分為外郭城、東城與西城。外郭城平面略呈東西向長方形，東西城垣相距 5
公里，南北垣長度不詳。城牆破壞嚴重，東城與西城平面呈南北向長方形，其間以牆
相隔，周長分別為 2566、2470 米。西城為當時統萬城的內城，東城係後建（圖 9-12）[2]。

1　《晉書》卷一三〇《赫連勃勃載記》，3201—3216 頁。

2　陝西省文管會：《統萬城城址勘測記》，《考古》1981 年 3 期。

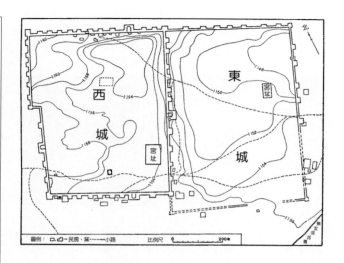

圖 9-12　統萬城遺址平面示
意圖（《統萬城城址勘測記》，
《考古》1981 年 3 期）

《晉書》記載統萬城內的溫宮、涼殿，「絡以隋珠，綷以金鏡」。在這座曾經盛極一時的
都城遺址出土一面古鏡，應是符合情理的事實。1956 年，由陝西省文物管理委員會、
博物館組成的陝北文物調查徵集組在統萬城址做了初步調查。當時，城址內外居住有
40 多戶人家，先後在城中發現一些箭鏃、花方磚、大瓦、銅印和銅鏡等。調查組還徵
集到一面直徑 5.6 厘米的元代祕戲紋銅鏡[1]。

　　在唐詩中，古鏡是詩人們關注的創作素材。除了薛逢《靈臺家兄古鏡歌》這首敍事
詩之外，還有陳陶的《古鏡篇》：

　　　　紫皇玉鏡蟾蜍字，墮地千年光不死。發匣身沉古井寒，懸臺日照愁成水。
　　海戶山窗幾梳盥，菱花開落何人見？野老曾耕太白星，神狐夜哭秋天片。下國

1　陝北文物調查徵集組：《統萬城遺址調查》，《文物參考資料》1957 年 10 期；陝西歷史博物館編：《千秋金鑑》，518 頁。

圖 9-13　清代《古井圖》
（《點石齋畫報·大可堂版》
2，159 頁）

青銅旋磨滅，回鸞萬影成枯骨。會待搏風雨沴寥，長恐莓苔蝕明月。[1]

　　詩中「發匣身沉古井寒」一句，點明了這面古鏡曾沉入井中。唐人小説《敬元穎》
也講述了井中鏡的故事，描寫得更加具體、詳細，曲折生動（圖 9-13）。「井中淘寶」
這件事發生在唐代天寶年間東都洛陽城洛北里坊區的清化坊，來自金陵的陳仲躬讓兩人
入井，從井底淘出一面古鏡。

　　　　天寶中，有陳仲躬家居金陵，多金帛。仲躬好學，修詞未成，乃攜數千
　　金，於洛陽清化里假居一宅。其井尤大，甚好溺人。仲躬亦知之。……仲躬乃

1　《全唐詩》卷七四五《陳陶一》，8562 頁。

當時命匠，令一親信者與匠同入井中，但見異物，即令收入。至底無別物，唯
獲古銅鏡一枚，面闊七寸七分。仲躬令洗淨安匣中，焚香以潔之，斯乃敬元穎
者也。⋯⋯ 其鏡背有二十八字，皆科斗書。以今文推而寫之曰：「維晉新公二年
七月七日午時，於首陽山前白龍潭鑄成此鏡，千年後世。」於背上環書，一字
管天文一宿，依方列之，則左有日而右有月，龜龍虎雀，並依方安焉。於鼻中
題曰：「夷則之鏡。」[1]

　　從文字描述來看，出土於清化坊井底的銅鏡「左有日而右有月，龜龍虎雀，並依方
安焉」，外周飾以 28 字銘文，應是四神銘文鏡。此鏡「面闊七寸七分」，以唐大尺推算，
一尺長 30.3 厘米 [2]，此鏡直徑約為 23.33 厘米。這條記載源於文學作品，不一定準確。這篇
小說的作者為谷神子，學界多認為是鄭還古，是元和年間進士，家居東都洛陽，曾任太
學博士、河中從事、吉州掾等 [3]。

　　小說《敬元穎》井中淘出的古鏡，在現實中可以找到與之基本對應的實物資料。
1973 年 8 月，浙江省上虞縣文化站收集到一面唐代天象鏡 [4]，已破成兩半，邊緣部分略有
殘損。正面磨光，背面中央為一瓦鈕。以鈕為中心，鑄出三個同心圓。在最內圈的小圓
內，圍繞鏡鈕分佈着以圓圈表示的日、月，以圓點代表金、木、水、火、土星，加在一
起稱為「七曜」。其外側飾以左青龍，右白虎，下朱雀，上玄武，即為「四神」，後兩種
動物兩側各立一仙人，玄武內側飾以北斗七星。四神之外，為三周楷書體銘文帶，內圈

1　（唐）谷神子撰：《博異志》「敬元穎」條，中華書局，1980 年，2—4 頁。

2　唐代大尺的量值，參見丘光明《中國歷代度量衡考》，科學出版社，1992 年，88 頁。

3　朱一玄等：《中國古代小說總目提要》，人民文學出版社，2005 年，90 頁。

4　任世龍：《浙江上虞縣發現唐代天象鏡》，《考古》1976 年 4 期。

圖 9-14　浙江上虞發現的唐代天象鏡
拓本（《浙江上虞縣發現唐代天象鏡》，
《考古》1976 年 4 期）

銘文為二十八宿名稱，自東方七宿開始，依次為角、亢、伍（氐）、房、心、尾、箕，北方七宿斗、牛、女、虛、危、室、壁，西方七宿奎、婁、胃、昴、畢、觜、參，南方七宿井、鬼、柳、星、張、翼、軫。中圈銘文帶內，鑄天干、地支，相間排列。自正北子始，由北向東，依次為：子、癸、丑、寅、甲、卯、乙、辰、己、丙、午、丁、未、申、庚、酉、辛、戌、亥、壬，缺少「戊」「巳」。外圈銘文帶內，鑄有八卦符號及銘文一周，相間排列。銘文為：「銘百煉神金，九寸圓形，禽獸翼衛，七曜通靈，鑑口天地，威口口口，口山仙口，奔輪上清。」直徑 24.7、厚 4-5 厘米（圖 9-14）。

　　小說中描述的清化坊古鏡，與上虞唐鏡實物的相同點是鏡「背上環書，一字管天文一宿，依方列之，則左有日而右有月，龜龍虎雀，並依方安焉」，直徑數據接近。不同之處在於，古鏡「鏡背有二十八字，皆科斗書」，較難辨識，而上虞唐鏡背最外圈有 33 字楷書銘文，易於辨認。從銅鏡的紋飾與銘文來看，應與唐代道教上清派有一定關係。對於天寶年間而言，此鏡非古鏡，而是當時人使用的銅鏡。看來唐人寫小說，也是取材於

圖 9-15　隋唐洛陽東城遺址唐代瑞獸
葡萄鏡（《隋唐洛陽城：1959 — 2001
年考古發掘報告》第四冊，圖版 90：4）

現實生活。1980 年，在位於隋唐洛陽城清化坊遺址範圍內的老城青年宮發現一眼古井，
井內出土唐代三彩蓮花盤 2 件，骨器 1 件和開元通寶銅錢 17 枚[1]，未見銅鏡的影子。在清
化坊西側，與之相鄰的東城東牆護城濠遺址中出土銅鏡 6 面[2]，其中有一面唐代瑞獸葡萄
鏡。這面鏡子為圓形，伏獸鈕。鏡背以一圈凸稜分為內、外兩區。內區有 5 隻高浮雕瑞
獸，其間夾飾葡萄蔓枝、葉實紋。外區飾瑞獸、飛禽、葡萄蔓枝、葉實紋。鏡緣飾一周
蔓草紋。直徑 14、緣厚 1.5 厘米（圖 9-15）[3]。另外 5 面應為宋鏡，包括人物故事鏡 1 面，
鏡鈕側旁有三人和樹；雲紋鏡 1 面，鈕外為一周橢圓形紋飾，再外一周為雲紋；葵口鏡 3

1　張長森等：《洛陽新近出土兩件三彩蓮花盤》，《中原文物》1981 年 2 期。

2　中國社會科學院考古研究所洛陽唐城隊：《北宋西京洛陽監護城壕的發掘》，《考古》2004 年 1 期。東城位於宮城、皇城與里坊
　　區之間，隋唐時期為衙署辦公之地，北宋設洛陽監。

3　中國社會科學院考古研究所：《隋唐洛陽城：1959—2001 年考古發掘報告》第一冊，250 頁。

面，鈕外有多種紋樣。有一面銘文鏡，鈕外有兩周凸棱。內周凸棱外側有隸書「福壽家安」銘文，銘文之間以「米」字紋相隔；外周凸棱外側有「清素傳家，永用寶鑑」小篆銘文。此類銘文鏡在河南安陽、遂平等地宋墓中曾有出土。洛陽東城護城濠遺址所出 6 面銅鏡，是隋唐洛陽城遺址考古發掘出土銅鏡數量最多、最為完整的一次。

此外，在宮城、皇城、外郭城等地也有銅鏡殘片或完整品的零星出土。如宮城大內西區中部二號發掘區一座灰坑內，發現殘銅鏡一面，圓形，背面有陽文楷書銘文「灰拂去塵，光如一片水」，三角緣，復原直徑 12.9、緣厚 1 厘米。應為隋至初唐時期的銅鏡。大內西區西部二號發掘區宋代一號建築基址出土一面圓形花草紋銅鏡，直徑 14、緣厚 0.29 厘米。在位於大內北部的苑囿區陶光園遺址出有銅鏡兩面，其中一面花卉紋鏡殘片出於花圃遺跡範圍內，殘長 5、寬 3.5、緣厚 0.7 厘米 [1]。1959 年，在隋唐洛陽宮城西部九州池東側 205 號探方第二層，出土繩紋磚、布紋瓦片及銅鏡等 [2]。1981 年，對宮城西夾城遺址進行了發掘，出有銅鏡殘片 [3]。另在西夾城七號唐代建築基址發現殘銅鏡一面，殘長 10.4、寬 5.7、厚 1.1 厘米 [4]。

宮城之南為衙署辦公的皇城。在皇城遺址中部偏北發掘了一座隋末唐初王世充割據政權鄭開明二年（620 年）裴氏墓，出土三角緣四神鏡一面 [5]。隋末王世充被秦王李世民率領的唐軍圍困洛陽城中，導致皇城內也成了埋葬死人的塋域，所以才出現城中有墓的奇怪現象。在皇城右掖門址以東區域出有宋代花卉紋銅鏡、鏽蝕鐵鏡各一面 [6]。

1　中國社會科學院考古研究所：《隋唐洛陽城：1959—2001 年考古發掘報告》第二冊，565、608、660 頁。

2　中國社會科學院考古研究所洛陽工作隊：《「隋唐東都城址的勘查和發掘」續記》，《考古》1978 年 6 期。

3　洛陽市文物工作隊：《1981 年河南洛陽隋唐東都夾城發掘簡報》，《中原文物》1983 年 2 期。

4　中國社會科學院考古研究所：《隋唐洛陽城：1959—2001 年考古發掘報告》第三冊，858 頁。

5　曾意丹：《洛陽發現鄭開明二年墓》，《文物》1978 年 3 期。

6　中國社會科學院考古研究所：《隋唐洛陽城：1959—2001 年考古發掘報告》第一冊，197—199 頁。

自皇城南望，跨過洛水，是面積較大的洛南里坊區，為隋唐洛陽城居民區。1992—1993 年，考古工作者對位於外郭城洛南里坊區東南隅履道坊內唐代詩人白居易宅院遺址做了科學發掘，出土銅鏡兩面[1]。1998 年，在發掘隋唐洛陽外郭城正南門定鼎門遺址西側城牆上層時，清理一座金元時期墓葬，發現四葉紋銅鏡一面[2]。

洛陽城所見銅鏡的情況較為複雜，因為城址使用時間跨度較大，從隋唐到宋元時期的銅鏡均能在城址中發現。出土銅鏡的地點分為兩類，一類是遺址，見到的銅鏡殘片較多，完整品也有一些；另一類是位於城市中的墓葬，這是由於特殊歷史原因造成的非正常埋葬，因戰爭爆發或城市廢棄，而成為墳塋。相比之下，隋唐長安城遺址由於被現代西安城所覆壓，城址內配合基本建設的考古發掘項目相對較少，僅見唐大明宮清思殿遺址出土 17 塊銅鏡殘片[3]。

無論是「耕人犁破宮人鏡」的六朝建康城，還是「赫連城下親耕得」的統萬城，國力強盛的漢唐東西兩京，作為日常生活用具的銅鏡與城市中不同身份、等級的居民之間，總是有着密不可分的關係。一面面或完整或殘破的鏡子，映照出的是不同時代社會生活的真實縮影。這些可以觸摸到的鏡子，看似普通，卻承載着千年之前的歷史信息。「望明月而撫心，對秋風而掩鏡」[4]，吟誦着西漢班婕妤《搗素賦》中的兩句，凝視着幾座城址出土的古鏡殘片，將我們的思緒帶回到了那遙遠而又威猛的漢唐時代。

1　中國社會科學院考古研究所：《隋唐洛陽城：1959—2001 年考古發掘報告》第一冊，124 頁。

2　中國社會科學院考古研究所等：《定鼎門遺址發掘報告》，《考古學報》2004 年 1 期。

3　馬得志：《唐長安城發掘新收穫》，《考古》1987 年 4 期。

4　費振剛等校注：《全漢賦校注》上冊，第 336 頁。

鏡殿寫青春

　　說起中國古代的鏡殿，顧名思義即牆壁上嵌鏡的宮殿，有點像法國凡爾賽宮的鏡廊。唐代最負盛名的鏡殿，是位於唐長安城東北隅大明宮內的清思殿。它既是一座起居便殿，供皇帝遊樂、休憩，也是一座用三千片銅鏡裝飾起來的著名鏡殿。從清思殿所處位置來看，它不在大明宮南北中軸線上的主要宮殿區內，而是位於其東北，有關大明宮的早期文獻中未見其名，有可能是後來增建的（圖 10-1）。翻檢多種史書，可對清思殿的歷史沿革有一個大概了解。唐代穆宗、敬宗父子兩人皆好打馬球，清思院內就有一個馬球場（圖 10-2）。穆宗皇帝駕崩於清思殿。《新唐書·穆宗紀》：長慶四年（821 年）正月，「壬申，皇帝崩於清思殿，年三十。」[1] 穆宗長子李湛十六歲登基，是為敬宗，十八歲時被太監、軍將等謀害。

　　長慶四年四月，染坊匠人張韶與卜者蘇玄明率百餘人入左銀臺門作亂，攻入清思院，當時敬宗正在院內打馬球。《新唐書·敬宗紀》載，長慶四年「四月丙申，擊鞠於清思殿，染坊匠張韶反，幸左神策軍，韶伏誅」[2]。

1　《新唐書》卷八《穆宗紀》，226 頁。
2　《新唐書》卷八《敬宗紀》，227 頁。

圖 10-1　唐大明宮建築群（微縮模型；《喚醒遺跡》，263 頁）

圖 10-2　揚州邗江王莊徵集唐打馬球銅鏡（霍宏偉攝影）

敬宗執政之後，不僅愛好馬球運動，而且還大興土木，肆意營建。《舊唐書·敬宗紀》特意提到敬宗的一大喜好，「帝性好土木，自春至冬，興作相繼」；寶曆元年（825年）閏七月，「詔度支進銅三千斤、金薄十萬翻，修清思院新殿及升陽殿圖障」[1]。《舊唐書·薛廷老傳》：「敬宗荒恣，宮中造清思院新殿，用銅鏡三千片、黃白金薄十萬番。」[2]有多種文獻記述了敬宗用三千片銅鏡裝飾清思殿一事，《舊唐書》說得較為含蓄，只是說「敬宗荒恣」，意為唐敬宗放縱恣肆，無所約束，從中可以推測出敬宗營建鏡殿的目的是為了縱情享樂而建。

用三千片銅鏡裝飾豪華的清思殿，在唐晚期黃巢起義、朱溫遷昭宗於東都，以及軍隊大肆的掠奪、毀城行動中蕩然無存。只有殿基默默地埋於厚厚的黃土之下，期待着與今人的相逢。20 世紀 80 年代前期，考古工作者對位於隋唐長安城東北隅大明宮中的幾座建築基址進行了發掘。1981 年，在揭露一座近方形的殿堂基址時，挖出了 17 片銅鏡殘片、一些鎏金銅飾殘片、開元通寶銅錢以及石質黑白圍棋子多枚，還有一件刻有「同均府左領軍衛」七字、用於出入宮門的銅魚符[3]。

有一定田野考古經驗的人都很清楚，在墓葬中發掘出銅鏡，尤其是完整的銅鏡較為常見，但是在遺址之中，想要找到一塊銅鏡殘片是非常困難的。近半個多世紀以來，隋唐長安城遺址包括大明宮的發掘，極少見到出土銅鏡的報道[4]。即使在位於隋唐長安城西北的漢長安城址中，數十年持續不斷的考古發掘，也只是零星地清理出一些銅鏡殘片。當大家將關注點重新轉移到這座發現了 17 片銅鏡殘片的唐代殿基時，也許情不自禁會產生

1　《舊唐書》卷一七上《敬宗紀》，516、520 頁。

2　《舊唐書》卷一五三《薛廷老傳》，4090 頁。

3　馬得志：《唐長安城發掘新收穫》，《考古》1987 年 4 期。

4　中國社會科學院考古研究所等編：《唐大明宮遺址考古發現與研究》，文物出版社，2007 年。

圖 10-3　唐大明宮清思殿遺址發掘現場俯瞰（西北—東南；《唐長安城發掘新收穫》,《考古》1987 年 4 期）

這樣的疑問：為什麼在這座建築基址集中出土了這麼多的銅鏡殘片呢？

　　經過考古專家縝密考證得知，這座宮殿正是文獻記載唐敬宗在位期間營建的清思殿基址。殿址位於大明宮左銀臺門內西北 280 多米處，其平面略近方形，東西長 33、南北寬 28.8 米（圖 10-3）。在該殿基下疊壓有早期建築遺址，反映出唐敬宗拆除舊殿營建新殿的史實。

　　殿基北面有兩個磚砌踏步，南面則無，有人推測原為木構踏步。南面有散水，其南側有一條寬 3 米的東西向磚鋪路。路南為平坦開闊的場地，未見其他任何建築遺跡，應是殿前的庭院，即文獻中記述的「清思院」。「清思」，意即清雅美好的情思，或是清靜地思考。唐孟郊《立德新居》詩之一：「碧峰遠相揖，清思誰言孤。」[1]

　　發掘者馬得志認為，清思殿面闊約七間，進深約五間。傅熹年提出，該殿「合 112

1　《全唐詩》卷三七六《孟郊五》,4237 頁。

尺 ×98 尺。據尺寸推算，應是一座重檐方殿。殿身面闊五間，進深四間，每間間廣 16 尺，副階進深 12 尺。……是大明宮在唐中後期所建的著名豪華建築」[1]。楊鴻勳的觀點與這兩位學者的看法迥異。他推測，按臺基尺寸應是面闊七間、進深六間。間寬 4.5 米，即唐一丈五尺，則通面闊為 31.5 米，即十丈五尺；通進深 27 米，即九丈。這座殿堂坐北朝南，臺基前緊靠一條 3 米寬的磚鋪甬路，證明它的正面沒有

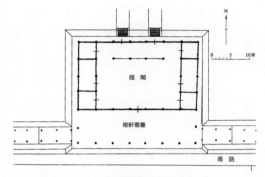

圖 10-4　清思殿柱網復原平面圖（《楊鴻勳建築考古學論文集》增訂版，481 頁）

上殿的踏道，只是在殿基前沿左、右各設斜廊漫道出入殿堂。殿前甬路以南，經鑽探為平坦的場地，沒有建築設置。從附近建築的距離來看，它的範圍至少在百米見方，即有 1 公頃的場地，如此開闊，也許這就是馬球場的所在。此殿具有面臨馬球場的御用看臺性質。推測臺基上六間進深的前兩間為敞軒，後四間為暖閣。閣內中央為堂，左、右應有「序」——旁室，這樣才能滿足對弈、宴飲、更衣之類的娛樂和休息活動的需求（圖 10-4）[2]。

　　實際上，唐敬宗在大明宮用銅鏡裝飾殿堂，已非獨創，早在其一百多年前的高宗在位期間，就曾在宮內營造過鏡殿。《資治通鑑》卷二〇二載，唐高宗開耀元年（681 年）

1　馬得志：《唐長安城發掘新收穫》，《考古》1987 年 4 期；傅熹年主編：《中國古代建築史》第二卷《三國、兩晉、南北朝、隋唐、五代建築》，中國建築工業出版社，2001 年，384 頁，柱網復原圖見 389 頁。
2　楊鴻勳：《楊鴻勳建築考古學論文集》（增訂版），清華大學出版社，2008 年，480—481 頁，圖 5。

三月，少府監裴匡舒「又為上造鏡殿，成，上與仁軌觀之，仁軌驚趨下殿。上問其故，對曰：『天無二日，土無二王，適視四壁有數天子，不祥孰甚焉。』上遽令剔去」[1]。由此文獻來看，在該鏡殿中鏡面是朝外的，所以才出現在「四壁有數天子」的影像效果。

蕭至忠《薦福寺應制》詩中提到的「鏡殿」，應該就是指高宗所建的這座宮殿：「珠幡映白日，鏡殿寫青春。」[2]此詩是蕭氏應皇帝之命所作。「薦福寺」，即大薦福寺，位於唐長安外郭城朱雀門街之東從北第二開化坊，原為達官貴人宅第。「文明元年，高宗崩後百日，立為大獻福寺，度僧二百人以實之。天授元年，改為薦福寺。中宗即位，大加營飾。自神龍以後，翻譯佛經，並於此寺。」[3]詩中所說的「珠幡」，即飾珠的旗幡，「鏡殿」應是指高宗時營建的鏡殿。因為在唐先天二年（713 年），蕭至忠依附太平公主，謀逆事泄，被斬[4]。

至於高宗為何要建造鏡殿，《通鑑》未載，但在清代《淵鑑類涵·服飾部一一·鏡二》中有一段記述，引自唐史：「高宗以武后意，造鏡殿，四壁皆鏡，為白晝祕戲地。劉仁軌奏事入，驚曰：『天無二日，民無二王，適四座有數天子，不祥。』上立命剔去。」[5]清代褚人獲《堅瓠集》引《藝林伐山》：「唐高宗造鏡殿，武后意也。四壁皆安鏡。為白晝祕戲之需。帝一日獨坐，劉仁軌入奏事，驚走下階曰：『天無二日，土無二王，臣見四壁有數天子，不祥莫大焉。』帝令鑱去，武后不悅。帝崩，后復建之。楊廉夫詩：『鏡殿青春祕戲多，玉肌相照影相摩。六郎酣戰明空笑，隊隊鴛鴦漾淥波。』胡應麟云：『六郎謂昌

1　《資治通鑑》卷二〇二《唐紀一八》，6401 頁。

2　《全唐詩》卷一〇四《蕭至忠》，1091 頁。《全唐詩》卷七一有劉憲《奉和幸大薦福寺應制》，其內容與蕭至忠的詩作完全相同。

3　（宋）宋敏求撰，辛德勇、郎潔點校：《長安志》卷七《唐京城一》，三秦出版社，2013 年，257 頁。

4　《舊唐書》卷九二《蕭至忠傳》，2971 頁。

5　（清）張英、王士禛等奉敕撰：《淵鑑類涵》卷三八〇《服飾部一一·鏡二》，上海古籍出版社，1992 年，341 頁。

宗，明空即塱字耳。』但鏡殿隋煬帝所造。《迷樓記》：『帝設銅屏四周殿上，白晝與宮人戲樂，纖毫皆入屏中。』高宗時武塱用事，中外謂之二聖，仁軌蓋假此以諷之也。」[1]

　　有關鏡殿的具體方位，毫無疑問應該在唐長安大明宮內。《兩京新記》云：「初，高宗嘗患風痹，以宮內湫濕，屋宇擁蔽，乃於此置宮。」[2]武后所生睿宗李旦，就出生於大明宮內的含涼殿。《唐會要‧帝號上》載，睿宗「龍朔二年六月一日，生於蓬萊宮含涼殿」[3]。段成式《酉陽雜俎‧貝編》：「睿宗初生含涼殿，則天乃於殿內造佛氏，有玉像焉。及長，閒觀其側，玉像忽言：『爾後當為天子。』」[4]從文獻來看，含涼殿應是武后的寢殿，位於大明宮南北中軸線上，后妃居住的寢殿區中部偏北。

　　值得注意的是，含涼殿東鄰一殿，名為珠鏡殿，位於宮內中軸線的東側，后妃居住的寢殿區東北角，有可能就是《資治通鑑》所云高宗鏡殿。該殿見於多種文獻，如《唐六典‧尚書工部》「大明宮」條注文云：「其內又有麟德、凝霜、承歡、長安、仙居、拾翠、碧羽、金鸞、蓬萊、含涼、珠鏡、三清、含冰、水香、紫蘭等殿。」[5]《資治通鑑》卷二四三「寶曆二年十二月甲辰」條，胡三省注引《閣本大明宮圖》：「少陽院在浴堂殿東，其北又有溫室、宣徽、清思、太和、珠鏡等殿，不正在宮城東北隅也。」[6]《長安志‧宮室四‧唐上》載，大明宮南北中軸線上的蓬萊殿「後有含涼殿，殿後有太液池……清暉閣。綾綺殿（在蓬萊殿之西）。殿北珠鏡殿」[7]。或許是因這座宮殿中裝飾有屬於特種工藝

1　（清）褚人獲：《堅瓠集》二集卷四「鏡殿」條，《筆記小說大觀》七，江蘇廣陵古籍刻印社，1983 年，70 頁。

2　（唐）韋述撰、辛德勇輯校：《兩京新記輯校》，三秦出版社，2006 年，6 頁。

3　（宋）王溥：《唐會要》卷一《帝號上》，5 頁。

4　《酉陽雜俎》前集卷三《貝編》，24 頁。

5　（唐）李林甫等撰、陳仲夫點校：《唐六典》卷七《尚書工部》「大明宮」條小字注文，中華書局，2005 年，219 頁。

6　《資治通鑑》卷二四三《唐紀五九》，7852 頁。

7　（宋）宋敏求撰，辛德勇、郎潔點校：《長安志》卷六《宮室四‧唐上》，240 頁。

的珠鏡而得名，文獻語焉不詳。品味一下唐人詩賦片斷，也許能夠彌補今人對於珠鏡殿美好想象的缺憾。黃滔《明皇回駕經馬嵬賦》：「鏡殿三春，莫問菱花之照耀。驪山七夕，休瞻榆葉之芬芳。」[1]

　　用特種工藝鏡裝飾室內的例子，還有唐代五臺山的菩薩堂院。開成五年（840 年）五月十七日晚，日本僧人圓仁「與數僧上菩薩堂院」。「每年敕使別敕送香花寶蓋、真珠幡蓋、佩玉寶珠、七寶寶冠、金鏤香爐、大小明鏡、花毯白氎，珍假花果等，積漸已多。…… 其堂內外，七寶傘蓋當菩薩頂上懸之。珍彩花幡、奇異珠鬘等，滿殿鋪列。寶裝之鏡，大小不知其數矣。」[2] 文中所說的「敕使」即皇帝的使者，「別敕」是指皇帝另外賜給寺院一些物品，包括「大小明鏡」。日本僧人在菩薩堂院親眼看見了鋪列殿堂、數量眾多的「寶裝之鏡」[3]。

　　鏡殿的營造史從唐代高宗、敬宗時期，往前可以追溯到隋代開皇、大業年間。隋開皇時，秦孝王楊俊鎮守并州建有水殿，且以明鏡為裝飾。《隋書·秦孝王俊傳》載，秦孝王楊俊於隋開皇六年（586 年），「鎮廣陵。歲餘，轉并州總管二十四州諸軍事…… 於是盛治宮室，窮極侈麗。俊有巧思，每親運斤斧，工巧之器，飾以珠玉。為妃作七寶冪䍦，又為水殿，香塗粉壁，玉砌金階。欐柱楣棟之間，周以明鏡，間以寶珠，極榮飾之美。每與賓客妓女，弦歌於其上」[4]。

1　（清）董誥等編：《全唐文》卷八二二《黃滔一》，8659 頁。

2　〔日〕圓仁撰、顧承甫等點校：《入唐求法巡禮行記》卷三，上海古籍出版社，1986 年，117—118 頁。

3　「寶裝」是用珠寶加以裝飾，寶裝之鏡應是加嵌了玉石、玻璃之類高貴材料的螺鈿鏡。參見尚剛：《唐代的特種工藝鏡》，《古物新知》，生活·讀書·新知三聯書店，2012 年，58—60 頁。

4　《隋書》卷四五《秦孝王俊傳》，中華書局，1973 年，1240 頁。

　　隋大業十二年（616年），煬帝至江都，「江都郡丞王世充獻銅鏡屏風」[1]。清代《淵鑑類涵》引唐劉仁軌《河洛記》：「隋煬帝喜奢侈，幸江都。王世充獻銅鏡屏，帝甚喜，擢江都通守。」[2]鏡屏即框立於地上的銅鏡。宋秦觀《寄題趙侯澄碧軒》詩：「捲簾几硯成圖畫，倚檻須鬢入鏡屏。」[3]宋代佚名撰《迷樓記》，對煬帝鏡屏進行了演繹：「其年，上官時自江外得替回，鑄烏銅屏八面，其高五尺，而闊三尺，磨以成鑑，為屏，可環於寢所。詣闕，投進，帝以屏內迷樓，而御女於其中，纖毫皆入於鑑中。帝大喜曰：『繪畫得其象耳，此得人之真容也，勝繪圖萬倍矣。』又以千金賜上官。」[4]煬帝大規模營建富麗堂皇的揚州江都宮早已不存，在其宮城西南角，即蜀岡東峰，至今還保存着較高的地勢，建有一座佛寺，稱為觀音山禪寺。據考古專家推測，這裏應是煬帝修築的迷樓故址[5]（圖10-5）。

　　無論是秦孝王楊俊「周以明鏡」的水殿，還是傳說中煬帝的鏡屏迷樓，都不是嚴格意義上的鏡殿，名副其實的鏡殿最早出現在南北朝時期的北齊國都鄴南城，先後有兩位皇帝營造鏡殿。前一位是武成帝高湛，用數以萬計的銅鏡來裝飾宮殿，令人震驚。北齊河清年間（562年），他在後宮東部新闢一區，營造修文殿、偃武殿及聖壽堂，殿內裝飾銅鏡數以萬計。《歷代宅京記》引《鄴中故事》云：「齊武成帝高湛，河清中，以後宮嬪妃稍多，椒房既少，遂拓破東宮，更造修文、偃武二殿及聖壽堂，裝飾用玉珂八百，大

1　《資治通鑑》卷一八三《隋紀七》，5716頁。

2　（清）張英、王士禎等奉敕撰：《淵鑑類涵》卷三八○《服飾部一一‧鏡二》，341頁。

3　（清）吳之振等選、（清）管庭芬等補：《宋詩鈔‧淮海集鈔》，1156頁。

4　（明）陶宗儀纂：《說郛》卷三二，涵芬樓影印本，中國書店，1986年，6冊，12頁。

5　中國社會科學院考古研究所等：《揚州城：1987—1998年考古發掘報告》，文物出版社，2010年，256頁。

圖 10-5　揚州隋江都宮
迷樓故址（汪勃供圖）

小鏡萬枚，又以曲鏡抱柱，門囱並用七寶裝飾，每至玄雲夜興，晦魄藏耀，光明猶分數十步。」「聖壽堂」條，《鄴中記》曰：「在修文、偃武殿後，其堂亦用玉珂八百具，大小鏡二萬枚，又為曲鏡抱柱，丁香末以塗壁，胡桃油以塗瓦，四面垂金鈴萬餘枚，每微風至，則方圓十里間響聲皆徹。」[1]

　　後一位是北齊幼主高恆，步高湛之後塵，於承光元年（577 年）營建鏡殿，位於後宮北部的中軸線上。不久，北齊被北周所滅。《北齊書·幼主紀》：「帝承武成之奢麗，以為帝王當然，乃更增益宮苑，造偃武修文臺，其嬪嬙諸院中起鏡殿、寶殿、玳瑁殿，丹青雕刻，妙極當時。」[2] 隨着北齊政權的覆滅，富麗堂皇、奢華至極的鏡殿土崩瓦解，埋沒於北周大軍的鐵蹄之下，只留下一座座廢墟，讓後人憑弔、感傷。唐代韓偓的詩作《北齊二首》，描繪了這一段不堪回首的歷史：

1　（清）顧炎武著、于傑點校：《歷代宅京記》卷一二《鄴下》「宮內」條，中華書局，2004 年，184 頁。顧氏所引資料，源自明嘉靖《彰德府志》卷八《鄴都宮室志》，此卷應出自宋《相臺志》。

2　《北齊書》卷八《幼主紀》，中華書局，1972 年，113 頁；《北史》卷八《齊本紀下》「幼主」條有相同記載。

圖 10-6　鄴南城正門朱明門遺址發掘現場（《鄴城文物菁華》，82 頁）

　　任道驕奢必敗亡，且將繁盛悦嬪嬙。幾千盇鏡成樓柱，六十間雲號殿廊。

　　後主獵回初按樂，胡姬酒醒更新妝。綺羅堆裏春風畔，年少多情一帝王。

　　神器傳時異至公，敗亡安可怨匆匆。犯寒獵士朝頻戮，告急軍書夜不通。

　　並部義旗遮日暗，鄴城飛焰照天紅。周朝將相還無體，寧死何須入鐵籠。[1]

　　北齊鏡殿所在的都城，就是考古學者説的「鄴南城遺址」，位於河北省臨漳縣境內，為東魏、北齊兩朝都城。因建城之初掘得神龜，就將城建為龜形。1983 年，考古工作者對該城址進行了勘探、發掘（圖 10-6）。經過普探，在城址中央偏北發現了宮城。宮城東西約 620、南北 970 米。四面有宮牆遺跡。城內探出建築基址 15 座，多數距地表深 4 米

<hr>

1　《全唐詩》卷六八二《韓偓三》，7887—7888 頁。

圖 10-7　鄴南城遺址出土印紋磚與瓦當拓本（《河北臨漳縣鄴南城遺址勘探與發掘》,《考古》1997 年 3 期）

左右，其上覆蓋流沙層。東宮牆北端已超出北宮牆，這種現象很可能是文獻中記載的北齊中後期擴建宮城的結果，北齊兩位皇帝營建的鏡殿應該在此區域內。考古發掘出土了一些建築材料，如帶字「千秋」或蓮花紋的印紋殘磚塊，「富貴萬歲」銘文殘瓦當、蓮花紋殘瓦當等（圖 10-7）[1]，我們期待中的銅鏡連一塊殘片都未見到，只能等待未來的考古發掘或許帶來的驚喜。

在比北齊更早的西晉國都洛陽城，位於宮城北部寢殿區內有一座仁壽殿，殿前庭院中立有一面大方鏡。《河南志》附有清代莊璟摹本《晉都城圖》。從圖上來看，仁壽殿位於西晉宮城西北隅，東鄰中軸線上的顯陽殿，西臨延休殿（圖 10-8）。這面大方銅鏡，形制較大，立於仁壽殿前的庭院之中，令觀者印象深刻。《河南志・晉城闕古跡》引《晉宮閣名》及《洛陽宮殿簿》云，仁壽殿，「殿前有大方銅鏡，向之，寫人形體」[2]。西晉文學

1　中國社會科學院考古研究所等：《河北臨漳縣鄴南城遺址勘探與發掘》,《考古》1997 年 3 期。

2　（清）徐松輯、高敏點校：《河南志・晉城闕古跡》，中華書局，1994 年，70 頁。

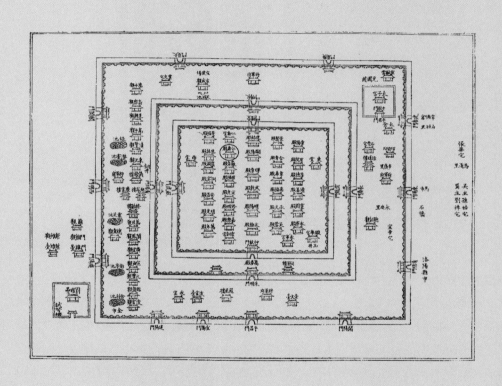

圖 10-8　西晉洛陽城平面復原圖（《洛陽澗濱東周
城址發掘報告》,《考古學報》1959 年 2 期）

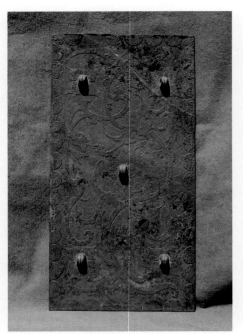

圖 10-9　淄博西漢齊王墓五號器物坑龍紋鏡及拓本（圖版由徐龍國提供；拓本引自《賈文忠全形拓精選集》下冊，66 頁）

家陸機《與弟雲書》曰：「仁壽殿前有大方鏡，高可五尺餘，廣三尺二寸，立着庭中。向之，便寫人形體，亦怪事也。」[1]「高可五尺餘，廣三尺三寸」，以晉尺一尺長為 24.4 厘米換算[2]，應高約 122、寬約 80.5 厘米。當照鏡者站在大方鏡前，鏡中就能清晰地照出人形，令人稱奇。仁壽殿前的大方鏡早已不存，今天在洛陽西晉墓出土最大的圓形銅鏡直徑也只有 15.2 厘米，從未見過方形或長方形的西晉銅鏡。值得慶幸的是，山東淄博窩托村西漢早期齊王墓第五號器物坑，出土了一面龍紋五鈕長方鏡，現藏淄博市博

1　《北堂書鈔》卷一三六《服飾部三·鏡六五》，552 頁。《初學記》卷二五《鏡九》《太平御覽》卷七一七《服用部一九·鏡》，皆有類似記載。

2　丘光明：《中國歷代度量衡考》，科學出版社，1992 年，68 頁。

圖 10-10　洛陽博物館藏隋淮
南起照鏡（洛陽市文物考古研究
院供圖）

物館。鏡高 115.1、寬 57.7、厚 1.2 厘米，重 56.5 公斤[1]，被羅哲文稱為「鏡王」（圖 10-
9）。與文獻記載中的西晉仁壽鏡形制相同，長度與寬度略小。從這面存世的大漢銅鏡身
上，依稀可見當年仁壽鏡的風采。

　　西晉洛陽宮城仁壽殿前的大方鏡，後世稱為「仁壽鏡」，時常出現在詩句、鏡銘
之中。梁簡文帝《鏡銘》：「金精石英，冰輝沼清。高堂懸影，仁壽摛聲。雲開月見，
水淨珠明。」江總《方鏡銘》：「此鏡以照，着衣鏡背。圖刻八卦，二十八宿。仁壽殿
前，無以加斯雕麗也。」[2]北周庾信《和宇文內史入重陽閣》：「徒懸仁壽鏡，空聚茂陵
書。竹淚垂秋筍，蓮衣落夏藕。」[3]屬於隋唐兩京地區發現的銅鏡，有一些鏡上銘文常
引「仁壽鏡」作為典故。陝西永壽縣孟村出土的一面隋代淮南起照神獸鏡，銘文中有
「淮南起照，仁壽傳名。琢玉斯表，熔金勒成」等句，洛陽博物館藏一面同類題材的銅

1　山東省淄博市博物館：《西漢齊王墓隨葬器物坑》，《考古學報》1985 年 2 期。

2　《藝文類聚》卷七〇《服飾部下・鏡》，1228 頁。

3　《庚子山集注》卷三《詩》，268 頁。

圖 10-11　俯瞰遼慶州城遺址中的白塔（中國國家博物館供圖）

鏡上亦有此銘文[1]（圖 10-10）。西安北郊紅廟坡徵集到一面隋代仙山並照瑞獸鏡，主區四獸紋外有一周銘文：「仙山並照，智水齊名。花朝艷采，月夜留明。龍盤五瑞，鸞舞雙情。傳聞仁壽，始驗銷兵。」[2] 由此可見西晉洛陽仁壽殿大方銅鏡的深遠影響。

　　文獻記載中的鏡殿，以銅鏡作為裝飾，或數以千片，或飾以萬枚，早已消失在歷史的塵煙之中，今人無法看見，更難以想象銅鏡創造出的視覺衝擊力。讓人感到欣慰的是，在位於內蒙古赤峰市巴林右旗索博日嘎蘇木所在地的遼代慶州古城遺址內，聳

1　霍宏偉等主編：《洛鏡銅華》下冊，218—219 頁，圖 178。

2　陝西歷史博物館編：《千秋金鑑》，三秦出版社，2012 年，298、302 頁。

立着一座高達 73.27 米的八角七層磚木結構樓閣式塔，俗稱「慶州白塔」（圖 10-11）。令人稱奇的是，不僅在塔內發現了一批遼代珍貴的佛教文物，而且在塔體外部還鑲嵌有一千多面銅鏡[1]，堪稱「鏡塔」。

其中兩面銅鏡上有圖像和銘文。它們均為圓形，鑄製，鏡背素面無紋，在靠近鏡緣處有四個等距對稱的梭形鈕及三個小圓孔，鏡面平整。一號鏡面正中刻劃一尊釋迦佛坐像，結跏趺坐於仰蓮佛座之上。兩眉之間上部為白毫眼，兩耳下垂至肩，頭髮呈小而鬈曲的螺髻紋。後有圓形頭光，其上分別飾有一組火焰紋與一朵仰蓮。左手放置於小腹處，右手上舉至肩部。佛身環繞三周背光，背光兩側下部飾三條弦紋，其上飾捲雲紋。佛座下方飾一盛開的花朵。銘文刻劃於佛像右上方及弦紋下方。佛像右上方的銘文為「釋迦無（牟）尼佛」，右下方為「塔匠作頭崔羅漢奴，自書自鉢造功德回□□尊長，耶□」22 字銘文。佛像左下方的銘文為「乾統五年五月七日記」。鏡直徑 28.3、緣厚 0.9 厘米（圖 10-12）。二號鏡面刻劃有數行潦草的文字。自左至右依次為：「孝安韓所營」「乾統五年五月」「塔下本司田孝章」「夫兒劉李家□」「蔡利玄」「木匠韓利□」「木匠王匡進」「蔡利玄」，共 8 組 40 字。鏡直徑 28.5、緣厚 0.8 厘米（圖 10-13）。銘文中「本司」是指分管事務的官署，「塔下本司」是指負責管理白塔事務的官署，「田孝章」來自於該官署，應是修塔時負責領工的人，其餘為修塔工匠。

據慶州白塔碑刻銘文可知，該塔始建於遼重熙十六年（1047 年），重熙十八年（1049年）建成，塔身鑲嵌的一千多面銅鏡亦與建塔同時完成。在塔剎剎座內發現的圓首建塔碑上，題有「勾當鑄鏡二人，前御院通進李存、右班殿直郭義方」「鑄鏡匠作頭賈重仙」[2]。

1　清格勒：《遼慶州白塔塔身嵌飾的兩件紀年銘文銅鏡》，《文物》1998 年 9 期。

2　德新等：《內蒙古巴林右旗慶州白塔發現遼代佛教文物》附錄二，《文物》1994 年 12 期。

圖 10-12　慶州白塔塔身鑲嵌的一號銅鏡及摹本（《遼慶州白塔身嵌飾的兩件紀年銘文銅鏡》，《文物》1998 年 9 期）

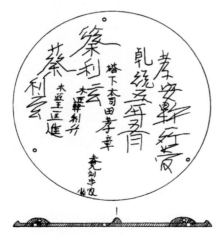

圖 10-13　慶州白塔塔身鑲嵌的二號銅鏡摹本（同前）

圖 10-14　呼和浩特遼代萬部華嚴經塔
（《全國重點文物保護單位：第一批至第
五批》，457 頁）

「勾當」指主管辦理某種公務的官員，李存、郭義方是當時負責鑄鏡的官吏；「作頭」
即工匠頭目，賈重仙就是鑄鏡匠的工頭。上面詳細介紹兩面刻劃有佛像與銘文的銅
鏡均屬於遼乾統五年（1105 年），距建塔之初已歷經 50 餘年，應是維修白塔時留下
的遺物。

　　呼和浩特市東郊太平鄉白塔村遼代豐州城遺址西北角，有一座萬部華嚴經塔，為
八角七級磚木混合結構的樓閣式佛塔，高約 43 米。塔外各層共計裝飾銅鏡約 200 餘面[1]
（圖 10-14）。在山西省靈丘縣城東南 14 公里的筆架山西側覺山寺內，有一座遼代平面
八角、密檐十三層磚塔[2]。每層每面塔身正中均懸掛一面直徑 25 厘米的銅鏡，共 104 面。
該塔的懸鏡與內蒙古、遼寧等地密檐塔的懸鏡有着共同特徵，具有裝飾性。該塔銅鏡

1　那木斯來等：《內蒙古古塔》，內蒙古人民出版社，2003 年，20 頁。
2　王春波：《山西靈丘覺山寺遼代磚塔》，《文物》1996 年 2 期。

圖 10-15　遼寧北鎮崇興寺雙塔及西塔塔身鑲嵌的銅鏡（同前，516 頁）

有可能為太原匠人鑄造。遼寧北鎮崇興寺雙塔，平面八角七級樓閣式塔，每層各面鑲嵌三面銅鏡，共計 168 面銅鏡（圖 10-15）。古建築專家張馭寰認為，「銅鏡也是塔身裝飾之一，塔上安置銅鏡，取『佛光普照』之意」[1]。遼陽白塔塔身上也鑲嵌有一些銅鏡（圖 10-16）。

　　在佛塔塔身上鑲嵌銅鏡，是遼代佛塔的一大特點，在其他時期的塔身上極少發現銅鏡，更多的是將銅鏡置於塔頂的天宮或塔基內的地宮之中。南宋趙彥衛《雲麓漫鈔》引了一段佛教中使用銅鏡的文獻，或許對於今人釋讀遼代佛塔鑲嵌銅鏡的現象有所幫助：「釋氏《智論》云：『天帝釋以大寶鏡，照四大神洲，察人善惡，正、五、九月照南贍部

1　張馭寰：《中國塔》，山西人民出版社，2000 年，40—41 頁，「遼代磚塔簡表」。

圖 10-16　遼寧遼陽
白塔及塔身鑲嵌銅鏡
（同前，517 頁）

洲，二、六、十月則照東，三、七、十一月則照西，八、十二月則照北。」[1]

　　銅鏡作為古人日常照容器具，不僅直接為人持鏡自賞所用，而且還與當時人們的生活環境，尤其是各類建築密切相關，本書僅舉出了兩類較為典型的例證。無論是鏡殿，還是鏡塔，反映出來的都是銅鏡與建築的關係。從鏡殿到鏡塔，目光從宮殿建築移到了宗教建築之上，銅鏡的空間位置也從室內轉到了戶外。而鏡子的功用，則從物質層面進入到了精神層面，從實用昇華為信仰。

1　（宋）趙彥衛撰、傅根清點校：《雲麓漫鈔》卷八，142 頁。

白居易的鏡子

　　白居易（772—846 年），字樂天，唐代三大詩人之一。晚年定居洛陽履道坊 17 年，自號香山居士，卒後葬於南郊龍門。在我的心目中，白居易永遠都是一位和善的長者，他那雋永的詩句滋養着這一方水土。我是土生土長的洛陽人，年少時去龍門石窟參觀，總要拐到伊水東岸的香山，拜謁一下白園中的白居易墓，感受一下詩人長存的優雅氣質，彷彿與朋友傾心相談（圖 11-1）。

　　白氏在《北窗三友》這首詩中，説他有三個朋友，即琴、酒、詩。「今日北窗下，自問何所為？欣然得三友，三友者為誰？琴罷輒舉酒，酒罷輒吟詩。三友遞相引，循環無已時。」[1] 實際上，他還有第四位朋友，讓他有些害怕的友人，可稱為「諍友」，那就是鏡子。一旦照了鏡，滿頭華髮，蒼老面容，一覽無餘，多愁善感的詩人馬上會感歎歲月蹉跎，人生苦短。值得慶幸的是，在白居易住過的地方發現了兩面銅鏡。

　　1992—1993 年，考古工作者對位於隋唐洛陽城洛南里坊區東南隅的履道坊遺址進行了大規模發掘（圖 11-2）。這是白居易晚年生活了 17 年的宅院，大量詩作誕生於此。在該遺址清理出一件石經幢殘塊，上面刻有「開國男白居易」等字（圖 11-3）。出土兩

1　《白居易詩集校注》卷二九《格詩歌行雜體》，2280 頁。

圖 11-1　白居易（《華夏
之路》第三冊，163 頁）

圖 11-2　白居易履道坊遺址發掘現場鳥瞰（王閣供圖）

圖 11-3　履道坊遺址白居易
造石經幢殘塊（霍宏偉攝影）

面銅鏡，其中一面鏡子出在白氏宅院南部的 36 號探方第三層中，此處位於宅院南園水池西北角，北臨釀酒遺址。鏡為圓形，正面綠鏽覆蓋，無法照容，鏡上墨書為今天的考古工作者所寫，記錄的是該鏡的出土層位。背面中央為圓鈕，鈕座也是圓的。內區紋飾似龍似獸，鑄造粗糙，鏽蝕較重，故紋飾不甚清晰。外區為兩周弦紋帶內，似飾以銘文，無法辨識。鏡鈕一側，有一近圓形洞打穿鏡體，使內、外區紋飾受損。接近鏡緣處有一周櫛齒紋。寬平素緣。直徑 8.9、厚 0.44 厘米 [1]（圖 11-4）。誰也無法證實白居易是否使用過這面銅鏡，但能夠確定的是，銅鏡與白居易曾經共同存在於同一時空，或許見證了白居易的晚年生活。白居易與鏡子之間，究竟有着怎樣的關係？這種難以抑制的強烈

1　中國社會科學院考古研究所：《隋唐洛陽城：1959—2001 年考古發掘報告》第一冊，91—105、124 頁。

圖 11-4　履道坊遺址瑞獸鏡
（韓建華攝影）

好奇心，驅使着我一遍遍翻檢六冊厚厚的《白居易詩集校注》，目光穿行於字裏行間，尋找着答案。

　　在白居易存世的 2800 多首詩作中，明確以鏡為題的有 13 首，另有 70 餘首與鏡相關的內容湮沒於眾多詩行之中。近年來，白樂天的鏡詩受到文學研究者的關注，稱為對鏡詩、覽鏡詩[1]。本文更側重於白氏鏡詩涉及具體的銅鏡類型，如百煉鏡、鸞鏡、金鏡、菱花鏡和雙龍鏡等。白居易一生所寫的鏡詩，最早的一首《秋思》寫於 32 歲，最晚的《春暖》作於 69 歲，時間跨度長達 37 年。鏡詩內容大致可以分為五種，包括諷喻、贈友、寫景、狀物、對鏡，以最後一種詩歌數量最多，映照出白居易的鏡中人生。

1　衣若芬：《自我的凝視：白居易的寫真詩與對鏡詩》，《中山大學學報》（社會科學版）2007 年第 6 期；田月麗：《淺論白居易的覽鏡詩》，《文教資料》2010 年 8 月號上旬刊。

一、諷喻：乃知天子別有鏡

「諷喻」是白居易自定的一種體裁。有《百煉鏡》《太行路》兩首詩作，均列入白居易創作的《新樂府》五十篇之內，寫於元和四年（809 年，38 歲）他在長安任左拾遺期間。最負盛名的鏡詩為《百煉鏡》，小序：「辨皇王鑑也。」詩末四句云：「四海安危居掌內，百王治亂懸心中。乃知天子別有鏡，不是揚州百煉銅。」[1] 可見具有諷喻的目的。有學者認為，這首詩表面上是歌頌唐太宗「以人為鏡」的美德，實際上是諷喻憲宗應向唐太宗學習[2]。

與《百煉鏡》內容不同的是，《太行路》一詩以夫妻來比喻君臣關係，以妻喻臣，說明伴君如伴虎的道理。詩中寫到鸞鏡：「古稱色衰相棄背，當時美人猶怨悔。何況如今鸞鏡中，妾顏未改君心改。」[3] 鸞鏡在白樂天的另外一首詩裏也有提及，《和夢遊春詩一百韻》：「暗鏡對孤鸞，哀弦留寡鵠。淒淒隔幽顯，冉冉移寒燠。」[4] 鸞鳥是古代的一種瑞禽。《山海經·西山經》曰，高山西南三百里，曰女床之山，「有鳥焉，其狀如翟而五采文，名曰鸞鳥，見則天下安寧」[5]。《楚辭·九章·涉江》：「鸞鳥鳳皇，日以遠兮；燕雀烏鵲，巢堂壇兮。」王逸注：「鸞、鳳，俊鳥也。有聖君則來，無德則去，以興賢臣難進易退也。」[6] 鸞鳥睹鏡悲鳴的典故，見於《藝文類聚》卷九〇引南朝宋范泰

1　《白居易詩集校注》卷四《諷喻四》，360 頁。

2　王拾遺：《白居易傳》，陝西人民出版社，1983 年，77 頁。

3　《白居易詩集校注》卷三《諷喻三》，315 頁。

4　《白居易詩集校注》卷一四《律詩》，1130—1132 頁；作於元和五年（810 年），39 歲，長安。

5　袁珂校注：《山海經校注》，上海古籍出版社，1991 年，35 頁。

6　（宋）洪興祖撰、白化文等點校：《楚辭補注》卷四《九章·涉江》，中華書局，1983 年，131 頁。

《鶯鳥詩序》[1]。

　　這是一個具有悲劇色彩的故事，以鶯鳥為題材的銅鏡卻被廣泛應用於唐人的社會生活之中，成為人們日常梳妝照容的器具。留存至今與鶯鳥相關的唐鏡為數不少，多為雙鶯鏡（圖 11-5），孤鶯鏡少見。鶯鏡常見於古人的詩中，如唐駱賓王《代女道士王靈妃贈道士李榮》：「龍飆去去無消息，鶯鏡朝朝減容色。」[2]

　　2009 年，洛陽紅山鄉工業園冠奇公司工地發掘出唐顯慶元年（656 年）洛州刺史賈敦頤墓，出土一面瑞獸銘文鏡。銘文為：「窺妝益態，韻舞鶯鴛。萬年永保，千代長存。能明能鑑，宜子宜孫。」直徑 16.5、緣厚 0.6 厘米 [3]（圖 11-6）。其中，「韻舞鶯鴛」一句指的就是鶯鳥、鴛鴦。

二、贈友：曉日鏡前無白髮

　　白樂天鏡詩中的贈友詩數量較少，僅有 5 首。最早的一首《以鏡贈別》，約作於唐元和七至八年（812—813 年）故鄉下邽。描寫的是一位少年即將遠行，詩人以銅鏡相贈之事：

　　　　人言似明月，我道勝明月。明月非不明，一年十二缺。豈如玉匣裏，如水
　　　長澄澈。月破天暗時，圓明獨不歇。我慚貌醜老，繞鬢斑斑雪。不如贈少年，

1　《藝文類聚》卷九〇《鳥部上・鶯》，1560 頁。

2　《全唐詩》卷七七《駱賓王一》，838—839 頁。

3　2013 年 9 月，洛陽市文物考古研究院黃吉軍提供該墓出土銅鏡信息及圖片資料。洛陽市文物考古研究院：《唐代洛州刺史賈敦頤（頥）墓的發掘》，《中國國家博物館館刊》2013 年 8 期。

圖 11-5　洛陽中信重機公司 723
號盛唐墓雙鸞鴛鴦銜綬鏡（洛陽市
文物考古研究院供圖）

回照青絲髮。因君千里去，持此將為別。[1]

　　眾人都說鏡子如明月，白樂天覺得鏡勝於月。明月不是不明亮，而是一年有十二次
殘缺。不如放置在玉匣中的銅鏡，像平靜的水面一直保持着清澈明淨的狀態。在月殘
天昏之時，鏡子的圓滿明亮卻不會消失。白氏日漸衰老，兩鬢斑白，不如將明鏡贈予少
年，照以青絲烏髮。因為少年將遠赴千里之外，詩人手拿寶鏡以為作別。

　　離別之際，以銅鏡作為禮品贈予對方，成為唐代男性友人或男女之間表達深厚情誼
的一種方式。李白《代美人愁鏡二首》其二：「美人贈此盤龍之寶鏡，燭我金縷之羅衣。」[2]
白居易《感鏡》：「美人與我別，留鏡在匣中。」[3] 唐人小說《遊仙窟》在描寫男女主人公即
將離別之際，互贈禮物與詩歌，張郎饋贈十娘的禮物中就有揚州銅鏡：「下官又遣曲琴取

1　《白居易詩集校注》卷一〇《感傷二》，795 頁。
2　瞿蛻園等校注：《李白集校注》卷二五《古近體詩》，上海古籍出版社，1980 年，1487 頁。
3　《白居易詩集校注》卷一〇《感傷二》，802 頁。

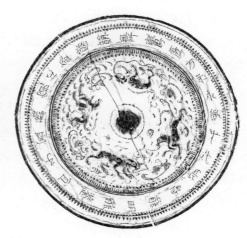

圖 11-6　洛陽工業園唐賈敦賾墓瑞獸銘文鏡及拓本（黃吉軍供圖）

揚州青銅鏡，留與十娘。並贈詩曰：『仙人好負局，隱士屢潛觀。映水菱光散，臨風竹影寒。月下時驚鵲，池邊獨舞鸞。若道人心變，從渠照膽看。』」[1]

　　在白居易的鏡詩中，有一首 54 歲時所寫、贈予年輕友人的《贈言》：「二十方長成，三十向衰老。鏡中桃李色，不得十年好。」[2] 在臨別之際，希望朋友能夠珍惜大好時光。

　　贈官場同僚的有兩首詩，一為白氏 44 歲作《贈友五首並序》：「一年十二月，每月有常令。君出臣奉行，謂之握金鏡。」白居易小序：「吾友有王佐之才者，以致君濟人為己

1　（唐）張文成撰：《遊仙窟》，汪辟疆校錄：《唐人小說》，上海古籍出版社，1978 年，32 頁。

2　《白居易詩集校注》卷八《閒適四》，717 頁。

任，識者深許之。因贈是詩，以廣其志云。」[1] 詩中以「金鏡」來比喻顯明的正道。另一首為白樂天 67 歲創作的《送蘄春李十九使君赴郡》：「可憐官職好文詞，五十專城未是遲。曉日鏡前無白髮，春風門外有紅旗。」[2] 詩中的「李十九」，即蘄州刺史李播，上任時年已五十，晨照鏡前尚無白髮，春風得意，仕途暢達。白居易期待他們能夠以「達則兼濟天下」的胸懷，有所作為。

上述贈官吏詩洋溢着昂揚向上、積極進取的精神。與之形成較大反差的是兩首贈道士詩，似乎可以讀出詩人的幾分消極與無奈。其一為白氏 52 歲作《贈蘇煉師》：「明鏡懶開長在匣，素琴欲弄半無弦。猶嫌莊子多詞句，只讀逍遙六七篇。」[3] 所謂「煉師」，是因某些道士懂得養生、煉丹之法，被尊稱為「煉師」。從詩中感覺到作者慵懶懈怠、無所事事的生活狀態，甚至連開匣照鏡、理妝整容的閒情逸致都沒有了。其二為詩人 68 歲時所寫的《對鏡偶吟贈張道士抱元》：「閒來對鏡自思量，年貌衰殘分所當。白髮萬莖何所怪，丹砂一粒不曾嘗。眼昏久被書料理，肺渴多因酒損傷。今日逢師雖已晚，枕中治老有何方？」[4] 白樂天將近七旬，對鏡思慮，年邁體衰，白髮蒼蒼，老眼昏花，酗酒傷肺。感歎遇到道士張抱元，雖為時已晚，但對其仍然充滿期待，渴望得到醫治衰老的祕方。

三、寫景：恰似菱花鏡上行

以鏡子來比喻明靜的水面，在唐人詩歌創作中是常用的寫作手法，白居易的詩作也

1　《白居易詩集校注》卷二《諷喻二》，183 頁。

2　《白居易詩集校注》卷三四《律詩》，2586 頁。

3　《白居易詩集校注》卷二〇《律詩》，1623 頁。

4　《白居易詩集校注》卷三五《律詩》，2648 頁。

不例外。以鏡喻水，如「鏡水」「鏡色」「鏡面」「清鏡」等，詩人信手拈來，佳句不斷：

> 稽山鏡水歡遊地，犀帶金章榮貴身。
>
> 一泓鏡水誰能羨，自有胸中萬頃湖。
>
> 蘋洲會面知何日，鏡水離心又一春。
>
> 鏡水波猶冷，稽峰雪尚殘。
>
> 渭水如鏡色，中有鯉與魴。
>
> 泛潭菱點鏡，沉浦月生鈎。
>
> 蛇皮細有文，鏡面清無垢。
>
> 清鏡碧屏風，惜哉信為美。
>
> 慢牽好向湖心去，恰似菱花鏡上行。[1]

在最後一首詩中，白樂天將平靜的湖水比喻為菱花鏡。此類銅鏡在唐代極為盛行，成為詩人競相吟詠的對象。但是因時代久遠，菱花鏡中的「菱花」一詞究竟是指什麼？學術界存在一定爭議，目前主要有四種說法：一是指鏡子的形制，二是指銅鏡背面的紋飾，三是指銅鏡「青瑩耀日」的精美程度，四是指透光鏡映在牆上的菱花形圖案。

唐代菱花鏡究竟是什麼樣的呢？《飛燕外傳》云：「上二十六物以賀。金屑組文茵一

1　《白居易詩集校注》卷二三《律詩》，《元微之除浙東觀察使喜得杭越鄰州先贈長句》，1795 頁，《酬微之誇鏡湖》，1804 頁；卷二四《律詩》，《郡中閒獨寄微之及崔湖州》，1908 頁；外集卷下《附見》，2962 頁；卷六《閒適二》，《渭上偶釣》，522 頁；卷二三《律詩》，《履道新居二十韻》，1843 頁；卷八《閒適四》，《泛春池》，717 頁；卷三六《半格詩》，《李盧二中丞各創山居俱誇勝絕然去城稍遠來往頗勞弊居新泉實在字下偶題十五韻聊戲二君》，2732 頁；卷二〇《律詩》，《湖上招客送春泛舟》，1649 頁。

圖 11-7　偃師杏園唐開元十七年
袁氏墓八出菱花鏡（徐殿魁供圖）

鋪，沉水香蓮心椀一面，五色同心大結一盤，鴛鴦萬金錦一匹，琉璃屏風一張，枕前不
夜珠一枚，含香綠毛狸藉一鋪，通香虎皮檀象一座，龍香握魚二首，獨搖寶蓮一鋪，七
出菱花鏡一奩。」[1] 花分瓣稱為「出」，七出即七瓣。《飛燕外傳》亦稱《趙飛燕外傳》，舊
題漢伶玄撰。經學者考證，係後人偽託，成書時間當在中晚唐之前[2]。「七出菱花鏡」，反
映出唐人眼中的菱花鏡，形制為菱花形（圖 11-7）。晚唐詩人薛逢《追昔行》：「花開葉落
何推遷，屈指數當三十年。眉頭蓲葉同枯葉，琴上朱弦成斷弦。嫁時寶鏡依然在，鵲影
菱花滿光彩。」[3]「鵲影」是指銅鏡紋飾，「菱花」應是指鏡子的形制。此類銅鏡在唐代兩京

1　舊題（漢）伶玄撰：《飛燕外傳》，（明）程榮纂輯：《漢魏叢書》，吉林大學出版社，1992 年，745 頁。

2　朱一玄等：《中國古代小説總目提要》，54 頁。

3　《全唐詩》卷五四八《薛逢》，6373—6374 頁。

地區使用較為普遍。

南宋羅願《爾雅翼·蔆》：「昔人取菱花六觚之象以為鏡。」[1] 觚為先秦青銅飲酒器具（圖 11-8），後引申為多角棱形的器物。《史記·酷吏列傳序》：「漢興，破觚而為圜，斲雕而為樸。」司馬貞索隱引應劭曰：「觚，八棱有隅者。」[2]《漢書·郊祀志下》：「甘泉泰時紫壇，八觚宣通象八方。」顏師古注：「觚，角也。」[3]「六觚」就是銅鏡的外形有六個角。留存今天的唐代菱花形鏡一般為六角或八角。綜上所述，筆者贊同孔祥星的觀點，即唐代菱花鏡就是指菱花形鏡，而非其他。

除了以鏡來比喻水面之外，在白居易的詩中

圖 11-8　安陽商代婦好墓青銅觚（霍宏偉攝影）

還寫到以鏡命名的地名。《酬集賢劉郎中對月見寄兼懷元浙東》：「思遠鏡亭上，光深書殿裏。」[4]《代諸妓贈送周判官》：「妓筵今夜別姑蘇，客棹明朝向鏡湖。」[5]《想東遊五十韻並序》：「鏡湖期遠泛，禹穴約冥搜。」[6]《早春西湖閒遊悵然興懷憶與微之同賞因思在越官重事殷鏡湖之遊或恐未暇偶成十八韻寄微之》：「自然

1　（宋）羅願：《爾雅翼》卷六，（清）張海鵬輯：《學津討原》八，江蘇廣陵古籍刻印社，1990 年，366 頁。

2　《史記》卷一二二《酷吏列傳》，3131—3132 頁。

3　《漢書》卷二五下《郊祀志下》，1256 頁。

4　《白居易詩集校注》卷二二《格詩雜體》，1769 頁。

5　《白居易詩集校注》卷二四《律詩》，1882 頁。

6　《白居易詩集校注》卷二七《律詩》，2118—2119 頁。

閒興少，應負鏡湖春。」[1] 知道鏡亭者寥寥，但鏡湖頗為著名，這是東漢永和五年（140 年）在會稽太守馬臻主持下修建的大型農田水利工程，位於會稽、山陰兩縣界，因水面平滑如鏡，故稱鏡湖。李白亦有關於鏡湖的詩，《越女詞五首》其五：「鏡湖水如月，耶溪女似雪。」[2]

四、狀物：背有雙盤龍

白居易鏡詩中的第四種為狀物詩，數量不多，涉及面卻廣，內容較為繁雜。有寫真娘墓、新婦石的，也有寫玉鏡、雙盤龍鏡的，甚至還有以鏡換杯之作。

《真娘墓》：「真娘墓，虎丘道。不識真娘鏡中面，唯見真娘墓頭草。」[3]《新婦石》：「莫道面前無寶鑑，月來山下照夫人。」[4] 咸淳《臨安志·山川五》：「新郎新婦石：新郎石在西峰半山之中道，面東昂立，勢高五丈，天然人形，與東峰新婦石相望。嘉佑中，新婦石為雷震碎，今新郎石獨存。」[5]

元和九年（814 年），白居易遊覽王順山悟真寺，作《遊悟真寺詩一百三十韻》：「次登觀音堂，未到聞施檀。上階脫雙履，斂足升瑤筵。六楹排玉鏡，四座敷金鈿。」[6] 玉鏡，應該是指背面鑲嵌有玉石的銅鏡，而非用玉磨製的鏡子。《南齊書·東昏侯紀》：「帝有瞢

1　《白居易詩集校注》卷二三《律詩》，1808—1809 頁。
2　《全唐詩》卷一八四《李白二四》，1891 頁。
3　《白居易詩集校注》卷一二《感傷四》，929 頁。
4　《白居易詩集校注》外集卷上《詩補遺》，2904 頁。
5　咸淳《臨安志》卷二六《山川五》「於潛縣」條，浙江省地方志編纂委員會編：《宋元浙江方志集成》第 2 冊，杭州出版社，2009 年，638 頁。
6　《白居易詩集校注》卷六《閒適二》，559 頁。

力，能擔白虎橦，自製雜色錦伎衣，綴以金花玉鏡眾寶，逞諸意態。」[1]

雙盤龍鏡見於白氏的一首詩《感鏡》，約作於元和七至八年（812—813 年）其故鄉下邽：

> 美人與我別，留鏡在匣中。自從花顏去，秋水無芙蓉。經年不開匣，紅埃
> 覆青銅。今朝一拂拭，自照憔悴容。照罷重惆悵，背有雙盤龍。[2]

這首詩的畫面感較強，讀者彷彿親眼看見詩人輕輕打開多年以前無名美人留下的鏡匣，小心翼翼地擦拭着滿佈塵埃的銅鏡，攬鏡自照。鏡中呈現出的是詩人憔悴的面容，令其惆悵萬分，隨手將鏡面翻轉，不忍心再照，無意之間竟然看到了鏡背上的一對盤龍紋飾。今天能夠看到的唐代雙龍鏡實物數量極少，見於著錄的有西安市文物保護考古研究院藏一面雙龍鏡[3]。其形制、工藝與單盤龍鏡基本相似，龍紋細膩，構圖精巧。以鏡鈕為中心，彷彿二龍戲珠，呈盤繞回首狀。直徑 20.7 厘米，重 1.07 千克（圖 11-9）。

精美的銅鏡，以詩的形式留存在白香山的詩集之中，給後人留下了無盡的想象空間。然而，時過境遷，白居易在 57 歲之時卻要以鏡換杯，借酒消愁。這首《鏡換杯》是白氏鏡詩中一首極為獨特的詩作，作者為逃避現實中的衰老，希望以銅鏡換玉杯：

> 欲將珠匣青銅鏡，換取金樽白玉巵。鏡裏老來無避處，樽前愁至有消時。

1　《南齊書》卷七《東昏侯紀》，中華書局，1972 年，104 頁。

2　《白居易詩集校注》卷一〇《感傷二》，802 頁。

3　孫福喜主編：《西安文物精華·銅鏡》，93 頁。

圖 11-9　西安市文物保護考古研究院藏唐雙盤龍鏡（《西安文物精華・銅鏡》，93 頁）

茶能散悶為功淺，萱縱忘憂得力遲。不似杜康神用速，十分一盞便開眉。[1]

　　詩人想用珠匣寶鏡來換取金樽美酒，因為鏡中呈現出日漸衰老的容顏，是無法迴避的現實。而借酒澆愁，可以讓人暫時解脫。用喝茶解悶的方式畢竟功效甚微，不如飲酒消愁來得快，酒喝帶勁了自然會眉開眼笑，心情舒暢。反映出這一時期白居易仕途的不順遂帶來情緒上的變化，通過以銅鏡換酒杯的方式含蓄地表達出來。值得一提的是，唐代另一位詩人劉禹錫撰有《和樂天以鏡換酒》，以唱和白氏《鏡換杯》，成為詩壇上的一段佳話：「把取菱花百煉鏡，換他竹葉十旬杯。嚬眉厭老終難去，蘸甲須歡便到來。妍醜

1　《白居易詩集校注》卷二六《律詩》，2044—2045 頁。

太分迷忌諱，松喬俱傲絕嫌猜。校量功力相千萬，好去從空白玉臺。」[1] 南宋計有功在《唐詩紀事・劉禹錫》一文中，對白樂天、劉夢得兩位詩人晚年往來唱和有着較為詳細的記述，成為禹錫創作《和樂天以鏡換酒》一詩寫作背景的最佳詮釋[2]。

五、對鏡：顏衰訝鏡明

「對鏡」一詞源於白居易以鏡為題的詩歌。在 11 首以鏡為題的詩中，有 4 首以「對鏡」為題：《對鏡》《對鏡偶吟贈張道士抱元》各一首，《對鏡吟》兩首。這種詩歌是白樂天通過對鏡觀察，以詩的形式記錄自己不同年齡段體貌特徵與心路歷程的變化。依其吟詠主題的不同，可細分為惜時、二毛、白髮、髮落、面容、晨照、夜鏡七類。

「惜時」這一類鏡詩，主要見於白居易 32—38 歲創作的詩歌中，屬於白氏最早的一批鏡詩。《秋思》：「病眠夜少夢，閒立秋多思。…… 何況鏡中年，又過三十二。」[3]《感時》：「朝見日上天，暮見日入地。不覺明鏡中，忽年三十四。…… 白髮雖未生，朱顏已先悴。」[4] 因為這一階段，詩人年輕，尚未長出白髮，或是白髮較少，通過照鏡感悟歲月流逝，白駒過隙。

白居易鏡詩中開始出現「二毛」一詞，是在他 35 歲之時。二毛即黑髮中夾雜着白髮，頭髮斑白，有兩種顏色。《左傳・僖公二十二年》：「君子不重傷，不禽二毛。」注

1　劉禹錫撰、高志忠校注：《劉禹錫詩編年校注》卷一一，黑龍江人民出版社，2003 年，1443 頁。

2　（宋）計有功撰：《唐詩紀事》卷三九《劉禹錫》，603 頁。

3　《白居易詩集校注》卷一四《律詩》，1098 頁。

4　《白居易詩集校注》卷五《閒適一》，452 頁。

云：「二毛，有白髮間於黑髮者。」[1]《權攝應早秋書事寄元拾遺兼呈李司錄》：「到官來十日，覽鏡生二毛。可憐趨走吏，塵土滿青袍。」[2] 這說的是白居易 35 歲任周至縣尉時的一種生活狀態。《新秋》：「二毛生鏡日，一葉落庭時。老去爭由我，愁來欲泥誰？」[3] 這首詩為白氏自江州司馬升遷至忠州刺史時所寫。

　　白髮是白氏鏡詩吟詠的永恆主題，此類詩歌不僅數量眾多，而且持續時間較長，有日本學者專門研究白居易的白髮詩，依其內容的不同，分為十項[4]。白氏與鏡相關最早的一首《初見白髮》，大約作於 36—37 歲：「白髮生一莖，朝來明鏡裏。勿言一莖少，滿頭從此始。」[5] 白樂天年逾四十，在照鏡時或有所悟，或被白髮所困擾，如 41 歲所作《聞哭者》：「余今過四十，念彼聊自悅。從此明鏡中，不嫌頭似雪。」[6] 45—47 歲時，感歎《照鏡》：「皎皎青銅鏡，斑斑白絲鬢。」[7] 誠如孔夫子所言「五十而知天命」，這一時期白樂天創作的鏡詩，反映出詩人已能夠心平氣和地看待滿頭白髮的事實了。54 歲作詩《秋寄微之十二韻》：「覽鏡頭雖白，聽歌耳未聾。」[8] 在《初見白髮》詩寫作二十多年之後，白香山依然還記得這首詩，又作一首《對鏡吟》，這時的詩人雖已變成了白頭老翁，卻為自己能看見頭白而感到幸運：「白頭老人照鏡時，掩鏡沉吟吟舊詩。二十年前一莖白，如今變作

1　楊伯峻：《春秋左傳注·僖公二十二年》，中華書局，2009 年，397 頁。

2　《白居易詩集校注》卷九《感傷一》，723 頁。

3　《白居易詩集校注》卷一八《律詩》，1444 頁。

4　〔日〕埋田重夫：《白居易白髮詩歌表現考》，《日本學者論中國古典文學：村山吉廣教授古稀紀念集》，巴蜀書社，2005 年，232—256 頁。

5　《白居易詩集校注》卷九《感傷一》，731—732 頁。

6　《白居易詩集校注》卷六《閒適二》，548 頁。

7　《白居易詩集校注》卷九《感傷一》，771 頁。

8　《白居易詩集校注》卷二四《律詩》，1883 頁。

滿頭絲[1]。…… 我今幸得見頭白，祿俸不薄官不卑。眼前有酒心無苦，只合歡娛不合悲。」[2]

　　讓白居易苦惱的，不僅是頭生二毛、白髮，而且頭髮有時還會掉落，令其無限傷感。在他 39 歲之時，開始將掉頭髮寫入詩中。《早梳頭》：「夜沐早梳頭，窗明秋鏡曉。颯然握中髮，一沐知一少。」[3]《歎老三首》第一首：「少年辭我去，白髮隨梳落。…… 但恐鏡中顏，今朝老於昨。」[4]《漸老》：「白髮逐梳落，朱顏辭鏡去。」[5] 在詩人 69 歲之時，無論是黑髮還是白髮，掉落得令人惋惜，頭髮稀疏，以至於讓白樂天都感到了頭巾的重量。《春暖》：「髮少嫌巾重，顏衰訝鏡明。」[6] 樂天積攢自己寫的詩越來越多，頭髮卻越來越少。在他自撰的《醉吟先生傳》中說得更加直白：「於時開成三年，先生之齒六十有七，鬚盡白，髮半禿，齒雙缺，而觴詠之興猶未衰。」[7]

　　隨着年齡的增長，通過對鏡觀察，詩人外表呈現出的不僅是黑髮斑白，成為二毛，逐漸華髮滿頭，髮落無蹤，而且朱顏已逝，面容蒼老。《浩歌行》：「鬢髮蒼浪牙齒疏，不覺身年四十七。前去五十有幾年，把鏡照面心茫然。既無長繩繫白日，又無大藥駐朱顏。」[8]《醉歌》：「腰間紅綬繫未穩，鏡裏朱顏看已失。」[9]《蘇州李中丞以元日郡齋感懷詩寄微之及予輒依來篇七言八韻走筆奉答兼呈微之》：「杯前笑歌徒勉強，鏡裏形容漸衰

1　白居易自注：「余二十年前嘗有詩云：『白髮生一莖，朝來明鏡裏。勿言一莖少，滿頭從此始。』今則滿頭矣。」《白居易詩集校注》卷二一《格詩歌行雜體》，1710 頁。

2　《白居易詩集校注》卷二一《格詩歌行雜體》，1710 頁。

3　《白居易詩集校注》卷九《感傷一》，736—737 頁。

4　《白居易詩集校注》卷一〇《感傷二》，784 頁。

5　《白居易詩集校注》卷一〇《感傷二》，825 頁。

6　《白居易詩集校注》卷三四《律詩》，2655 頁。

7　（唐）白居易著、朱金城箋注：《白居易集箋校》六，上海古籍出版社，2003 年，3783 頁。

8　《白居易詩集校注》卷一二《感傷四》，902 頁。

9　《白居易詩集校注》卷一二《感傷四》，974 頁。

朽。」[1]

白居易不愧是現實主義詩人，他創作的鏡詩類型多樣，刻畫細緻入微，甚至可以分為晨照與夜鏡，前者數量相對較多。早晨照鏡，光線充足，所照一切盡在鏡中。《早梳頭》：「夜沐早梳頭，窗明秋鏡曉。」[2]《酬張太祝晚秋臥病見寄》：「容衰曉窗鏡，思苦秋弦琴。」[3]《歎老三首》第一首：「晨興照清鏡，形影兩寂寞。」[4]《對鏡吟》作於元和十四年（819 年），江州至忠州途中，詩人 48 歲：「閒看明鏡坐清晨，多病姿容半老身。誰論情性乖時事，自想形骸非貴人。三殿失恩宜放棄，九宮推命合漂淪。如今所得須甘分，腰佩銀龜朱兩輪。」[5]在自江州司馬赴任忠州刺史的途中，一天清晨，白氏閒來無事，照鏡自賞，看到的卻是多病的身姿與面容。雖然身體日漸衰老，但覺得還是能做一些事情的。

白居易的鏡詩大多較為悲觀，但有一首寫於 64 歲、題為《覽鏡喜老》的詩，是難得一見的樂觀之作。該詩創作於大和九年（835 年）洛陽履道坊白氏宅第。

今朝覽明鏡，鬚鬢盡成絲。行年六十四，安得不衰羸？親屬惜我老，相顧興歎咨。而我獨微笑，此意何人知？笑罷仍命酒，掩鏡抛白髭。爾輩且安坐，從容聽我詞。生若不足戀，老亦何足悲。生若苟可戀，老即生多時。不老即須天，不天即須衰。晚衰勝早天，此理決不疑。古人亦有言，浮生七十稀。我今欠六歲，多幸或庶幾。儻得及此限，何羨榮啟期。當喜不當歎，更傾酒一巵。[6]

1　《白居易詩集校注》卷二三《律詩》，1807 頁。
2　《白居易詩集校注》卷九《感傷一》，736—737 頁。
3　《白居易詩集校注》卷九《感傷一》，745—746 頁。
4　《白居易詩集校注》卷一〇《感傷二》，784 頁。
5　《白居易詩集校注》卷一七《律詩》，1420 頁。
6　《白居易詩集校注》卷三〇《格詩》，2309 頁。

在這首詩即將結尾之時，詩人不勝感慨，吟道：「儻得及此限，何羨榮啟期。」「榮啟期三樂」的典故見於《列子・天瑞》。傳說春秋時期，孔子遊至泰山，見到了行走於郕之野的隱士榮啟期，身穿鹿皮襖，腰繫繩索，一邊彈琴，一邊唱歌。孔子好奇地問：「先生為何如此快樂？」榮啟期回答：「吾樂甚多，天生萬物，唯人為貴，而吾得為人，是一樂也。男女之別，男尊女卑，故以男為貴，吾為一男子，是二樂也。人的壽命有時短得死於娘胎、亡於繈褓之中，而吾年已九十，是三樂也。貧困是讀書人的尋常之事，死亡是人生的必然終結。我安處常情，等待終結，當何憂哉？」孔子對此頗有感慨：「善乎，能自寬者也。」[1]

這一典故在後世廣為流傳，唐人更是熟知，鑄造有以此為題材的「三樂鏡」。1991年，陝西西安蓮湖區熱電廠出土一面三樂鏡，鏡鈕左右分別為孔子與榮啟期的形象，鈕上方為楷書九字銘文「孔夫子問曰答榮啟奇」。直徑 12.8 厘米（圖 11-10）[2]。白居易在《覽鏡喜老》詩末引入榮啟期的故事，亦在情理之中。他還將榮啟期看作自己的老師，見於《北窗三友》：「嗜詩有淵明，嗜琴有啟期。嗜酒有伯倫，三人皆吾師。或乏儋石儲，或穿帶索衣。弦歌復觴詠，樂道知所歸。三師去已遠，高風不可追。」[3]《不與老為期》：「百憂非我所，三樂是吾師。」[4] 此外，在白氏創作的《郡中夜聽李山人彈三樂》《偶作》《晚起》《池上幽境》等詩中皆以榮啟期三樂作為主要題材。

白樂天 50 歲出頭的時候，喜歡在夜裏照鏡子，因為這樣能夠隱藏鬢髮皆白的客觀事實，甚至他在任杭州刺史時就已萌生了歸隱田園的想法。作於杭州的《祭社宵興燈前

1 楊伯峻撰：《列子》卷一《天瑞篇》，中華書局，1979 年，22—23 頁。

2 孫福喜主編：《西安文物精華・銅鏡》，126 頁。

3 《白居易詩集校注》卷二九《格詩歌行雜體》，2280 頁。

4 《白居易詩集校注》卷三七《律詩》，2792 頁。

圖 11-10　西安蓮湖區熱電廠出土三樂鏡（《西安文物精華‧銅鏡》，126 頁）

偶作》：「城頭傳鼓角，燈下整衣冠。夜鏡藏鬚白，秋泉漱齒寒。欲將閒送老，須著病辭官。更待年終後，支持歸計看。」[1] 次年（824 年），他來到洛陽，購買了履道坊的一處宅園，作為退隱之地，仍不忘夜照面容。《自詠》：「夜鏡隱白髮，朝酒發紅顏。可憐假年少，自笑須臾間。」[2]

六、暮歌：人間此會更應無

　　白樂天的晚年生活，大部分時間與詩酒琴園相伴，偶爾照一下鏡子，就會情不自禁生發出許多感慨，69 歲之後未見有鏡詩出現，暗示出詩人年老體衰，生命旅程終點的迫

1　《白居易詩集校注》卷二三《律詩》，1810 頁。
2　《白居易詩集校注》卷八《閒適四》，711 頁。

近。在他 74 歲時，即「會昌五年三月二十一日，於白家履道宅同宴，宴罷賦詩」[1]。這次聚會稱為「七老會」，亦稱「尚齒之會」，即尊崇年長者的聚會。《禮記·祭義》：「是故朝廷同爵則尚齒。」鄭玄注：「同爵尚齒，老者在上也。」[2] 白居易賦詩一首：

> 七人五百七十歲，拖紫紆朱垂白鬚。手裏無金莫嗟歎，樽中有酒且歡娛。
> 詩吟兩句神還王，酒飲三杯氣尚粗。鬼峨狂歌教婢拍，婆娑醉舞遣孫扶。天年
> 高過二疏傳，人數多於四皓圖。除卻三山五天竺，人間此會更應無。

白氏在詩後寫了一段小序，記述了參加這次聚會老者的姓名、曾任官職，依年齡大小排序：89 歲的前懷州司馬安定胡果，86 歲的衛尉卿致仕馮翊吉皎，84 歲的前右龍武軍長史滎陽鄭據，82 歲的前慈州刺史廣平劉真與前侍御史內供奉官范陽盧貞，74 歲的前永州刺史清河張渾與刑部尚書致仕太原白居易。以上七人的年齡加在一起，共計 571 歲。當時，參加聚會的還有祕書監狄兼謩、河南尹盧貞，因年齡不到 70 歲，未列於內。後來，又增加了李元爽、僧如滿兩位老壽星，合稱「九老」。

唐人據此繪《九老圖》，白樂天作《九老圖詩並序》，記述如何由「七老」增加為「九老」的緣由始末：「會昌五年三月，胡、吉、劉、鄭、盧、張六賢於東都敝居履道坊合尚齒之會。其年夏，又有二老，年貌絕倫，同歸故鄉，亦來斯會，續命書姓名年齒，寫其形貌，附於圖右，與前七名題為《九老圖》，仍以一絕贈之。二老謂洛中遺老李元爽，年

1　《白居易詩集校注》卷三七《律詩》，《胡吉鄭劉盧張等六賢皆多年壽予亦次焉偶於弊居合成尚齒之會七老相顧既醉甚歡靜而思之此會稀有因成七言六韻以紀之傳好事者》，2805—2806 頁。

2　李學勤主編：《十三經注疏·禮記正義》卷四八《祭義》，北京大學出版社，1999 年，1337 頁。

一百三十六；歸洛僧如滿，年九十五。雪作鬚眉雲作衣，遼東華表暮雙歸。當時一鶴猶希有，何況今逢兩令威。」[1] 唐人繪《九老圖》早已不存，今人能夠看到的《九老圖》，有南宋、明代等多種版本（圖11-11）。從形象生動的畫面中，讀者可以看到宋人想象中履道坊的這次盛會場面及白氏宅園的建築空間佈局。

在這年聚會的次年，即會昌六年（846年）八月，作為唐代留存詩歌最多的高產詩人，白居易走完了他生命歷程中的最後一段。唐宣宗以詩弔之曰：「綴玉聯珠六十年，誰教冥路作詩仙。浮雲不繫名居易，造化無為字樂天。童子解吟長恨曲，胡兒能唱琵琶篇。文章已滿行人耳，一度思卿一愴然。」[2] 三年之後，著名詩人李商隱為白居易撰寫墓碑碑文：「公以致仕刑部尚書，年七十五，會昌六年八月，薨東都，贈右僕射。十一月，遂葬龍門。」[3]《唐語林·賞譽》：「大中末，諫官獻疏，請賜白居易謚。上曰：『何不讀《醉吟先生墓表》？』卒不賜謚。弟敏中在相位，奏立神道碑，使李商隱為之。」[4]

白居易墓位於洛陽南郊龍門東山，亦稱香山琵琶峰，今以墓為中心，依山傍水，建有園林，俗稱「白園」。《唐語林·企羨》：「白居易葬龍門山，河南尹盧貞刻《醉吟先生傳》於石，立於墓側。相傳洛陽士人及四方遊人過矚墓者，必奠以卮酒，故塚前方丈之土常成渥。」[5] 白居易墓塚是一個直徑19米的圓形封土堆，周圍用青磚壘砌短牆以護其封土，塚上植以蒼翠的柏樹。墓塚西對汨汨北流的伊水，環境清幽。塚西面正中建有磚砌碑樓，碑身中央題刻「唐少傅白公墓」六個白色楷書大字，旁署數行小字：

1　《白居易詩集校注》外集卷上《詩補遺》，2911頁。

2　（五代）王定保撰：《唐摭言》卷一五，上海古籍出版社，1978年，160頁。

3　（唐）李商隱：《刑部尚書致仕贈尚書右僕射太原白公墓碑銘並序》，《李商隱全集》卷八，珠海出版社，2001年，1034頁。

4　（宋）王讜撰、周勳初校證：《唐語林校證》卷三《賞譽》，中華書局，1997年，281頁。

5　（宋）王讜撰、周勳初校證：《唐語林校證》卷四《企羨》，381頁。

「公諱居易，字樂天，仕至太子少傅、刑部尚書。墓在龍門香山寺旁，已近千餘年。早為居人所侵毀，學使者都給事湯公右曾與河南太守張君珥既重興香山寺，復清公之故塋而加崇焉。封殖其木，又舉守祠生二人，春秋奉祀不絕，士鉉適過洛陽，因書大字，揭諸墓道。康熙四十八年歲次己丑五月十三日，內廷侍直日講宮左春坊中允吳郡汪士鉉題，守祠生白辟、白錦立石。」[1] 墓塚前左側另立一碑（圖 11-12）。民國二十五年（1936 年），洛陽荒旱，「白香山墓，且曾一度被掘，距洛城咫尺耳，此古跡保存之難也」[2]。

　　雖然白樂天是下邽（今陝西渭南）人，但他最終還是選擇了龍門香山作為靈魂的棲息之地。後世有多少文人墨客，前來憑弔，發思古之幽情。墓中是否隨葬銅鏡，無法知曉。但是，通過一首首詩歌，大家似乎看見了白居易的鏡子，那是詩人用 60 餘首詩歌構成的。鏡中映照出的不同形象，勾勒出詩人不平凡的一生。縱觀白居易的一生，有兩大轉折點，一是 29 歲中進士，讓他從平民步入仕途；二是 44 歲謫遷江州，官場失意使他的人生觀開始由兼濟轉向獨善。元和十年（815 年），白氏貶為江州司馬，在他寫給元稹的信《與元九書》中，提出了他做人的基本準則，並加以闡釋：

　　　　古人云：「窮則獨善其身，達則兼濟天下。」僕雖不肖，常師此語。⋯⋯
　　故僕志在兼濟，行在獨善。奉而始終之則為道，言而發明之則為詩。謂之諷喻
　　詩，兼濟之志也。謂之閒適詩，獨善之義也。故覽僕詩者，知僕之道焉。[3]

1　洛陽市地方史志編纂委員會編：《洛陽市志》14 卷《文物志》，中州古籍出版社，1995 年，91 頁。

2　王廣慶：《洛陽訪古記》，《河南文史資料》23 輯，136 頁。

3　《舊唐書》卷一六六《白居易傳》，4350 頁。

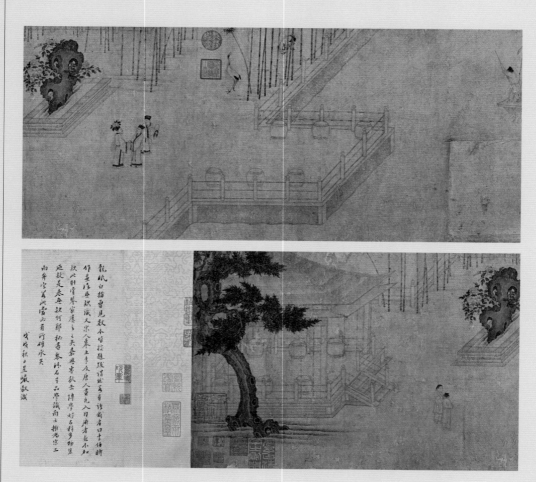

圖 11-11　南宋《會昌九老圖》局部（遼寧省博物館供圖）

圖 11-12　白居易墓（《洛陽市志》
14 卷《文物志》，彩版 6）

　　「志在兼濟，行在獨善」，這就是白居易的人生準則。從這些鏡詩中可以看出，白
氏處世從「兼濟」到「獨善」有一個轉變過程。在白氏的五種鏡詩中，前兩類諷喻、
贈友詩，大多顯示出作者「兼濟天下」的寬廣胸懷。後三種寫景、狀物、對鏡詩，更
多地反映出詩人「獨善其身」的處世原則。從黑髮惜時到頭髮斑白，從滿頭華髮到髮
落半禿，揭示出詩人生理的漸變；從晨照到夜鏡，從兼濟到獨善，折射出的是白樂天
心理的變化。

　　白樂天的一生，通過一首首鏡詩，定格在他的詩集中。將這些詩句一一摘出，
排列在一起，可以看出鏡子陪伴着他的青年、壯年、老年，貫穿了整個生命歷程。
不同階段詩人表象上的容貌，內心的精神世界，通過覽鏡自照，激發出創作靈感，

化為凝練的詩行，忠實地記錄下來。今天的讀者細細品味這些精緻、傳神的文字，似乎可以還原當年白氏照鏡時的所思所想。透過白居易的一行行鏡詩，我們彷彿看見鏡中的詩人，筇杖獨行，佳句自吟，漸漸遠去，留下一個永恆的背影。頗具戲劇性的是，白居易生前未曾料到，在他卒後若干年之後卻被人看作一面鏡子。晚唐詩人皮日休寫有一首以白居易為鏡鑑的讚美詩《七愛詩·白太傅》，提出白氏可以成為做官者的一面鏡子：

> 吾愛白樂天，逸才生自然。誰謂辭翰器，乃是經綸賢。欻從浮艷詩，作得典誥篇。立身百行足，為文六藝全。清望逸內署，直聲驚諫垣。所刺必有思，所臨必可傳。忘形任詩酒，寄傲遍林泉。所望標文柄，所希持化權。何期遇讒毀，中道多左遷。天下皆汲汲，樂天獨怡然。天下皆悶悶，樂天獨捨旃。高吟辭兩披，清嘯罷三川。處世似孤鶴，遺榮同脫蟬。仕若不得志，可為龜鏡焉。[1]

---

1 《全唐詩》卷六〇八《皮日休一》，7073 頁。

佳人覽鏡

每坐臺前見玉容，今朝不與昨朝同。良人一夜出門宿，減卻桃花一半紅。

這是唐代施肩吾的詩作《佳人覽鏡》[1]。一位婦人每天都坐在鏡臺前孤芳自賞，今天早上的芳容與昨天的不一樣。若是丈夫出門，夜不歸宿，婦人就會由此傷心，粉面桃花似的容顏減去一半的紅潤光澤。唐人吟詩，宋人作畫，不同的表現形式想要表達的或許是同一個內容（圖 12-1）。

「佳人覽鏡」，意即美人照鏡子，這永遠都是一個浪漫溫情的藝術創作主題，它是銅鏡與文學藝術結緣之後迸發出的天成之作。雖然以鏡子為題的中國繪畫沒有像西方繪畫那樣成為流行主題，但它仍然自成體系，自兩漢至明清綿延有序，反映在不同形式之上，如墓葬壁畫、畫像石、石槨、手卷、版畫等，甚至在三彩器、瓷器上也以塑像的三維空間形象展示出來。縱觀不同時期的此類主題，女子的胖瘦、高矮，環境有別，姿態各異，與不同時代的人物身份、等級、審美風尚有很大關係。

---

1 《全唐詩》卷四九四《施肩吾》，5652 頁。

圖 12-1　波士頓美術館藏宋
《妝靚仕女圖》（《唐五代兩宋人
物名畫》，100 頁）

　　目前所見時代較早、圖像清晰的佳人覽鏡圖像是 2008 年河南偃師發現的新莽空心磚
壁畫，有一女子站立對鏡的情景。一塊長條形的青磚被分割成三個部分，左、右兩部分
分別繪覽鏡圖與博戲圖，中間描繪出神人與伏羲女媧圖（圖 12-2）。現實與神話兩種題
材共存於一塊磚上，「人神共處」是那個時代最具特色的文化體現。站立的女子身着白
衣，左手持鏡，右手梳髮，其右側立一青衣女子。此磚現藏中國農業博物館[1]。

　　鐫刻於東漢畫像石上的佳人覽鏡，既無筆墨，也無色彩，有的是另外一種金石韻
味。山東嘉祥武梁祠畫像石上的《梁高行覽鏡割鼻圖》，顯得異常悲壯。據《列女傳·梁
寡高行》載，高行是梁國的寡婦，為人榮於色而美於行。丈夫死得較早，她守寡不嫁。
梁國的達官顯貴大多想娶她，卻無法得到。梁王聽説之後，派人去送去彩禮定親。高行

1　曹建強：《洛陽新發現一組漢代壁畫磚》，《文博》2009 年 4 期。

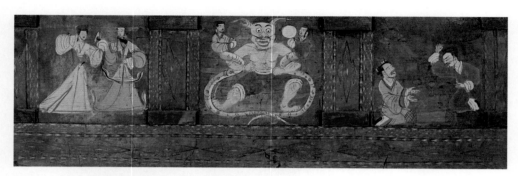

圖 12-2　偃師新莽空心磚壁畫上的《覽鏡圖》（張應橋供圖）

曰：「妾夫不幸早死，先狗馬填溝壑，妾守養其幼孤，曾不得專意。貴人多求妾者，幸而得免，今王又重之。妾聞：『婦人之義，一往而不改，以全貞信之節。』忘死而趨生，是不信也。貴而忘賤，是不貞也。棄義而從利，無以為人。」言罷，拿起鏡子，持刀將自己的鼻子割下，並説：「妾已刑矣。所以不死者，不忍幼弱之重孤也。王之求妾者，以其色也。今刑餘之人，殆可釋矣。」梁王得知，大其義，高其行，乃復其身，尊其號曰「高行」，君子謂高行節禮專精。《詩》云「謂予不信，有如皎日」，説的就是高行這樣的女子。頌曰：「高行處梁，貞專精純，不貪行貴，務在一信，不受梁聘，劓鼻刑身，君子高之，顯示後人。」[1]

　　武梁祠石刻畫像上刻有榜題，可以準確地知道畫中人物的身份。畫面自左至右，依次為梁王使者的車馬、使者、奉金者、梁高行等形象（圖 12-3）[2]。由於時間久遠，武梁祠畫像中梁高行動作的細節刻畫已顯得有些模糊，清代學者所繪復原圖展現了梁高行的細

1　（漢）劉向編撰：《新編古列女傳》卷四《貞順傳》，鄭曉霞等編：《列女傳彙編》三，北京圖書館出版社，2007 年，441—443 頁。
2　蔣英炬主編：《中國畫像石全集》第 1 卷《山東漢畫像石》，山東美術出版社，2000 年，31 頁。

圖 12-3　東漢武梁祠《梁高行
覽鏡割鼻圖》（《中國畫像石全集》
第 1 卷《山東漢畫像石》，31 頁）

微動作，只見高行端坐於奉金者面前，左手持刀，右手覽鏡，真實再現了即將發生的壯
烈一幕。所有畫面雖然出現在同一水平線上，卻有外部空間與內部空間的劃分。在「使
者」榜題的上方開始出現的帳幔，說明自此進入室內。奉金者目睹了高行割鼻的慘劇，
而使者在室外等候，不知室內所發生的一切。

　　以刀代筆，將圖像雕刻於石上，畫面充溢着一種金石的味道。三國時期在木器上髹
之以漆，描繪出的圖形自有另一番風格。1984 年，安徽馬鞍山雨山鄉安民村林場三國孫
吳左大司馬朱然墓，出土了一批珍貴的漆木器。其中，有一件反映貴族生活的漆盤，描
繪有仕女梳妝圖（圖 12-4），為我們清晰地展示了三國時期佳人覽鏡的生活場景。盤內
底描繪 12 人，分為 3 層。上層為宴賓圖，畫有 5 人。中間有一豆形器，內有一勺。左側
一男一女應是主人，一侍女立於左端近盤內壁處，右側是兩男賓。賓主均坐於圓形座墊
上，呈交談狀。座前有矮足圓案，上面放置有食物。中層亦繪五人，分為三組圖像。左
側為梳妝圖，畫中一女子跽坐於鏡臺前，雙手置於頭上，正在對鏡梳妝，旁置一盒，蓋

圖 12-4　馬鞍山三國孫吳朱然墓漆盤畫
摹本（《馬鞍山文物聚珍》，67 頁）

子放於盒右側；中央繪對弈圖，兩位男子分坐兩邊，中間置一棋盤，前面有矮足圓案，
案上有食物；右側畫馴鷹圖，兩人對坐，手臂前舉，各架一鷹，中間置矮足圓盤，上置
食物。以上兩層畫面均為室內活動，盤底最上端繪以門窗與屏風。下層為出遊圖，畫有
兩人，一人騎馬，一人步行，跟於馬後，前後有山丘。盤徑 24.8、高 3.5 厘米。據該墓同
出漆器上的銘文「蜀郡作牢」及學者的考證，這些漆器的產地應是三國蜀漢的產品，可
能是吳蜀保持聯盟關係時的贈品或貿易往還中的商品，也不能排除是戰爭中獲得的戰利
品[1]。

　　《三國志‧吳書‧朱然傳》記述了朱然戎馬倥傯的人生經歷。他年少時曾經與孫權同
學《尚書》，孫權掌權之後，重用朱然。在與蜀漢的兩次戰爭中，朱然立下汗馬功勞。

---

[1]　安徽省文物考古研究所等：《安徽馬鞍山東吳朱然墓發掘簡報》，《文物》1986 年 3 期；楊泓：《三國考古的新發現：讀朱然墓簡
報札記》，《文物》1986 年 3 期。

東漢建安二十四年（219 年），東吳軍隊征討蜀將關羽，朱然與潘璋到達臨沮擒獲關羽，朱然由此任昭武將軍，封西安鄉侯。黃武元年（222 年），劉備舉兵攻宜都，朱然率兵五千，與陸遜並力抗拒劉備。朱然攻破蜀軍前鋒，斷其後道，劉備軍隊敗退。朱然升至征北將軍，封永安侯，後任左大司馬、右軍師。赤烏十二年（249 年），朱然 68 歲卒。孫權素服舉哀，為之悲痛[1]。隨葬於朱然墓的這件漆盤，雖無法判定它的真正來源，但有一點可以推測，即漆盤上的畫面反映的應是三國蜀漢上層社會的生活內容，其中對鏡梳妝圖描繪的是三國時期西南地區貴族階層女子的生活場景。

　　傳東晉顧愷之的名作《女史箴圖》，創作年代雖然受到學者們的質疑，但其畫面的細微之處所凸顯出高超的藝術水準仍為大家所歎服。學界普遍認為大英博物館（British Museum）收藏的《女史箴圖》唐代摹本，楊新提出應是北魏宮廷繪畫的原本[2]。其中，有一組覽鏡梳妝圖，畫面左側有兩位女子，一位仕女端坐於鏡臺前的席上，另一位侍女立於其身後，為其梳頭。另有一位仕女坐於鏡臺右側不遠處，左手執鏡，右手抬起，梳理整容，鏡中映出清秀的面容。畫面右側有兩列行楷榜題，是這組圖像的中心思想，為西晉張華所撰《女史箴》的文字內容：「人咸知修其容，而莫知飾其性。性之不飾，或愆禮正，斧之藻之，克念作聖。」（圖 12-5）

　　楊新對畫面中兩位仕女照鏡時的不同眼神及面部表情做了細緻入微的比較。一位是獨自對鏡梳妝的女子，鏡子與面部的距離較近，其眼神是看着自己的。另一位被別人梳髮的女子，也在對着鏡子看自己，但距鏡臺較遠。由於與鏡子距離的不同，眼神的描繪

1　《三國志》卷五六《吳書一一·朱然傳》，1305—1308 頁。

2　楊新：《從山水畫法探索〈女史箴圖〉的創作年代》，《故宮博物院院刊》2001 年 3 期。

圖 12-5　大英博物館藏《女史箴圖》局部（英國大英博物館供圖）

則不一樣，近者眼睛睜大而遠者小。兩個人物的面部表情也不一樣，近者眉如新月，面帶喜色，是對自己化妝與容貌的自矜；遠者眉梢向下，面部平靜，是因為有人梳頭被牽動而分心，她望鏡子只是在看她人的動作和自己的頭髮，還來不及自我欣賞。位於畫面左側站立的梳頭者，眼睛則是看着自己的雙手，眉梢上挑，為了便於梳頭，把自己長大的袖子打上結，所有這些都是來自作者對生活的直接觀察。故宮博物院藏有此卷的宋代摹本，人物位置、服飾基本相似，至於一些細微處則相去甚遠（圖 12-6）[1]。

　　唐代以佳人覽鏡為主題的資料，大致分為繪畫、石槨線刻畫、三彩俑、瓷俑等幾類。繪畫有傳周昉的《揮扇仕女圖》中的第四組畫面、章懷太子墓後甬道東壁壁畫《侍

1　故宮博物院編：《故宮博物院藏品大系 · 繪畫編》3《宋》，紫禁城出版社，2008 年，145 頁。

圖 12-6　故宮藏《女史箴圖》宋代摹本局部（《故宮博物院藏品大系·繪畫編》3《宋》，145 頁）

女覽鏡圖》（圖 12-7）[1]。石槨線刻畫包括唐貞順皇后石槨、韋頊石槨上的三幅畫。2010 年入藏陝西歷史博物館的唐玄宗貞順皇后石槨內壁上，雕刻有兩幅覽鏡圖，均由一仕女一男裝侍女構成，立姿，背後飾一棵花朵盛開的樹。一幅畫面中，仕女左手持葵花形鏡鏡鈕，右手握長簪，似在梳理髮髻；另一幅畫中，仕女左手執圓鏡，右手持倭髻（圖 12-8）。有學者提出，仕女形象的身份應是陪侍皇后嬪妃的女官[2]，意指石槨畫中的兩位覽鏡仕女描繪的是宮廷內的女官形象。

　　這些看上去安靜、平和的覽鏡女官形象，雕刻於厚重的石槨內壁，默默陪伴着皇

1　陝西歷史博物館編：《章懷太子墓壁畫》，文物出版社，2002 年，73 頁。

2　程旭等：《唐敬陵貞順皇后石槨》，《文物》2012 年 5 期；葛承雍：《皇后的天堂：唐宮廷女性畫像與外來藝術手法》，《故宮博物院院刊》2012 年 4 期。

圖 12-7 陝西唐章懷太子墓壁畫《侍女覽鏡圖》
（《章懷太子墓壁畫》，73 頁）

圖 12-8 陝西唐敬陵貞順皇后石槨線刻《覽鏡
圖》摹本局部（《皇后的天堂：唐敬陵貞順皇后
石槨研究》，97、99 頁）

后長眠於黃泉之下，與這位死後追封的皇后生前導演跌宕起伏、波瀾壯闊的宮廷大戲
形成了強烈反差。貞順皇后即史書中所說的「武惠妃」，來自於武則天家族，為子嗣
爭奪皇位的繼承權，將競爭對手置於死地而後快，多行不義必自斃，最終導致自身喪
命。《舊唐書·貞順皇后傳》：「玄宗貞順皇后武氏，則天從父兄子恆安王攸止女也。攸
止卒後，后尚幼，隨例入宮。上即位，漸承恩寵。及王庶人廢后，特賜號為惠妃，宮
中禮秩，一同皇后……惠妃以開元二十五年十二月薨，年四十餘。」[1] 開元二十六年
（738 年），葬於敬陵。

---

1 《舊唐書》卷五一《后妃傳上》，2177—2178 頁。

正史中未言及惠妃的死因，而在《大唐新語・懲戒》中則有一段曲折、離奇的描述：武惠妃受到唐玄宗的寵幸，想讓自己的兒子繼承皇位，王皇后為此妒忌，有些憤憤不平，玄宗將皇后廢為庶人。接着，太子也將被廢，玄宗訪於張九齡，九齡回答：「太子，天下本也，動之則搖人心。」玄宗聽了不太高興，不得不隱忍很長時間。後來，李林甫主持朝政，暗中與武惠妃合謀，欲立其子以自固。於是，先罷黜了張九齡的官職，後廢太子。鄂王瑤、光王琚與太子同一天遇害，海內痛之，號為「三庶」。

太子等既受冤死，武惠妃及左右經常碰到鬧鬼的事，甚感恐懼，有的還聽到鬼哭聲。召來幾位巫師到宮中察看，都說是「三庶」變為惡鬼來鬧騰。當初是將鄂王、光王抓起來，行刑者射死他倆並草草埋葬，后命改葬。不久，武惠妃也死了，宮中鬧鬼的事才漸漸平息。玄宗立忠王為太子，李林甫的計策未能實現，成天提心弔膽。「三庶」是開元二十五年（737 年）四月二十三日死的，武惠妃到十二月而斃命，有見識的人懂得這乃是鬼神降災神妙莫測之道[1]。歷史是一面鏡子，透過這座重達二十六噸的巨型石槨，映照出武惠妃悲慘的人生結局，正如唐人邵謁《覽鏡》中的詩行：

> 一照一回悲，再照顏色衰。日月自流水，不知身老時。昨日照紅顏，今朝
> 照白絲。白絲與紅顏，相去咫尺間。[2]

清代末年，西安南郊發現唐開元六年（718 年）韋頊墓，出土一件石槨，外壁雕有陰線刻畫。有一位站立着的仕女，左手下垂，手指勾着裙帶，右臂曲肘，手執帶柄鏡，

---

1 （唐）劉肅撰、許德楠等點校：《大唐新語》卷一一《懲戒》，中華書局，1997 年，172—173 頁。

2 《全唐詩》卷六〇五《邵謁》，7052 頁。

圖 12-9　唐開元六年韋頊墓石槨線刻《覽鏡圖》摹本與拓本局部（摹本為朱笛摹繪；拓本引自《中國畫像石全集》第 8 卷《石刻線畫》，127 頁）

對鏡照容（圖 12-9）。關於畫中這位女子的身份，學界曾有所討論。王子雲提出，石槨上「一個突出的畫像，是描寫一個青年貴族婦女正在持鏡整妝的形象。這一畫像的臉型，畫師以正確的比例，細心慎重地刻畫出唐代婦女典型的面貌。她的面型是和敦煌唐代壁畫以及唐墓出土俑像相類的，由於頰部輪廓線一處錯筆的更改，更顯露出刻工精巧的手法。在整個畫像的安排上，由於一手持鏡一手提帶所顯出的悠閒姿態，充分地表現出一個美於姿容的少婦矜持而又驕恣的內在心情」[1]。茹士安持不同意見：「給這個刻於石槨上的女像以『貴族婦女』的身份，是與其所處的位置不相適應的。」[2] 此外，這幅畫從藝術的角度反映了唐代人使用帶柄鏡的事實。與其相似的是一件 1948 年出土、陝西歷史博物館

1　王子云：《唐代的石刻線畫》，《文物參考資料》1956 年 4 期。

2　茹士安：《從「陶俑」一書材料的真實性談起》，《文物參考資料》1957 年 10 期。

圖 12-10　西安長安縣賈里
村唐裴氏墓執鏡彩繪女俑
（霍宏偉攝影）

藏彩繪女立俑，亦為手執帶柄鏡（圖 12-10），此俑發現於陝西長安縣神禾原賈里村附近
的唐大中四年（850 年）裴氏小娘子墓[1]。但令人頗感疑惑的是，至今尚未能夠確認屬於唐
代的帶柄銅鏡實物。

　　在西藏阿里地區札達縣境內的東嘎洞窟壁畫中也有手執帶柄鏡的人物形象，其身份
應該是供養人。在編號為 ZD2 的洞窟天井頂部的曼陀羅（壇城）圖中，描繪有一人呈坐
姿，上身赤裸，耳佩環，下着緊身小衣，身披條帛，雙臂併攏，略朝前方伸去，雙手捧
一帶柄鏡，鏡面中清晰地映出其面容。與此像相距約 50 厘米處，另繪有一人像，亦為坐
姿，耳佩環，帶項飾，上身穿緊身短袖衫，下身着緊身小衣，兩臂外側飄以條帛。左臂

1　　周到主編：《中國畫像石全集》第 8 卷《石刻線畫》，河南美術出版社，2000 年，127 頁；李秀蘭等：《唐裴氏小娘子墓出土文
　　物》，《文博》1993 年 1 期。

圖 12-11　西藏阿里東嘎石窟壁畫中執鏡人物形象摹本
（《再論西藏帶柄銅鏡的有關問題》，《考古》1997 年 11 期）

彎曲，左手抬起，拿一帶柄鏡，右臂略彎，置於腹前。壁畫中出現的兩面銅鏡形象，其柄部略寬，帶有穿孔，直接與鏡下緣相接（圖 12-11）。繪有執帶柄鏡人物圖像的東嘎一號窟屬於早期洞窟，時代大約為公元 11—13 世紀 [1]，相當於宋元時期。

「插花枝共動，含笑靨俱生。衫分兩處色，釧響一邊聲。就中還妒影，恐奪可憐名。」[2] 這首唐詩《歎美人照鏡》，表達了詩人對於佳麗覽鏡照容的感歎，有兩件同時代的覽鏡女坐俑，用立體的表現手法塑造的恰好是這一精彩瞬間。1955 年西安東郊王家墳 90 號唐墓出土的女俑尤其重要，因為此墓未被盜掘，保存較為完整。這件三彩女坐俑頭束高髻，臉龐圓潤，透着一種迷人的微笑。女俑上身穿半露胸式黃褐色窄袖小衫與乳白色半臂，下着深綠色高腰柿蒂紋綾長裙，裙襬下露出一雙重臺履。左手持鏡，右手伸

1　霍巍：《再論西藏帶柄銅鏡的有關問題》，《考古》1997 年 11 期，65 頁，圖三。

2　《全唐詩》卷七六九《陳述》，8821 頁。

圖 12-12　西安王家墳 90 號唐墓覽鏡
三彩女俑（《西安東郊王家墳清理了一座
唐墓》，《文物參考資料》1955 年 9 期）

着食指，坐於一個有着上下兩層紋飾繁縟的束腰圓凳之
上。俑高 47.3、寬 19.3 厘米（圖 12-12）。有一些論著在
引用該資料時說女俑左手持鏡已失，其實不然。若仔細
觀察，會發現唐人塑造此像執鏡是用了寫意的方法，即先
塑出握拳的左手，手心向內，再於併攏的五指前部粘貼上
一張如餃子皮似的薄片兒，以此代表銅鏡。發掘者推測這
件女俑可能是墓主人的塑像。

　　此墓分為兩個區域，一個是墓室西側棺木範圍內，以
人骨架為中心，其北端有兩件彩繪陶罐，東側自北向南分
佈着銅洗、狩獵紋銅鏡、銅鑷子、蚌殼、小瓷盤、開元通
寶銅錢；另一個是墓室北壁下，以女坐俑為中心的區域，
女俑居中，左右有獅子，前有錢櫃，東南有一件陶牛，西
南有兩件瓷碗。所擺放的器物大致對稱（圖 12-13）[1]。從隨
葬品的平面分佈來看，人骨架與女坐俑無疑處於墓中最為
重要的兩個位置。從女俑周圍器物的排列佈局來看，其左
右各有一件三彩獅子護佑，面前的錢櫃是財富的象徵，牛
也有驅邪厭勝的作用。由此來看，這件女俑是墓主人塑像
的可能性還是存在的。

　　另一件三彩女坐俑為傳世品，現藏英國國立維多

1　何漢南：《西安東郊王家墳清理了一座唐墓》，《文物參考資料》1955 年 9 期；陝西省文物管理委員會：《西安王家墳村第 90 號
　　唐墓清理簡報》，《文物參考資料》1956 年 8 期。

利亞與艾伯特博物館（Victoria and Albert Museum）。其頭梳雙髻，面目清秀，身穿短衫長裙，外罩半臂，肩搭披帛，一塊白色小方塊粘連於左手指前端，以象徵小鏡子，曲臂照鏡，右手整裝。頭部素胎粉彩，上身以施黃釉為主，下身多施綠釉。高 32、寬 10 厘米（圖 12-14）[1]。

　　與兩件三彩女坐俑質地、姿勢不同的是，1992 年洛陽北郊市勞動教養所餐廳樓工地 949 號晚唐墓出土的覽鏡白瓷女立俑。女俑為梳妝狀，頭向左側微偏，髮型複雜，腰束長帶，上着寬袖衫，下穿曳地長裙。右手彎曲執鏡於面前，作照鏡狀；左手拿髮笄，作綰髮狀。胎質細膩，釉色潔白。通高 7.5 厘米（圖 12-15）。看着眼前的這位仕女形象，不禁會讓人聯想起晚唐詩人李商隱的名篇《無題》：

圖 12-13　王家墳 90 號唐墓發掘現狀（《西安王家墳村第 90 號唐墓清理簡報》，《文物參考資料》1956 年 8 期）

　　　相見時難別亦難，東風無力百花殘。春蠶到死絲方盡，蠟炬成灰淚始乾。
　　晓鏡但愁雲鬢改，夜吟應覺月光寒。蓬山此去無多路，青鳥殷勤為探看。[2]

1　呂章申主編：《海外藏中國古代文物精粹·英國國立維多利亞與艾伯特博物館卷》，安徽美術出版社，2014 年，334—335 頁。
2　《全唐詩》卷五三九《李商隱一》，6219 頁。

圖 12-14　維多利亞與艾伯特博物館
藏唐覽鏡三彩女俑（《海外藏中國古
代文物精粹‧英國國立維多利亞與艾伯
特博物館卷》，335 頁）

圖 12-15　洛陽市勞動教養所 949 號
唐墓覽鏡白瓷女俑（霍宏偉攝影）

　　在五代畫家周文矩《宮中圖》的南宋摹本中，有兩組覽鏡形象，均為仕女與侍女相
對而立，前者高大於後者。位於畫面左側的第一組人物，仕女手持鏡背綬帶，引鏡自
照，侍女雙手端盤，盤中放有梳妝用品。畫面右側的第二組人物，仕女背對觀者，將雙
手舉於腦後，正在臨鏡挽髻，侍女持鏡置於胸前，鏡中清晰地映出仕女俊美的容貌（圖
12-16）[1]。畫家以其敏銳的觀察力，用細膩的筆觸、流暢的線條、準確的造型記錄了一群內
宮特殊人群的現實生活。這一段南宋摹本現藏美國哈佛大學福格藝術博物館。

　　與第二組覽鏡人物類似構圖的資料可列舉兩例。一幅是故宮博物院藏傳唐代周昉的

1　林樹中主編：《海外藏中國歷代名畫》第二卷《五代至北宋》，湖南美術出版社，1998 年，51 頁。

圖 12-16　五代周文矩《宮中圖》南宋摹
本局部（《海外藏中國歷代名畫》第二卷《五
代至北宋》，51 頁）

圖 12-17　《揮扇仕女圖》局部
（《中國歷代侍女畫集》，圖 14）

圖 12-18　明代仇英《貴妃曉妝圖》
局部（《中國歷代仕女畫集》，圖 47）

《揮扇仕女圖》，其中第四組畫面為兩位女子相對而立，左側穿男裝的年輕侍女雙手把持
着一面體大厚重銅鏡的鏡鈕，右側年紀稍長、體態豐腴的女子雙手放於頭旁，正在對鏡
理鬢梳妝，有人說這正是中晚唐時期宮廷內一群深鎖皇宮、寂寞終老嬪妃的真實寫照[1]
（圖 12-17）。另一幅是臺北故宮博物院藏明代仇英的《貴妃曉妝圖》，畫中一位貴妃坐在
圈椅裏，對着鏡子，雙手放於頭上，正在向髮髻上插簪子，她的對面立一位侍女，雙手
捧着一面大圓鏡（圖 12-18）。這些畫在題材上均選擇了宮內嬪妃的日常生活場景、梳妝
打扮的瞬間動作。

　　兩宋時期，佳人覽鏡題材在繪畫作品中得到較為充分的體現。河南禹縣白沙一號墓

1　陳粟裕：《綺羅人物：唐代仕女畫與女性生活》，上海錦繡文章出版社，2012 年，52—60 頁。

圖 12-19　河南禹縣白沙北宋趙大翁墓《梳妝圖》
壁畫摹本（《中國歷代女性像展》，66 頁）

圖 12-20　河南滎陽槐西村北宋墓《梳
妝圖》壁畫（《鄭州文物考古與研究》2，
彩版四四：2）

為北宋元符二年（1099 年）趙大翁墓。後室西南壁壁畫上設幔、綬，幔下左側站立一女，
高髻，雙手捧絳色圓盒。其面前四條腿的方桌上放置一件淡赭色鏡臺，臺端畫七枚蕉葉
飾，最上蕉葉飾下繫圓鏡一面。右側立四位女子，前面一女着窄袖絳衫、捲雲文裙、尖
鞋，面南，雙手上捧白團冠，欠身臨鏡作着冠狀，冠下前後插簪飾；其後左側立一女，
右手指鏡臺後面的女子，作申斥狀；此女之右立一女，雙手捧一白色盤，盤中盛兩盞及
托子；其前一少女，雙手捧一絳緣黑底盤，盤中所盛似為梳妝用具，拱身侍立於臨鏡着
冠的女子之後。墓主人趙大翁是一位擁有土地的地主，墓中壁畫所描繪的對鏡着冠女

圖 12-21　內蒙古庫倫一號
遼墓壁畫摹本局部（《庫倫
遼代壁畫墓》，25 頁）

子，或為墓主家眷[1]（圖 12-19）。

　　2008 年，在河南榮陽市豫龍鎮槐西村西北部臺地上，考古工作者發掘了一座北宋晚期壁畫墓。在東壁下部有一幅梳妝圖。壁畫右半幅繪兩位站立的女子，中間繪紅色鏡臺，鏡臺上懸一圓鏡。左側女子正對鏡梳妝，右側女子回眸望鏡（圖 12-20）[2]。與這種典型中原風格完全不同的是地處北方遼代壁畫墓中的覽鏡畫面，遊牧民族的生活特點躍然壁上。1972 年，在內蒙古哲里木盟庫倫旗勿力布格村北發掘的遼代一號壁畫墓墓道北壁中段，描繪有女主人於戶外備車啟程的場景。在一輛轎頂式鹿車的前面有三位男子，車後站立兩位女子，其中女主人立於左側，侍女在其右側手執銅鏡，幫主人整妝，鏡內映照出女主人嬌美的面容（圖 12-21）[3]。無論是男女人物的衣着打扮，還是所使用的交通工具

1　宿白：《白沙宋墓》，27 頁，圖版貳柒。

2　于宏偉等：《榮陽槐西壁畫墓發掘簡報》，《鄭州文物考古與研究》2，科學出版社，2010 年，557 頁，彩版四四：2。

3　王健群等：《庫倫遼代壁畫墓》，文物出版社，1987 年，25 頁，圖一八，圖版一〇：2。

圖 12-22　元代嵌螺鈿黑漆盒蓋上的《美人對鏡圖》（《世界美術全集》20 卷《中國中世 II・明・清附近代》，圖 119）

鹿車，均與中原地區截然不同。

　　有一件現存日本的元代美人對鏡圖嵌螺鈿黑漆盒，原先被誤定為明代螺鈿器。「該樓閣人物圖螺鈿菱花食籠，蓋面仕女理妝圖中物象所見鏡架、奩盒與宋人《半閒秋興圖》中桌上所置鏡架、奩盒造型幾乎無區別。…… 東京國立博物館西崗康宏《中國の螺鈿》，對元、明螺鈿斷代做了論證，且也將此作品列為元代製品。」（圖 12-22）[1] 從圖像上來看，樓閣中的佳麗面對着放置於桌上的鏡臺正在梳妝。實際上，早在東漢畫像石上也有樓閣之中仕女覽鏡梳妝場景的描繪。安徽靈璧縣九頂鎮出土一塊東漢畫像石上，雕刻出一位無名女子跽坐於樓閣上層窗邊、照鏡梳妝的優雅場景。東漢時期樓

1　陳晶：《三國至元代漆器概述》，陳晶主編：《中國漆器全集》第 4 卷《三國—元》，23 頁；〔日〕下中彌三郎：《世界美術全集》20 卷《中國中世 II・明・清附近代》，圖 119，黑漆螺鈿八棱食籠（蓋表，《美人對鏡圖》）。

閣的出現，顯示出女子身份的特殊。

　　明清時期，有關佳人覽鏡題材的繪畫日漸增多，中國國家博物館藏明代繪畫《千秋絕艷圖卷》頗具代表性。這是以歷史上諸多美人故事為素材創作的大型仕女圖長卷，卷中有三幅與覽鏡相關的畫面，一為隋代陳貞破鏡重圓圖，二為唐代薛姬臨鏡寫真圖，三為北宋聶勝瓊持鏡圖，畫面右上角均有工整的小楷題詩[1]。

　　《千秋絕艷圖卷》圖八為《陳貞破鏡重圓圖》，畫卷中南朝陳國的樂昌公主陳貞亭亭玉立，左手持一藍色條帶，右手捏着套在鏡鈕上的藍色短綏帶及半面金黃色殘鏡邊緣，一副若有所思的神情。題詩云：「樂昌公主。寶鏡空明半月輝，悶來獨自掩孤幃。傷心怕說前朝事，淚濕羅衫對落暉。」

　　該圖卷一四為唐代《薛姬臨鏡寫真圖》。一位女畫家坐在桌前，鋪開一紙，對着放置於鏡臺上的一面圓鏡，揮毫作畫，將自己美麗的倩影展現於畫幅之上。題詩云：「薛姬。幾回欲下丹青筆，愁向妝臺寶鏡明。寫出素顏渾似舊，請君時把畫圖臨。」（圖 12-23）

　　「自寫真」亦稱自畫像，是人物肖像畫中的重要門類。畫上所題「薛姬」，即唐代才女薛媛。唐范攄《雲溪友議·真詩解》一文，有關於薛媛的事跡：

> 　　濠梁人南楚材者，旅遊陳潁。歲久，潁守慕其儀範，將欲以子妻之。楚材家有妻，以受潁牧之眷深，忽不思議而輒已諾之。遂遣家僕歸取琴書等，似無返舊之心也。或謂求道青城，訪僧衡嶽，不覲名宦，唯務玄虛。

> 　　其妻薛媛，善書畫，妙屬文；知楚材不念糟糠之情，別倚絲蘿之勢，對鏡

1　《中國歷代仕女畫集》，天津人民美術出版社等，1998 年，圖 59、64、65。

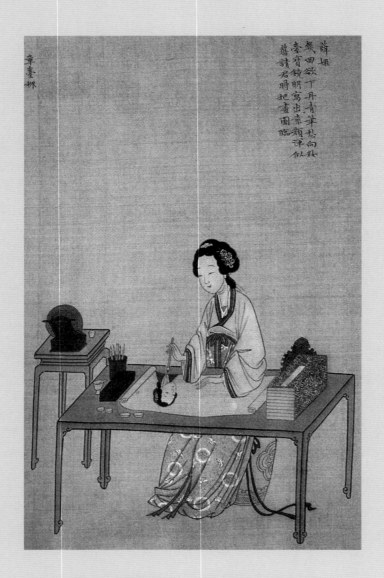

圖 12-23　明代《薛姬臨鏡寫真圖》(《中國歷代仕女畫集》，圖 65)

圖 12-24　大英博物館藏宋代
銀鏡奩（英國大英博物館供圖）

自圖其形，並詩四韻以寄之。楚材得妻真及詩範，遽有雋不疑之讓，夫婦遂偕
老焉。……薛媛寫真寄夫詩曰：「欲下丹青筆，先拈寶鏡端。已驚顏索寞，漸覺
鬢凋殘。淚眼描將易，愁腸寫出難。恐君渾忘卻，時展畫圖看。」[1]

　　唐代濠梁人南楚材遊走至陳潁之地，時間久了，陳潁太守敬慕其儀容，想把自己的
女兒嫁給他。楚材同意這椿婚事，於是派僕人回家去取琴書，似無返鄉之意。其妻薛媛
擅長書畫，精通作文，也略知丈夫的意圖。於是，對鏡繪製一幅自畫像，並題詩一首送
給丈夫。楚材得到妻子的自畫像及題詩，感到很慚愧，夫妻重歸於好，白頭到老。

　　英國大英博物館藏一件宋代銀鏡奩，奩蓋中央開光內鏨刻有一幅仕女臨鏡寫真的畫
面[2]（圖 12-24），以往較少有人關注過它的故事內容。通過對明代《千秋絕艷圖卷》一四
《薛姬臨鏡寫真圖》內容的解讀，可以較為容易地讀懂大英博物館藏宋代銀鏡奩蓋上畫
面的含義，它所表現的應該也是唐代薛媛臨鏡寫真的故事。

1　（唐）范攄：《雲溪友議》卷上「真詩解」條，4 頁。

2　〔日〕東京國立博物館等：《大英博物館所藏「日本・中國美術名品展」圖錄》，朝日新聞社，1987 年，154 頁。

圖 12-25　明代《聶勝瓊持鏡圖》(《中國歷代仕女畫集》,圖 64)

《聶勝瓊持鏡圖》,畫中有一女子坐於圓凳上,將鏡子從褐色椅型鏡臺上取下來,右臂略彎曲,手持鏡背紅綬帶,對鏡照容,左手抬起,置於胸前。題詩云:「聶勝瓊。雙眸別淚越江邊,待月東林月正圓。雲鬢懶梳還對鏡,恐驚憔悴入新年。」(圖 12-25) 聶勝瓊為北宋汴京城的名妓,與李之問相好,分別後寄贈李氏《鷓鴣天》詞一首,以表達離別思念之情:

玉慘花愁出鳳城,蓮花樓下柳青青。尊前一唱陽關曲,別個人人第幾程。尋好夢,夢難成,有誰知我此時情。枕前淚共階前雨,隔個窗兒滴到明。

未曾料到的結果是,李之問返家之後,這首詞被他的妻子看到,喜其語句清健,竟主動拿出路費,讓李之問將聶勝瓊接回家來,以事主母,終身和悅[1]。

清代繪製的覽鏡圖依描繪場景的不同,有戶外、室內之分。反映戶外場景的繪畫,有乾隆三年（1738 年）陳枚以寫實筆法創作的《月曼清遊圖》冊之五《對鏡梳妝》。五月端午前後,天氣漸熱,渠畔水樹之中,六位仕女在消夏乘涼。其中一位上着藍衣

1　張思岩輯:《詞林紀事》卷一九《宋一七》,古典文學出版社,1957 年,515—516 頁。

圖 12-26　清代陳枚《對鏡梳
妝》（《明清風俗畫》，105 頁）

下穿白裙的少女端坐於中央方桌前，桌上奩盒之上支着一面鏡子，正在對鏡梳妝，周
圍幾位女子的注意力大多集中於女孩身上。畫面左側另有一女子提着茶具，正準備入
榭送茶（圖 12-26）[1]。

　　表現室內的佳人覽鏡瞬間，以故宮藏清代雍正登基之前所用圍屏《十二美人》之
一的《裘裝攬鏡》最為人所熟知（圖 12-27）。一位佳麗坐於床邊，手持鏡子仔細端詳。
1993 年，巫鴻在與以前故宮博物院的兩位同事楊臣彬、石雨春的交談過程中，了解到

1　金衛東主編：《明清風俗畫》，105、257 頁。

圖 12-27　清代《裘裝攬鏡》(《十二美人》第 1 冊《一卷美人》)

《十二美人圖》發現的大致經過。20 世紀 50 年代初，對故宮清代藏品進行整理，其中有一套 12 幅佚名畫作。經考證，這些美人絹畫最初是裝裱於圓明園深柳讀書堂一架圍屏的 12 扇屏面上，並不是用來裝飾宮中殿堂牆壁的[1]。

乾隆五十五年（1790 年）繪製、印刷的版畫集《百美新詠圖傳》，有三幅佳人覽鏡圖。第一位是被隋煬帝封為崆峒夫人的吳絳仙，擅於描畫修長的蛾眉。畫面中，吳絳仙正依桌而立，左手持鏡綬，右手執毛筆，對鏡描畫眉毛（圖 12-28）。唐顏師古《隋遺錄》：

> 一日，帝將登鳳舸，憑殿腳女吳絳仙肩，喜其柔麗，不與群輩齒，愛之甚，久不移步。絳仙善畫長蛾眉，帝色不自禁，回輦召絳仙，將拜婕好，適值絳仙下嫁為玉工萬郡妻，故不克諧，帝寢興罷，擢為龍舟首楫，曰崆峒夫人。由是，殿腳女爭效為長蛾眉。司宮吏日給螺子黛五斛，號為蛾綠。螺子黛出波斯國，每顆直十金，後徵賦不足，雜以銅黛給之，獨絳仙得賜螺黛不絕。帝每倚簾視絳仙，移時不去。顧內謁者云：「古人言秀色可餐，如絳仙真可療飢矣。」因吟《持楫篇》賜之，曰：「舊曲歌桃葉，新妝艷落梅。將身倚輕楫，知是渡江來。」詔殿腳女千輩唱之。[2]

第二位是已亡國的南朝陳國樂昌公主陳貞，與其丈夫徐德言在隋代大興城內共同演

1　趙廣超等：《十二美人》第 1 冊《一卷美人》，《裝裝攬鏡》，紫禁城出版社，2010 年，5 頁；〔美〕巫鴻著、文丹譯：《重屏：中國繪畫中的媒材與再現》，上海人民出版社，2009 年，174—175 頁。

2　（唐）顏師古撰：《隋遺錄》卷上，《窮怪錄》（及其他四種），叢書集成初編，中華書局，1991 年，2 頁。

圖 12-28　清代《吳絳仙描眉圖》（《百美新詠圖傳：歷朝名女詩文圖記》，23 頁）

圖 12-29　清代《樂昌公主覽鏡圖》（《百美新詠圖傳：歷朝名女詩文圖記》，61 頁）

圖 12-30　清代《瑩娘描眉圖》（《百美新詠圖傳：歷朝名女詩文圖記》，119 頁）

繹了一出流傳千古的「破鏡重圓」悲喜劇。此畫與明代《千秋絕艷圖卷》中的樂昌公主形象不同，明畫中的是立姿，手執半鏡，清畫中為坐姿，坐於一個方凳之上，左手持一面完整的鏡子（圖 12-29）。

　　第三位是唐代長安平康巷裏的瑩娘，擅長梳妝描眉。畫面中的瑩娘，端坐於桌前，長案上放一鏡架，架上有一面八卦鏡，鏡旁有一小硯。瑩娘右手持一支毛筆，微蘸墨汁，欲對鏡描眉（圖 12-30）[1]。明代焦竑輯《焦氏類林》卷七引《傳芳略記》：

　　　　瑩娘，平康伎也。玉淨花明，尤善梳掠，畫眉日作一樣。唐斯立戲之曰：

<hr />

1　（清）顏希源編撰：《百美新詠圖傳：歷朝名女詩文圖記》，中國文聯出版社，2006 年，22—23、60—61、118—119 頁。

「西蜀有《十眉圖》，汝眉癖若是，可作《百眉圖》。更假歲年，當率同志為修
『眉史』矣。」[1]

　　故宮博物院珍藏有一幅清代慈禧太后覽鏡的老照片。據考證，從光緒二十九年
（1903年）後，她陸續拍下了照片30張，在光緒二十九年七月立的《宮中檔簿・聖容帳》
中均有記載。每幅照片或立或坐，服裝、頭飾、陳設各不相同，經洗印、放大後的照片
高75、寬60厘米，托襯在考究的硬紙板上，鑲在特製的雕花金漆大鏡框中，盛放在高
128、寬100、厚20餘厘米的紫檀木盒內，外裹明黃色絲繡錦袱。

　　這批照片的攝影者是先後出任清政府駐日及駐法公使的裕庚之子勳齡。他於光緒癸
卯年間（二十九年，1903年）奉詔進入頤和園為慈禧拍攝照片，大多攝於慈禧七十大壽
之前，以備壽辰時懸掛於宮中或賞賜給他人之用。

　　這幅《慈禧對鏡插花》照片，應拍攝於頤和園樂壽堂前搭的席棚內，中設御座、佈
景屏風及豪華陳設。慈禧太后立於正中，左手執帶柄鏡，右手正在插花。其背後上方有
一條橫幅，寫有楷書「大清國當今慈禧端佑康頤昭豫莊誠壽恭欽獻崇熙聖母皇太后。光
緒癸卯年」，共計31字。在「豫莊」兩字之上有一璽印，據另一幅慈禧坐像上方印文「慈
禧皇太后之寶」來看，可知這枚璽印印文與之相同（圖12-31）[2]。

　　通過佳人覽鏡主題的描繪或塑造，反映出不同時代、不同階層、不同身份、不同環
境中女性的生活狀態，即巫鴻提出「女性空間」概念所涉及的內容，這是一個被當作女

1　（明）焦竑輯：《焦氏類林》卷七《冠服》，《續修四庫全書》1189冊，364頁。
2　《故宮舊藏人物照片集》，紫禁城出版社，1990年，25、35頁，圖25。

圖 12-31　故宮藏清代慈禧太后
對鏡插花像局部（《故宮舊藏人物
照片集》，35 頁）

性來感覺、想象和表現的地方，是一個空間性的統一體，一個由山水、花草、建築、空氣、氛圍、色彩、香味、光線、聲音，以及被選中而得以居住在這裏的女性和她們的活動所構成的人造世界。女性人物和女性事物，只是女性空間的構成因素之一[1]。

　　自偃師新莽墓中的梳妝圖壁畫開始，到故宮藏清末慈禧太后的覽鏡照片結束，歷時近兩千年。從三國孫吳朱然墓出土漆盤、北魏《女史箴圖》描繪的佳人坐於席上照鏡，到唐代坐於束腰圓凳上的女俑覽鏡，時光匆匆走過二百餘年。從盛唐圓凳上的照鏡女俑，再到白沙一號北宋墓葬壁畫中面對方桌上的鏡臺梳妝打扮的仕女，光陰似箭，向前又穿行了三百多年。五個多世紀的風雲變幻，人們的生活習俗發生了較大改變，矮式傢具已逐漸升高，成為高足傢具，照鏡所處位置的不同、傢具高低與式樣的轉換正是這種變化的一種生動體現。

　　佳人已逝，佳境永存。

1　〔美〕巫鴻著、文丹譯：《重屏：中國繪畫中的媒材與再現》，184—187 頁。

漢墓鑑影

> 我有古時鏡，初自壞陵得。蛟龍猶泥蟠，魑魅幸月蝕。摩久見菱蕊，青於
> 藍水色。贈君將照色，無使心受惑。[1]

唐代朱書這首《贈友人古鏡》詩説到的古鏡，來自於被毀的古代陵墓之中。雖然無
法確定鏡為何時之物，但可以看出隨葬銅鏡已是古代不可或缺的葬俗之一。漢墓葬鏡是
常見的習俗，有學者在詳細統計漢墓隨葬器物後得出這樣的結論：「銅鏡是一件廣受漢人
喜用的隨葬品，其證據就是出土銅鏡之墓葬在所有未擾墓中經常佔有最高之百分比。」[2]洛
陽燒溝漢墓、西郊漢墓科學的發掘與整理成果，是對這一結論的有力印證。

一、經典燒溝

燒溝漢墓位於洛陽老城西北約 1.5 公里的邙山南坡，地勢較高。邙山，亦稱北邙山、

---

1 《全唐詩》卷四九一《朱書》，5602 頁。
2 蒲慕州：《墓葬與生死：中國古代宗教之省思》，中華書局，2008 年，153 頁。

圖 13-1　漢魏洛陽故城
北面連綿起伏的邙山（霍
宏偉攝影）

芒山，是橫亙於伊洛河平原北部的一條東西向土嶺，其北側為黃河，邙山成為一道防禦
水患的天然大堤。洛陽歷代都城均為「背邙面洛」，營建於伊洛河平原之上。中國自古
選擇塋域就有「尚北」之風，邙山恰好位於洛陽城北（圖 13-1），地勢高敞、平坦，自
西周至今歷經 2800 多年，一直是人們選擇陰宅的風水寶地。《禮記・檀弓下》：「葬於北
方，北首，三代之達禮也，之幽之故也。」注云：「北方，國北也。」正義曰：「言葬於
國北及北首者，鬼神尚幽暗，往詣幽冥故也。殯時仍南首者，孝子猶若其生，不忍以神
待之。」[1]《白虎通・論葬北首》：「所以於北方者何？就陰也。……孔子卒，以所受魯君之
璜玉，葬魯城北。」[2]《讀史方輿紀要・河南三》載，邙山「在府北十里。山連偃師、鞏、

1　李學勤主編：《十三經注疏・禮記正義》卷九《檀弓下》，272 頁。

2　（清）陳立撰、吳則虞點校：《白虎通疏證》卷一一《崩薨・論葬北首》，中華書局，1994 年，558—559 頁。

圖 13-2　孟津張盤西南
的東漢陪葬墓群（1996
年拍攝，洛陽市文物考古研
究院供圖）

孟津三縣，綿亙四百餘里，古陵寢多在其上」[1]（圖 13-2）。洛陽民間流傳着「邙山無臥牛
之地」和「生在蘇杭，葬在北邙」的俗語。

　　洛陽邙山墓區大致可以劃分出西、中、東三段。西段以燒溝漢墓為代表；中段古墓
分佈密集，但被盜嚴重；東段以偃師杏園唐墓最具典型性。通過對已發表考古資料的統
計，邙山墓區出土銅鏡 229 面，鐵鏡 16 面[2]，若再加上民國時期邙山盜掘出的 108 面銅
鏡，所出銅鏡數量達到 337 面。

　　1952—1953 年，洛陽區考古發掘隊在燒溝村西南清理漢墓 225 座（圖 13-3）。這些漢
墓葬制規模大致相同，考古學者認為，這批墓應屬於漢代一般官吏及其眷屬的墓葬。整

1　（清）顧祖禹撰、賀次君等點校：《讀史方輿紀要》卷四八《河南三》「北邙山」條，2225 頁。

2　霍宏偉等主編：《洛鏡銅華》，20—24 頁。

圖 13-3　燒溝漢墓考古發掘現場（《科學出版60 年》，308 頁）

個墓地出土銅鏡 118 面，鐵鏡 9 面，共計 127 面。這些鏡子在墓內的放置是有規律的，大部分放於棺內。置於棺內的鏡子上時常發現有較細的絹紋，可能當時是用絹包裹或是用一鏡囊盛放的。在少數幾面鏡子的鈕穿中，發現纖維痕跡，推測當時還在鏡鈕處穿上一條帶狀的「繫組」[1]，這在湖南長沙馬王堆西漢墓出土銅鏡上已得到了證實。燒溝漢墓報告整理者還對 30 個人骨痕跡較為清楚的墓做了統計：鏡子放於頭左上方或頭左側的有 16 面，置於頭右上方或頭右側的 12 面，見於胸前或肩上的 3 面，擺在足旁的 3 面。由此可見，鏡子放於頭旁的數量最多。按照古人「事死如事生」的觀念來看，逝者與生者沒有什麼區別，只不過生活空間由地面上的陽世轉為黃泉之下的陰間而已，逝者在地下也需要鏡子照容理妝，還可以借助於銅鏡的光輝來保護逝者地下生活的安寧，不受鬼魅的襲擾，所以大多將鏡子放置於頭部的一側。1990 年，考古工作者在燒溝漢墓東側發掘出一

1　洛陽區考古發掘隊：《洛陽燒溝漢墓》，160—176 頁。

座北宋晚期仿木結構磚室壁畫墓，出土 4 面銅鏡，其中 1 面是懸掛於墓頂心圓磚之上的雲龍鏡[1]，讓人聯想到《周易‧乾卦》中「飛龍在天，利見大人」的爻辭。宋人在墓中放鏡的位置已與漢代有所不同，甚至有人將銅鏡懸於棺蓋以照屍體，但目的是相同的，都是為了「取光明破暗之意」[2]。

1959 年，《洛陽燒溝漢墓》發掘報告出版。此書的學術貢獻在於解決了漢墓的編年問題，建立起洛陽地區漢墓分期的標尺，確立了漢墓考古學研究的基本理論與方法，對後來全國各地的漢墓考古有着重要的學術指導意義，被譽為「漢代墓葬考古的奠基之作」[3]。若追溯以往的學術傳統，可以看到兩宋至明清時期盛行的金石學，其研究對象一般為傳世品，器物早已脫離了原始的出土環境，喪失了許多珍貴的歷史信息，銅鏡研究亦然，在資料的使用上有較大的局限性。而燒溝漢墓的發掘者們以現代考古學理論為指導，在考古現場進行科學、細緻的發掘與記錄。在資料整理階段，充分運用類型學的方法，對漢墓與隨葬器物形制進行排比、分析，重視器物組合的變化，總結、歸納出其演變規律，從而較為準確地推斷出墓葬與器物的大致年代。以燒溝漢墓出土銅鏡為例，將其分為蟠螭紋鏡、草葉紋鏡、博局鏡（圖 13-4）等 14 種類型，時間推斷為自西漢中期至東漢晚期 6 個時段。

這部經典報告的主編蔣若是，早年曾就讀於齊魯大學，後來還接受過首屆中央考古訓練班的嚴格培訓，有着較高的考古學理論素養與實踐經驗。1997 年，當年參加過報告整理的北大歷史系吳榮曾教授告訴我，蔣若是在主持報告編寫之初，對於其框架、體例

1　洛陽市第二文物工作隊：《洛陽邙山宋代壁畫墓》，《文物》1992 年 2 期。

2　（宋）周密撰、吳企明點校：《癸辛雜識》續集下「棺蓋懸鏡」條，中華書局，1997 年，202 頁。

3　劉慶柱主編：《中國考古發現與研究（1949—2009）》，人民出版社，2010 年，353 頁。

圖 13-4　燒溝 60 號新莽墓罕見的幾何紋博局鏡及拓本（洛陽市文物考古研究院供圖）

的設計已是胸有成竹，思路清晰，所以報告的整理過程較為順利。該書面世至今已有半個多世紀，仍是中國多所大學考古專業研究生考古文獻研讀課程指定的必讀書目，也是銅鏡研究者整理與探討漢鏡問題的案頭必備之書，正如孔祥星意味深長的一句話：「在我們研究中國古代銅鏡伊始，給予最大啟迪的當屬 1959 年出版的《洛陽燒溝漢墓》一書。」[1]

二、天壤之別

　　1957—1958 年，在洛陽西郊金谷園村和七里河村發掘一大批兩漢墓葬，統稱為「洛陽西郊漢墓」（以下簡稱「西郊漢墓」）。金谷園村位於燒溝墓地西南約 1 公里，南距漢河南縣城遺址北牆 1.5 公里。七里河村東臨近澗河，墓地在澗河西岸的臺地上，隔河與漢

1　孔祥星：《洛鏡銅華》序，霍宏偉等主編：《洛鏡銅華》上冊，2 頁。

河南縣城西牆相望。墓主人身份等級較高，有可能屬於漢代一般官吏及其眷屬的墓葬，出土銅鏡數量較多，鑄造工藝精良。考古報告公佈的資料，僅限於保存較好的 217 座兩漢墓葬，出土銅鏡 175 面[1]。一般置於棺內頭側，個別放於棺外。包括草葉鏡、星雲鏡、鳳鶴鏡、神獸鏡、銅華鏡等 14 種類型。較為罕見的有四鳳四鶴鏡（圖 13-5），在近 60 年來洛陽漢墓考古發掘品中僅此一面，它與星雲鏡伴出，應是西漢中期的一種鏡型。其他又如銅華鏡（圖 13-6），也是洛陽漢墓中不多見的。

　　1955 年，考古工作者在位於漢河南縣城西南約 5 公里的一片低窪地帶，清理了 70 座兩漢小型墓（以下簡稱「小型墓」），從墓葬形制及隨葬品來看，應屬於貧民墓與兒童墓。依其墓葬形制的不同，分為陶棺葬、甕棺葬、瓦棺葬、小型磚棺葬、土壙墓。這五類墓葬出土的隨葬品，大多為陶器，少數墓中出有銅、鐵器，銅鏡共 9 面，僅見於後兩類墓中，鐵鏡 1 面。磚棺葬 38 號墓出土 1 面連弧紋銅鏡，直徑 8.8 厘米。8 座土壙墓各出 1 面銅鏡。包括四乳四螭鏡、四禽鏡、長宜生子鏡、位至三公鏡及蝙蝠形鈕座鏡等，直徑 7.5—11 厘米，多屬小型鏡（圖 13-7、13-8）。66 號墓出鐵鏡 1 面。鏡背中央帶一乳狀平鈕，鐵鏽較厚，無法辨認是否有紋飾。直徑 13 厘米。出銅鏡的墓葬有 9 座，其中 5 座墓出有位至三公鏡或長宜生子鏡，有東漢晚期的初平式陶罐伴出。4 座墓隨葬四螭鏡、四禽鏡及連弧紋鏡 3 種，與東漢貨幣或陶器伴出，其時間不會早於東漢。但就銅鏡及伴出陶器而論，則應較上述五墓時間為早。

　　洛陽地區發掘兩漢貧民墓與兒童墓數量較少，這批小型墓則是與較高等級漢墓進行對比的難得資料。正如發掘、整理者所說：「極少見此類貧苦人民的墓地。而此次發掘的墓地，恰在遠距漢河南縣城西南約 10 華里的低窪地帶。此種現象，或與漢代死者的土地

1　中國科學院考古研究所洛陽發掘隊：《洛陽西郊漢墓發掘報告》，《考古學報》1963 年 2 期。

圖 13-5　洛陽西郊 3165 號西漢墓鳳鶴鏡（《洛陽西郊漢墓發掘報告》，《考古學報》1963 年 2 期）

圖 13-6　洛陽西郊 3206 號西漢墓銅華鏡及拓本（《洛陽西郊漢墓發掘報告》，《考古學報》1963 年 2 期）

圖 13-7　洛陽澗西兩漢小型墓銅鏡拓本（《一九五五年洛
陽澗西區小型漢墓發掘報告》,《考古學報》1959 年 2 期）

圖 13-8　洛陽東方紅拖拉機廠 62 號東漢
墓四乳四禽鏡（洛陽市文物考古研究院供圖）

佔有有關，頗堪注意。此外，鳩車出自兒童墓，銅鏡多佩於成年者的墓中，疑亦為兩漢時代的葬俗。」[1]

通過以上漢河南縣城周圍官吏眷屬墓與貧民墓的比較，可以看出，由於墓主人身份、等級高低貴賤的不同，在墓地選址、墓葬規模與結構、隨葬器物的數量、種類及尺寸大小等方面皆存在較大差異。西郊漢墓選址，無論是在漢河南縣城的北郊還是西郊，均位於地勢高敞之所，距離城址較近，如金谷園墓地與漢河南縣城北牆之間僅有 1 公里之遙，七里河墓地與漢河南縣城西牆隔澗河相望。而小型墓卻在東距漢河南縣城 5 公里之外，地勢低窪，從風水的角度來看，確非理想塋域。西郊漢墓所出銅鏡種類繁多，有 14 種類型，小型墓所見銅鏡種類較為單一，紋飾簡約，僅有四乳鏡、連弧鏡、變形四葉鏡 3 種類型。再就銅鏡的隨葬比例而言，西郊漢墓 217 座，出土銅鏡 175 面，隨葬銅鏡比例高達 80.6%。小型墓 70 座，出土銅鏡 9 面，隨葬銅鏡比例僅為 12.9%，另有 1 面鐵鏡。西郊漢墓出土銅鏡直徑 5.5—23.2 厘米，平均值 14.35 厘米，直徑為 20 厘米以上的鏡子有 3 面。小型墓所出銅鏡直徑為 7.5—11 厘米，平均值 9.25 厘米。貧民墓的銅鏡隨葬比例、種類及直徑大小，均遠遠低於官吏眷屬墓所出同類器物，從銅鏡隨葬比例、工藝水平優劣等方面反映出不同社會階層的較大差異。

三、城之興廢

在燒溝 225 座漢墓中，僅有兩座紀年墓，其一為 147 號東漢初平元年（190 年）墓，出土一件陶罐，器壁上書寫文字：「初平元年□□□□□□□□死者河南□□□郭□□

1　河南省文化局文物工作隊：《一九五五年洛陽澗西區小型漢墓發掘報告》，《考古學報》1959 年 2 期。

□ …… 生人入成（城）死人生（出）郭生人在宅舍死人在□□ …… 」墓中放置「長宜高官」八連弧紋鏡、變形四葉紋鏡各一面。由陶罐上的殘存文字，可以推知墓主人生前為漢河南縣城居民。

　　兩面銅鏡均為圓形，圓鈕。「長宜高官」八連弧紋鏡，蝙蝠形四葉紋鈕座，其間各有一字銘文，合讀為「長宜高官」，字形修長，外飾內向八連弧紋，寬平素緣。直徑 13 厘米（圖 13-9）。變形四葉紋鏡，圓鈕座，座外四面飾變形蝙蝠紋四葉，並以細弧線相連，四葉之間飾以變形渦紋。寬平素緣。直徑 8.3 厘米（圖 13-10）[1]。

　　另有一座未曾引起學術界關注的 813 號初平二年（191 年）墓。1954—1955 年，在洛陽中州路西工段工地，於漢河南縣城遺址中部偏西南清理 813 號初平二年磚棺墓，僅有 5 件隨葬品，包括陶罐、捲雲紋瓦當、「長宜子孫」八連弧紋銅鏡、鐵刀、五銖銅錢各 1 件（圖 13-11）[2]。即使在條件極其艱難的情況下，仍要放置一面銅鏡，可見銅鏡已成為漢墓的重要隨葬品之一。陶罐上的朱書文字清晰地顯示出該墓的紀年：「初平二年三月□□朔二日丙 …… 」「長宜子孫」八連弧紋銅鏡，圓形，圓鈕，蝙蝠形四葉紋鈕座，其間各有一字銘文，合讀為「長宜子孫」。外飾內向八連弧紋，弧間飾以四個小圓圈與「立至三公」銘文，寬平素緣。直徑 11.6 厘米（圖 13-12）。

　　上述兩座初平年間的墓葬年代分別為公元 190、191 年，僅一年之差，墳塋位置的選擇卻有天壤之別，一座是在距漢河南縣城北牆 2.5 公里之外的燒溝，另一座卻位於城內中部偏西南。這究竟是什麼原因呢？答案是，它既與城墓分離制度有關，也同東漢末年一個重要歷史事件密不可分。

1　洛陽區考古發掘隊：《洛陽燒溝漢墓》，159、169—173 頁。
2　中國科學院考古研究所：《洛陽中州路（西工段）》，科學出版社，1959 年，131—136 頁，圖版捌捌：3。

圖 13-9　燒溝 147 號東漢初平元年墓連弧鏡及拓本（《洛陽出土古鏡》，圖 98；《洛陽燒溝漢墓》，172 頁）

圖 13-10　147 號東漢初平元年墓變形四葉鏡及拓本（《洛陽出土古鏡》，圖 91；《洛陽燒溝漢墓》，172 頁）

圖 13-11　漢河南縣城遺址 813 號東漢初平二年墓（《洛陽中州路〔西工段〕》，圖版捌柒：2）

圖 13-12　813 號東漢初平二年墓連弧鏡及拓本（《洛陽中州路〔西工段〕》，圖版捌捌：3，135 頁）

　　作為一個無法替代的坐標，對漢河南縣城的基本概況與歷史沿革應當有所了解。這座城營建於洛陽東周王城遺址中部，城市面積比東周王城減少四分之三，平面略近方形[1]。城址的始建年代，應是在西漢高祖六年（前 201 年）。《漢書·高帝紀下》載，漢高祖「六年冬十月，令天下縣邑城」[2]。該城址的廢棄年代，應是在東漢初平元年（190 年），漢河南縣城的沿用時間長達 391 年。該城址於東漢晚期廢棄之後，才出現了城中築墓的奇特現象。

　　在漢河南縣城長期使用的過程中，城內是不允許埋葬死人的。因為自西漢初年開

1　中國社會科學院考古研究所：《洛陽發掘報告：1955—1960 年洛陽澗濱考古發掘資料》，北京燕山出版社，1989 年，193—194 頁。
2　《漢書》卷一下《高帝紀下》，第 59 頁。

始，已是城墓分離，這種制度最遲在西漢中期完全定型[1]，被人們所遵從。東漢班固撰《白虎通·論葬北首》：「葬於城郭外何？死生別處，終始異居。」[2] 燒溝 147 號東漢初平元年墓陶罐上寫的文字：「生人入成（城），死人生（出）郭；生人在宅舍，死人在 囗墓。」東漢《驅車上東門行》詩：「驅車上東門，遙望郭北墓。白楊何蕭蕭，松柏夾廣路。下有陳死人，杳杳即長暮。潛寐黃泉下，千載永不寤。」[3] 這些資料從不同角度均説明漢代人的生死觀念發生了較大變化，從而直接影響到城市規劃與佈局。

漢代城墓分離制度的實行，反映出城與墓的相互對立，在正常情況下不可能將墓葬置於城中，而屬於初平二年的 813 號墓卻在漢河南縣城遺址內發現，這種將墳墓埋入城中的做法是極其特殊的現象，透露出的信息就是這座城址已完全廢棄。結合歷史文獻來看，東漢初平元年（190 年）正是董卓之亂的關鍵點，董卓脅迫漢獻帝遷都長安，焚毀洛陽及其周圍地區，漢河南縣城亦在劫難逃。《三國志·魏書六·董卓傳》：「初平元年二月，乃徙天子都長安。焚燒洛陽宮室，悉發掘陵墓，取寶物。」《集解》引《續漢書》：「卓部兵燒洛陽城外面百里。又自將兵燒南北宮及宗廟、府庫、民家，城內掃地珍盡。」[4]《後漢書·董卓傳》：「卓自屯留畢圭苑中，悉燒宮廟、官府、居家，二百里內無復孑遺。」[5] 國都由洛陽遷往長安，東漢王朝的徹底衰落由此開始，30 年後的延康元年（220 年），漢獻帝禪位於曹魏，東漢滅亡。

正是在這一歷史大背景之下，漢河南縣城於東漢初平元年廢棄。當一座城市衰敗之

1　霍宏偉：《城墓分離：洛陽古代城市史上的重大轉折》，《洛陽漢魏陵墓研究論文集》，文物出版社，2009 年，206—208 頁。

2　（清）陳立撰、吳則虞點校：《白虎通疏證》卷一一《崩薨·論葬北首》，558 頁。

3　（梁）蕭統編、（唐）李善注：《文選》卷二九《雜詩上》，411 頁。

4　（晉）陳壽撰，（南朝宋）裴松之注·盧弼集解、錢劍夫整理：《三國志集解》卷六《魏書六·董卓傳》，上海古籍出版社，2012 年，634—636 頁。

5　《後漢書》卷七二《董卓傳》，2327 頁。

後，連城內也成了逝者的天堂，繁華的城市由陽世變成了寂寥的陰宅。所以，在該城址內才出現初平二年墓以及其他成人墓，在漢河南縣城北牆、西牆上也發現數座東漢晚期墓。這些墓葬的出現與董卓之亂有着密不可分的關係，墓內所出銅鏡也是這一歷史事件的有力物證。

燒溝 147 號墓「長宜高官」八連弧紋鏡與漢河南縣城址內 813 號墓「長宜子孫」八連弧紋鏡，形制相同。不同點在於，後者比前者多飾一弦紋圈，圈外多飾四個小圓圈與「立至三公」四字銘文；前者直徑略大，為 13 厘米，後者直徑 11.6 厘米。燒溝 147 號墓同出一面變形四葉紋鏡，與漢河南縣城址內 708 號墓「位至三公」變形四葉紋鏡，形制、紋飾基本相同，唯銘文、直徑大小略有差異。前者四字銘文模糊，僅辨識出一「高」字，鏡直徑 8.3 厘米，後者銘文筆畫完整清晰，鏡直徑 10 厘米 [6]。

這幾面出土於東漢初平年間墓葬的銅鏡，形制、紋飾、直徑大小近似，隨葬地點卻有城外、城內之分，顯示出它們已不再僅僅是普通的東漢鏡子，鏡中或可映照出東漢末年殺伐頻仍、動盪不安、梟雄出沒的亂世，可謂小鏡子照出大乾坤。

四、破鏡重圓

1953 年 3 月 18 日，燒溝墓地發掘出的兩座新莽墓引起了考古工作者的注意。這兩座墓各出一半殘破的銅鏡，合在一起竟然是一面完整的銅鏡 [7]，「破鏡重圓」的故事活生生地

6　中國科學院考古研究所：《洛陽中州路（西工段）》，130—136 頁，圖版捌陸：13。

7　洛陽區考古發掘隊：《洛陽燒溝漢墓》，160 頁；洛陽市文物管理委員會編：《洛陽出土古鏡》（兩漢部分），圖 72，《古鏡出土墓葬登記表》，6 頁。

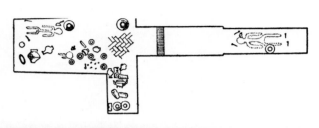

圖 13-13　燒溝 38 號新莽墓平面圖
（《洛陽燒溝漢墓》，39 頁）

圖 13-14　燒溝 38 號新莽墓墓道俯視
（《洛陽燒溝漢墓》，圖版肆：3）

在考古工地上重演，讓人聽起來有一種時空穿越的感覺。編號為墓 38A、B 的這兩座墓，位於整個發掘墓區的東南。屬於「同穴異室葬」，也就是在同一個墓穴中，分別設置兩個墓室（圖 13-13）。具體修築方法是，在豎井式墓道的兩端，鑿出兩個墓室（圖 13-14）。墓 38A 為弧頂小磚券雙棺室墓，室內放置有兩具棺木，B 室為一具棺木。墓 38A 室左棺與 B 室的單棺，人骨頭前各發現半面銅鏡，原來是一面鏡子破開後分別放置的。復原後的完整銅鏡為四神博局鏡，直徑 15、緣厚 0.5 厘米（圖 13-15）。A 室中另有一棺合葬，人骨已朽，三者的關係更顯得錯綜複雜，難以解析，但「破鏡重圓」的現象卻是擺在眼前的事實，這是中華人民共和國成立後第一次考古發掘出土的重圓破鏡，也是目前經科學發掘出來的最早一例。A 室內同時出土一面四乳四虺鏡（圖 13-16），此外陶器較多，包括鼎、壺、罐等生活用具，灶、井、爐等模型明器。

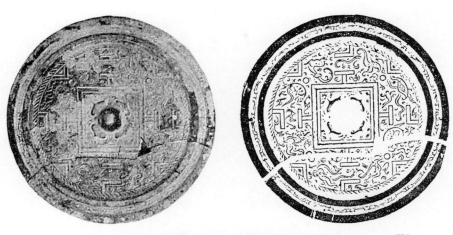

圖 13-15　燒溝 38 號新莽墓四神博局鏡及拓本（《洛陽燒溝漢墓》，圖版肆三：2，165 頁）

圖 13-16　燒溝 38 號新莽墓四乳四虺鏡（洛陽市文物考古研究院供圖）

　　在漢唐墓葬中，還有一些「破鏡重圓」的例證。1990 年，陝西安塞縣王家灣鄉西圳界村民取土時發現一座新莽時期夫妻合葬墓，縣文管所派人調查。在墓室內清理出一面昭明鏡，直徑 12.3、厚 0.4 厘米，出土時鏡子的一半放於男主人頭邊，另一半置於女主人頭邊 ¹。1985 年，安徽省懷寧縣窖銀嘴縣電視臺工地，文物管理所人員從兩座遭到破壞、相距 3 米的唐墓中，分別發現半面銅鏡，鏡子的斷面吻合，對在一起，確為一面完整的伏龜飛鶴銘文鏡，直徑 22.5、緣厚 0.45 厘米 ²。

　　民國時期，在湖南長沙被盜掘的兩座唐墓中也有此類現象。商承祚記錄了一位盜墓者的親身經歷：1937 年，這位盜墓者先是在長沙硯瓦池掘一座唐墓，出半邊唐鏡，其徑尺左右，花紋不精而色佳。其後又在絲茅沖再挖掘一墓，得鏡半牉，與硯瓦池墓之半鏡相合。商氏由此感慨萬端：「唐代韋述《兩京新記》及孟棨《本事詩・情感》皆記南朝陳後主妹樂昌公主與其婿、太子舍人徐德言破鏡重圓事。此生者如是，死者亦追求牉合耶？！」³

　　陰間的「破鏡重圓」葬俗正是人世間破鏡重圓觀念的真實反映。「破鏡」一詞有幾種含義，本義是指打破的鏡子。《太平御覽》引舊題漢東方朔撰《神異經》：「昔有夫妻將別，破鏡，人執半以為信。其妻與人通，其鏡化鵲，飛至夫前，其夫乃知之。後人因鑄鏡為鵲，安背上，自此始也。」⁴ 後來以「破鏡」比喻夫婦分離。如唐代孟郊《去婦》：「君心匣中鏡，一破不復全。」元稹《古決絕詞》之二：「感破鏡之分明，睹淚痕之餘血。」⁵

1　楊宏明等：《陝西安塞縣王家灣發現漢墓》，《考古》1995 年 11 期。

2　李貞等：《安徽懷寧縣文物管理所藏銅鏡淺析》，《收藏界》2011 年 3 期。

3　商承祚：《長沙古物聞見記・續記》，281 頁。

4　《太平御覽》卷七一七《服用部一九・鏡》，3179 頁。

5　《全唐詩》卷三七四《孟郊三》，4210 頁；《全唐詩》卷四二二《元稹二七》，4648 頁。

也有以「鏡破」「鏡斷」來比喻夫妻或戀人分離，以「破鏡」比喻殘月，亦為傳說中的惡獸、惡鳥之名。

「破鏡重圓」的故事，始見於唐代韋述《兩京新記》卷三「延康坊」條[1]，說的是隋軍攻破南朝陳的都城建康城，陳後主之妹樂昌公主陳貞與丈夫徐德言離散之後，以破鏡為信物，經過一段曲折經歷，終於續寫夫妻相逢、破鏡重圓的美滿姻緣。這個故事主要發生在隋代大興城的延康坊。此坊位於城內朱雀門街西第三街，即皇城西側第一街，從北數第七坊。延康坊西南隅為唐代西明寺，原為隋代尚書令、越國公楊素的宅第。楊素府裏有一位美姬，出身高貴，本是南朝陳後主叔寶的妹妹陳貞，被封為樂昌公主（圖 13-17），才色卓絕，下嫁陳太子舍人徐德言，夫妻兩人情義深厚。隋軍攻打南朝，陳國將滅。德言哭着對妻子說：「今國破家亡，必不相保。以子才色，必入帝王貴人家。我若死，幸無相忘；若生，亦不可復見矣！雖然，共為一信。」於是，打破一鏡，各收其半。德言云：「子若入貴人家，幸將此鏡令於正月望日市中貨之。若存，當冀志之知生死耳。」

等到陳亡之後，樂昌公主果然被隋軍所虜，隋

圖 13-17　明代畫家筆下的樂昌公主像（《中國歷代仕女畫集》，圖 59）

1　（唐）韋述撰、辛德勇輯校：《兩京新記輯校》，38—39 頁。

圖 13-18　破鏡重圓故事的發生地唐西明寺遺址（《唐研究》第六卷，圖版五：1）

文帝賜給了楊素，深得寵愛，楊素為其營建別院。陳貞後令一宦官於望日帶着破鏡到市場高價出售，恰好遇上徐德言，德言依其價買下破鏡，引其回家，哭訴其始末緣由，取出自己珍藏的另一半鏡子，破鏡重圓，並為妻子題詩一首：「鏡與人俱去，鏡歸人不歸。無復恆娥影，空餘明月輝。」陳氏得鏡，讀詩，悲愴流淚，寢食難安。楊素見她面容憔悴，問其原因，陳貞以實情相告，楊素聽罷，竟然為之動容。派人召來德言，將陳氏還給他，並贈與衣服、被子。臨行之際，楊素邀請陳貞作詩敍別，陳氏推脱不了，吟出這樣的詩句：「今日何遷次，新官對舊官。笑啼俱不敢，方驗作人難。」當時的人既同情陳氏的遭遇，也認為楊素有寬容、仁慈之心。

　　楊素宅第所在的延康坊西南隅，幾經周折，到了唐代變成了著名寺院西明寺。中華人民共和國成立之後，該寺遺址大部分被西安市的現代建築所覆壓，留下少部分經過兩

次考古發掘，清理出一些建築基址及佛教遺物（圖 13-18）[1]。破鏡重圓的發生地楊素宅第遺址，分別被陝西省第八建築公司、一〇二〇研究所、西北電訊工程學院、白廟變電站所佔用，已完全淹沒在現代城市的鋼筋水泥叢林之下，今人只能通過遺址的發掘照片來想象當年那令人感動的瞬間。

此段姻緣佳話亦見於唐代李冗《獨異志》卷下、孟棨《本事詩·情感》。這個故事可謂家喻戶曉，流傳甚廣，以至於李商隱以此為主題，借樂昌公主詩中的一句起頭，創作了《代越公房妓嘲徐公主》詩：「笑啼俱不敢，幾欲是吞聲。遽遣離琴怨，都由半鏡明。應防啼與笑，微露淺深情。」[2] 羅虬《比紅兒詩》五八：「紅兒若向隋朝見，破鏡無因更重尋。」[3] 亦是以此為典故，讚美杜紅兒的美貌。後人常以「破鏡重圓」來比喻夫妻離散或決裂後團聚或重歸於好。詩人杜牧有一首《破鏡》：「佳人失手鏡初分，何日團圓再會君。今朝萬里秋風起，山北山南一片雲。」[4] 宋蘇軾《蝶戀花·佳人》詞：「破鏡重圓人在否，章臺折盡青青柳。」[5] 上述唐詩、宋詞皆以破鏡重圓為創作題材，可見這一故事對於後代文學創作影響深遠。鏡子作為愛情的信物，貫通古今。民國時期，梁思成親手製了一面仿古銅鏡，送給林徽因。鏡子正面嵌上玻璃鏡面，背刻銘文「徽因自鑑之用，思成自鎪並鑄」，可以看出梁思成對林徽因的一片癡情，後因「文革」抄家，此鏡下落不明[6]。

1　中國社會科學院考古研究所西安唐城工作隊：《唐長安西明寺遺址發掘簡報》，《考古》1990 年 1 期；安家瑤：《唐長安西明寺遺址的考古發現》，《唐研究》第六卷，337—352 頁。

2　《全唐詩》卷五四〇《李商隱二》，6254 頁。

3　《全唐詩》卷六六六《羅虬》，7689 頁。

4　《全唐詩》卷五二四《杜牧五》，6052 頁。

5　曾棗莊等主編：《三蘇全書》第十冊《集部五》，語言出版社，2001 年，392 頁。

6　郭黛姮等：《一代宗師梁思成》，中國建築工業出版社，2006 年，27 頁。

　　以銅鏡作為切入點，自鏡至墓，從墓觀城址，再由此看生活在城內不同的社會階層，這的確是一種「透鏡見人」的研究思路。一般來説，城址出土銅鏡數量明顯比墓葬少，多為殘片，墓中出土銅鏡數量較多，絕大部分為完整品，這是一個普遍規律。大多數銅鏡出土地點與墓葬分佈有直接關係，而墓葬的分佈與城址關係密切，城址佈局結構又與城內不同社會階層的居民相關聯[1]。以漢河南縣城遺址為例，其周圍各類墓地的分佈、隨葬銅鏡數量、種類及工藝水平質量的優劣，均反映出城市內部不同社會人群等級、身份地位存在着較大差異。城市、墓葬屬於有形的物質空間，而由不同階層構成的則是無形的社會空間，兩者存在着一定的對應關係，不同的鏡子在有意無意之間伴隨着不同的主人，顯示出主人千差萬別的身份與地位。

1　霍宏偉等主編：《洛鏡銅華》上冊，32—33 頁。

墓裏盜出的鏡子

北邙山頭少閒土，盡是洛陽人舊墓。舊墓人家歸葬多，堆着黃金無買處。天涯悠悠葬日促，岡阪崎嶇不停轂。高張素幕繞銘旌，夜唱挽歌山下宿。洛陽城北復城東，魂車祖馬長相逢。車轍廣若長安路，蒿草少於松柏樹。澗底盤陀石漸稀，盡向墳前作羊虎。誰家石碑文字滅，後人重取書年月。朝朝車馬送葬回，還起大宅與高臺。[1]

唐代王建《北邙行》詩行透露出來的，是邙山作為古人風水寶地、理想塋域寸土寸金的稀缺（圖 14-1）。歷朝歷代的達官顯貴們，總是在大張旗鼓地建墓，隨葬金銀財寶於地下，其結果之一就是讓一些不法之徒以盜墓為職業，牟取不義之財，驚擾黃泉之下的魂靈。從古墓裏盜挖，是銅鏡「出土」的一種另類方式，屬於非法行為。

一、歷代盜墓禁不絕

西漢時期，漢武帝兄廣川惠王劉越的孫子廣川王劉去疾，有組織人力公開盜墓的癖

1　《全唐詩》卷二九八《王建二》，3368 頁。

圖 14-1　北邙山上的古墓塚群
（《古都洛陽》，70 頁）

好。「廣川王去疾好聚無賴少年，遊獵畢弋無度，國內塚藏，一皆發掘。…… 王所發掘塚墓不可勝數，其奇異者百數焉。」其所盜掘戰國魏襄王之子魏哀王的陵墓，隨葬有鐵鏡。「哀王塚，以鐵灌其上，穿鑿三日乃開。…… 床左右石婦人各二十，悉皆立侍，或有執巾櫛鏡鑷之象，或有執盤奉食之形。無餘異物，但有鐵鏡數百枚。」書中所記哀王塚內發現鐵鏡數百枚，可說是一種奇特的葬俗，戰國鐵鏡實物目前未見出土。廣川王劉去疾不僅盜挖以前的古墓，甚至連本朝的墳墓也不放過。西漢文景時期的大臣袁盎，因與梁王結怨，被梁王派人刺死，墓中僅隨葬銅鏡一面。「袁盎塚，以瓦為棺槨，器物都無，唯有銅鏡一枚。」[1]

　　南朝齊時，有兩個盜掘墓塚發現鏡鑑的例子。《南史·蕭鑑傳》載，蕭鑑對手下人說：「皇太子昔在雍，有發古塚者，得玉鏡、玉屏風、玉匣之屬，皆將還都，吾意常不

---

[1]　《西京雜記》卷六「廣川王發古塚」條，257—261 頁。

同。」[1] 他談到「皇太子昔在雍」，是指南齊文惠太子蕭長懋任雍州刺史，據考證，是在劉宋順帝昇明三年（479 年）至南齊高帝建元二年（480 年）之間[2]，古塚所出玉鏡、玉屏風等應出自這一時期。另一個是官方公開盜掘墓塚的例子。蕭攀，南朝梁武帝太清初年任魏興太守、後為梁州刺史府長史，曾經親臨塋域，監督盜墓，「及開，唯有銀鏤銅鏡方尺」[3]。從墓中僅挖出一面銀鏤銅鏡，應是鏡體銅質、鏡背貼有雕刻花紋銀片的銀平脫鏡。唐代王建《老婦歎鏡》詩：「嫁時明鏡老猶在，黃金鏤畫雙鳳背。」[4]「黃金鏤畫雙鳳背」，是指使用特殊工藝製作的金平脫鏡。

晚唐之際，關中地區有一位從業 30 年的職業盜墓賊，從塚內挖出一面奇異的銅鏡，鏡鈕在鏡緣一側，而非在鏡背中央；兩面可以照容，正面與普通鏡子相同，背面鏡中則為倒影，如同今人所熟知的「哈哈鏡」。

> 李道，咸通末為鳳翔府府曹，因推發掘塚賊，問其所發，云：「數為盜三十年，咸陽之北，岐山之東，陵域之外，古塚皆開發矣。」又問其所得之物，云：「……又一墓在咸陽原上，既入得鏡，兩面，可照人。鼻在側畔。背、面瑩潔如新，磨畢以面照之，如常無異，以背照之，形狀備足，衣冠儼然而倒立也。」[5]

1975—1989 年，考古隊員在陝西西安北郊發掘一批漢墓。於北郊一號東漢中期墓內

---

1 《南史》卷四三《蕭鑑傳》，中華書局，1975 年，1087 頁。

2 王子今：《中國盜墓史：一種社會現象的文化考察》，中國廣播電視出版社，2000 年，121 頁。

3 《南史》卷四一《齊宗室列傳》，1050 頁。

4 《全唐詩》卷二九八《王建二》，3370—3371 頁。

5 （五代）杜光庭撰、蕭逸校點：《錄異記》卷八《墓》，收入（唐）李德裕等撰、丁如明等校點：《次柳氏舊聞》（外七種），上海古籍出版社，2012 年，128 頁。

清理出兩件殘銅鏡，對在一起是一面完整的銅鏡。這座墓早已被盜，盜墓賊將一些認為值錢的文物洗劫一空，只剩下一些陶器、小件銅器[1]，應是陝西一帶的盜賊所為，這面銅鏡可謂劫後餘生。

> 周顯德乙卯歲，偽連（漣）水軍使秦進崇修城。發一古塚，棺槨皆腐，得古錢、破銅鏡數枚。復得一瓶，中更有一瓶，黃質黑文，成隸字，云：「一雙青鳥子，飛來五兩頭。借問船輕重，寄信到揚州。」其明年，周師伐吳，進崇死之。[2]

> 宋張十五者，園中有古墓。張因貧，發取其物。夜聞語云：「有少物，幾被劫去。」張次日又畢取銅鏡諸物。遂病矬毒，日號呼曰：「殺人！」竟以死。[3]

這兩條文獻記述了五代與宋代有兩人因盜取古墓中的銅鏡及其他隨葬品、後均死亡的奇事。五代後周顯德二年（955 年），有一名將官秦進崇修城，掘墓，得古錢、破銅鏡，第二年卒。宋代有一名叫張十五的人，園中有墓，兩次私自盜挖取物，得上腳腫毒病死去。

降至明代，中原北方地區盜掘古墓範圍較廣，銅鏡出土數量較多。謝肇淛《五雜組·物部四》：「今山東、河南、關中掘地得古塚，常獲鏡無數，它器物不及也。云古人

---

1 中國社會科學院考古所唐城隊：《西安北郊漢墓發掘報告》，《考古學報》1991 年 2 期。

2 《太平廣記》卷三九〇《塚墓二》引《稽神錄·秦進崇》，3122 頁。

3 （明）朱國楨：《湧幢小品》卷六「古墓」條，《筆記小說大觀》六，江蘇廣陵古籍刻印社，1983 年，176 頁。

新死，未斂，親識來弔，率以鏡護其體，云以防屍氣變動；及殯，則內之棺中。有一塚中鏡數百者。歲久為屍血肉所蝕，又為苔土所沁成紅、綠二色，如硃砂、鸚鵡、碧鈿諸寶相，斯為貴矣。其傳世者，光黑如漆，不能成紅、綠也。然臨淄人偽為之者最多。洛陽人取古塚中鏡破碎不全者，截令方，四片合成，加以柱而成爐焉，謂之鏡爐……近時金陵軍人，耕田得鏡半面，能照地中物，持之發塚掘藏，大有所得。」[1]看來南方地區也存在古墓葬被盜挖的現象（圖14-2）。清代屈大均撰寫的《廣東新語》一書，較為詳細地記述了明崇禎九年（1636年）五代十國南漢高祖劉龑陵墓康陵慘遭盜掘的經歷，墓內隨葬的一面寶鏡被田父拿回家，卻又被其打碎。「崇禎九年秋，洲間有雷出，奮而成穴。一田父見之，……於是率子弟以入。堂宇豁然，珠簾半垂，左右金案玉几備列……中二金像冕而坐，若王與后，重各五六十

圖14-2　清代人想象中的盜棺圖（《點石齋畫報・大可堂版》2，153頁）

斤……旁有便房，當窗一寶鏡，大徑三尺，光燭如白日。……田父先持鏡歸，光動鄰舍。亟撲碎之，有一珠，入夜輒作怪狀，懼而棄之。於是鄰人覺而爭往，遂白邑令。令亟

1　（明）謝肇淛：《五雜組》卷一二《物部四》，中華書局，1959年，347頁。

圖 14-3　被盜掘一空的南漢康陵地宮（《廣州南漢德陵、康陵發掘簡報》，《文物》2006 年 7 期）

臨其地視搜發，令得玉枕一、金人四以歸。」[1]2003—2004 年，考古工作者在廣東省廣州市東南約 15 公里的小谷圍島上，找到了文獻中記載的這座被盜掘的南漢陵墓。康陵位於北亭村東南側的大香山南坡，由地下玄宮與地面陵園建築組成，坐北朝南，陵園總面積有一萬多平方米。墓內慘不忍睹，空空如也，僅清理出一些殘存的小件器物（圖 14-3）[2]。

　　民國時期，尤其是抗戰期間，湖南長沙一帶盜墓嚴重。1936 年，供職於長沙市政府的蔡季襄目睹了長沙北門外、小吳門東南戰國楚墓、漢墓的盜掘過程。兩座墓位於嵩山鎮。先是有窯戶為了燒磚取土，挖一座高約三丈的土堆，挖了兩年多，才將土堆掘平，竟然在下面發現一座長約二丈、寬約八尺的土坑。窯工覺得下面有寶藏，繼續

1　（清）屈大均撰：《廣東新語》卷一九《墳語》「劉龑墓」條，中華書局，1997 年，495—496 頁。

2　廣州市文物考古研究所：《廣州南漢德陵、康陵發掘簡報》，《文物》2006 年 7 期。

挖掘，至五六尺，獲古銅鏡及破銅洗各一，五銖錢數枚。「鏡則光澤極佳，背飾四神華文（花紋），五銖錢為漢代通用貨幣，以二物證之，為漢塚無疑也。」窰工將此坑挖完後，在下面又發現一巨大土坑，原來漢墓下面壓着一座戰國楚墓。窰工看到墓室內的棺木，競相去打開棺蓋。「忽轟然有聲，俄頃，有燐火由隙內噴出，高達五尺餘，蚩蚩作響。斯時滿坑皆火，窰工懼葬身火窟，群相趨避，然（燃）燒達五分鐘始行息（熄）滅，工餒不敢下，有膽壯者，啟去其版，則一棺一匱在焉。」匱內出有一件漆盒，內盛一面銅鏡，「鏡薄而小鈕，華文（花紋）作旋鈎文（紋）兼山形文（紋）四，與漢制殊」。[1] 這應是一面典型的戰國四山紋鏡。

商承祚於 1938 年、1941 年兩次赴湖南長沙，調查古墓盜掘現狀，並為金陵大學徵集流散文物。正如他在《長沙古物聞見記》一書的自敍中所說：「每慨鄉人任意盜掘古墓，器物殘毀無論矣。其重要文化、禮經發明，同歸於盡。茲據零星斷爛，以求其遺制。」他較為細緻地記錄了長沙附近一些古墓塚遭到盜掘的事例。1935 年，「瀏陽門外串邊山楚墓出陶鼎、壺、敦、鐸，各裹以銀葉，鐸柄端有伏獸。銅鏡一，木鏡一，木俑五。啟槨蓋而火出，此為有火之墓」。1936 年，龍開雲盜得戰國楚木槨墓，隨葬「大小漆鏡盒六，小者徑四五寸，大者倍之，每盒貯四山銅鏡一；另徑尺大鏡，僅得其半而無匣」。同年 10 月，「胡志強、承豪與友合購荒地四十餘畝於北門外喻家沖，多古塚，時為人盜發。乃僱工親自發掘，得漢墓五六，獲甸（陶）器及銅鏡、金銀指環，繼掘得楚墓」。1940 年 7 月，長沙北門外義塚山漢墓挖出 8 面銅鏡。「鏡八，七面甚小，直徑約 4 公分；穀芽璧七。此七小鏡即一一掩壁孔上，銅斑鏽跡皆可見。」

商氏在長沙為金陵大學購買的鏡鑑資料，皆出自該地區盜掘的古墓中，包括 1938 年

1　蔡季襄撰文，原載長沙《大晚報》1936 年 2 月 8—26 日，收入商承祚：《長沙古物聞見記·續記》，9—12 頁。

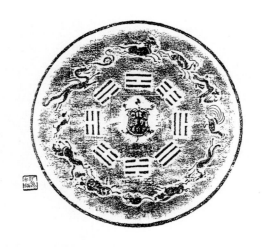

圖 14-4　長沙唐墓盜掘出的八卦十二生肖鏡拓本（《長沙古物聞見記・續記》，290 頁）

收集的殘缺漢代銅鏡 3 面、石鏡 1 面，1941 年徵集的殘缺戰國鏡 4 面、漢鏡 7 面、石鏡 1 面。至今大多保存在南京大學文物室。他還親手拓製了蔡季襄收藏長沙出土的兩面唐、宋銅鏡拓本（圖 14-4）[1]。

二、北邙盜賊如虎豹

成書於明代萬曆二十五年（1597 年）的《廣志繹》，記錄了洛陽一帶的盜墓情況，出土器物以銅鏡數量最多：「洛陽水土深厚，葬者至四五丈而不及泉，轆轤汲綆有長十丈者。然葬雖如許，盜者尚能以鐵錐入而嗅之，有金、銀、銅、鐵之氣則發。周、秦、漢王侯將相多葬北邙，然古者塚墓大隧道至長里餘者，明器多用金、銀、銅、鐵，今三吳

1　商承祚：《長沙古物聞見記・續記》，288—290 頁。

所尚古董皆出於洛陽。然大塚禁於有司，不得發，發者其差小者耳。古器惟鏡最多，秦圖平面最小，漢圖多海馬、葡萄、飛燕，稍大，唐圖多車輪，其緣邊乃如劍脊。」[1]

清末民國以來，邙洛地區盜墓活動日益猖獗，令人觸目驚心，真可謂：「北芒何壘壘，高陵有四五。借問誰家墳，皆云漢世主。恭文遙相望，原陵鬱膴膴。季世喪亂起，賊盜如豺虎。毀壞過一抔，便房啟幽戶。珠柙離玉體，珍寶見剽虜。園寢化為虛，周墉無遺堵。」[2]據洛陽考古專家黃明蘭估計：「洛陽解放前出土約五千方歷代墓誌，平均十座墓出土一方，即被盜掘五萬座墓，平均每座墓出土十件文物，即有五十萬件之巨，而其中百分之九十五的文物都流失國外。」[3]以至於有學者發出這樣的感歎：「近代中國盜墓行為形成風潮的，應首推洛陽與長沙最為典型。20世紀二三十年代，洛陽盜墓運動曾經形成震動世界的影響。邙山古墓群遭到的破壞，可能是歷史上空前的。」[4]

邙山歷代古墓中出土銅鏡數以千計，但相關記述大多語焉不詳。1928年，洛陽古墓盜掘、文物販賣嚴重，國民政府派何日章到洛陽查收出土文物，先是放置於古物保存所，後移交給河南博物館。「洛陽為古帝王都，故宮丘隴，遺物之埋藏於地下者，所在皆是，歷年私人發掘，所獲良多，經市賈竊售於外人者，不知凡幾。民國十七年，何日章奉令前往查收，月餘之間，搜獲七十餘件，運存古物保存所，現已移交本館。」[5]入藏銅

1　（明）王士性撰、呂景琳點校：《廣志繹》卷三《江北四省》，中華書局，1981年，38頁。

2　（晉）張載：《七哀詩》之一，《先秦漢魏晉南北朝詩》晉詩卷七《張載》，741頁。

3　趙振華：《洛陽盜墓史略》，《洛陽古墓博物館館刊》創刊號，1987年，223頁。

4　王子今：《中國盜墓史：一種社會現象的文化考察》，205頁。

5　《本館庋藏物品報告——新鄭洛陽器物》，《河南博物館館刊》第一集，1936年7月。收入《民國文物考古期刊匯編》19冊，全國圖書館文獻縮微複製中心，2006年，9555—9557頁。

鏡 6 面，殘缺者 3。1928—1932 年，洛陽金村 8 座戰國大墓被盜掘，出土銅鏡 24 面[1]，均已流失海外，現藏歐美、日本等國博物館及收藏家手中。洛陽軍官分校教官李健人說：「洛陽出土之金屬玉器諸件，多售於平滬古董商，間亦由外人購得者，洛陽古玩舖雖有十餘家（多在東大街如九如春等），然多零星殘件，且雜有贋偽，其稍有價值者多售於外矣。…… 民十六七年駐軍設古物徵收稅處於洛陽，准人民發掘陵墓，故當時洛陽出土古物最多。以言其種類，則為一、金屬，出土有三代之銅器。…… 銅戈、銅鈴、銅鏡，多秦漢以後之物。」[2]

1940—1942 年，梁上椿編撰、出版《巖窟藏鏡》，書中著錄洛陽地區盜掘出土的銅鏡有 40 餘面，時代包括戰國、兩漢及唐宋時期[3]。孟津郭玉堂充分利用地利之便，經過多年實地調查、訪錄，完成《洛陽出土石刻時地記》一書的寫作[4]。雖然該書重點在於記述民國時期洛陽北邙山一帶盜掘碑碣墓誌的出土時間、地點及基本情況，但有關銅鏡的信息也略有涉及，可以勾勒出邙山盜墓所出銅鏡的大致輪廓。書中記錄了 1918—1942 年邙山古墓葬出土銅鏡概況，包括漢、魏、晉、唐、宋、明時期的銅鏡，共計 108 面，其中唐墓出土銅鏡 102 面[5]。

在邙山墓區範圍內，漢、魏、晉、宋、明等朝代所出銅鏡相對較少，所見資料亦少。在位於漢魏洛陽故城東北隅的翟泉鎮北漢代小塚內盜出骨卜籌 8 根，另有銅鏡、陶器。初為翟泉鎮東門內呂姓所得，後以 30 元的價格賣給郭玉堂的宗弟郭玉潤。楊墳村北

1　霍宏偉：《洛陽金村出土銅鏡述論》，《洛陽博物館建館四十周年紀念文集（1958—1998）》，79—95 頁。

2　李健人：《洛陽古今談》，洛陽史學研究社，1935 年，325 頁。

3　梁上椿：《巖窟藏鏡》，四集六冊，1940—1942 年。

4　郭培育等主編：《洛陽出土石刻時地記》，大象出版社，2005 年。以下所引民國時期洛陽邙山古墓出土銅鏡資料，均源自該書，不再一一出注。

5　霍宏偉等主編：《洛鏡銅華》上冊，5 頁。

出土鮑寄神座石刻，並出銅鏡、陶器，上帶銀片。陳家村東南盜挖西晉墓，出土元康三年（293 年）陽平樂生柩記石刻，同出小銅鏡 1 面。塚頭村北宋嘉佑七年（1062 年）焦世昌夫人張氏墓，出銅鏡 1 面，瓷器數件，售價千元。鳳凰臺村西北宣和四年（1122 年）苻世表與夫人趙氏夫妻合葬墓，出小瓷器數件，銅鏡 1 面，共售數百元。洛陽北魏元懌墓塚西側，朱龍咀村民挖掘明墓，出有弘治八年（1495 年）陸禮墓誌，並出銅鏡 1 面，瓷硯臺 2 件，酒壺 1 件。

《洛陽出土石刻時地記》所載盜掘出土銅鏡主要集中在唐代，因墓中出有墓誌，故有明確的紀年，墓主身份明確，具有較為重要的學術價值。紀年唐墓 87 座，分佈於邙山墓區中段，即今洛陽瀍河以東、孟津縣朝鄉與送莊鄉一帶的邙山嶺上。這些唐墓出土銅鏡數量較多，種類豐富，共 102 面。洛陽邙山唐墓出土銅鏡種類，包括一般工藝鏡與特種工藝鏡兩類。屬於特種工藝鏡的有金背鏡、銀背鏡、金鈿鏡、螺鈿鏡及漆灰鏡。

1. 一般工藝鏡

一般工藝鏡有銀鏡與銅鏡兩種質地。1936 年，南陳莊村神龍二年（706 年）右金吾冑參軍沉君夫人朱氏墓，出銀鏡 1 面，售價 2000 元，銀盒 1 件，價 200 元，陶器售 30 元。

銅鏡有葡萄鏡、方形鏡、大銅鏡、小銅鏡及其他銅鏡。盛唐墓隨葬葡萄鏡 3 面，1921—1942 年出土，售價不高。楊凹村東開元八年（720 年）管城縣令楊璡墓，出石翁仲 1 對，葡萄鏡 1 面，大而精。山嶺頭村南凹開元十四年（726 年）前衛尉卿張溇夫人郭儀墓，出葡萄鏡 1 面，售價 40 元，並出三彩陶器，售 37 元。

方形鏡 1 面。1931 年，南石山村龍朔三年（663 年）侯子夫人郭氏墓，出有 1 面方形銅鏡，鑄造甚精，所出陶器均已殘破。

大銅鏡 5 面，其中盛唐墓出 1 面，中唐墓隨葬 4 面。在夫妻合葬墓中，有放置一大一小兩面銅鏡的現象。1927—1931 年出土。此類直徑較大的銅鏡，價格依銅鏡直徑、製

作工藝水平等因素，自數百元至數千元不等。前李村掘出久視元年（700 年）武騎尉張大酺段夫人夫妻合葬墓，出銅鏡 2 面，一大一小，另有三彩器、陶器等，共賣 1200 元。史家灣村北地天寶八年（749 年）遂安縣尉李夫人崔氏墓，出大銅鏡 1 面，極精，並出陶器數十件，共售價 4000 元。南陳莊村天寶十年（751 年）清河房有非夫妻合葬墓，出大、小銅鏡各 1 面，陶器 20 件。

小銅鏡 7 面，包括出自初唐、盛唐、中唐墓各 1 面，晚唐墓 4 面，1927—1936 年出土。解坡村咸通三年（862 年）范陽盧夫人墓，出小銅鏡 1 面，陶器 20 件，楊建章以 4 元購得。27 人曾在張楊村興師動眾，恣意盜掘乾符二年（875 年）振武觀察支使崔茂藻墓，卻得不償失，僅出小銅鏡 1 面，所出陶器無人要。

其他銅鏡因文獻籠統記為「銅鏡」，未詳細記述鏡背為何種紋飾，這一類鏡數量最多，有一些與陶瓷器同出。上店村開元二十七年（739 年）蔚州刺史王元琰墓，出銅鏡 2 面，售 1800 元；花鼓人俑 1 件，售 700 元；藍彩罐及雙龍尊、陶器等，售 2200 元。小梁村太和五年（831 年）海陵縣令劉尚賓夫人盧氏墓，出陶器 20 件，銅鏡 3 面，這在邙山唐墓中是極為少見的一例。

2. 特種工藝鏡

金背鏡 17 面，俗稱「金殼鏡」，應是純金或鎏金銀背，背上鏨刻鳥獸花草紋飾。因製作工藝複雜，色澤富麗堂皇而奉為鏡中上品（圖 14-5）。初唐墓出金背鏡 3 面，1928—1932 年出土，甚至有一墓隨葬兩面金背鏡的現象。因銅鏡製作工藝水平、保存狀況的不同，價格在 30 元至 1700 元不等，差距較大。十里舖村唐代永徽三年（652 年）蓋夫人墓，出金背鏡 2 面，以 1700 元售於北京客人，所出陶器次之。

盛唐墓流行以金背鏡隨葬，多達 7 面，1924—1933 年出土。有的墓同出銀器、三彩器、陶器等，質量上乘，堪稱精品。金背鏡依製作工藝的不同，售價在 2000 元至 1 萬元

圖 14-5　流失海外的唐代金背鏡
（出土時地不詳，美國弗利爾美術
館藏；霍宏偉攝影）

不等。盧家村與營裏村之間，盜挖聖曆二年（699 年）清河縣開國子崔玄藉墓，出金背鏡 1 面，售 3000 元；鎏金銀盒 1 件，表面滿刻花紋，賣 300 元；陶器售 30 元，均為馬老四所得，後轉賣給北京客人張仲明。

中唐墓發現的金背鏡有 4 面，1920—1931 年出土，售價 3000—8000 元，有的墓同出三彩器、陶器，價格較低。半坡村貞元十一年（795 年）試大理評事鄭公夫人盧氏墓，出金背鏡 1 面，售 3000 元，北京客人買去，黑頭費 200 元。另有三彩器約 200 件，其中馬上人俑 20 件，大馬高約 2 尺。

晚唐墓所見金背鏡 3 面，1925—1934 年出土，同時隨葬的三彩器、陶器數量較多，

種類豐富。售價 3000—5000 元。左寨溝村太和五年（831 年）東都留守崔弘禮墓，發現金背鏡 1 面，三彩 10 大件，馬上人俑 20 件，其餘侍女俑、文吏俑、樂舞俑等，另有雞、鴨、狗俑各 1 件，共計百餘件。伯樂凹村太和六年（832 年）阜城縣令鄭潯夫妻合葬墓，出金背鏡 1 面，並出陶器百件，李芝蘭經手，售價 5000 元。

銀背鏡 5 面，俗稱「銀殼鏡」，製作工藝較為複雜（圖 14-6），1924—1936 年出土，售價 400—8000 元。北陳莊村掘初唐龍朔元年（661 年）任夫人墓，出陶器數十件，銅鏡兩面，其中一面為銀背鏡，售價 3000 元。盛唐墓出有兩面，其中北陳莊村民在營莊村西掘出開元三年（715 年）幽府士曹參軍孟裕墓，出銀背鏡 1 面，經馬名璋手賣之。中唐墓出兩面銀背鏡，有一面出自伯樂凹天寶九年（750 年）平遙縣尉慕容夫人源氏墓，井溝村李芝蘭買去，價 1200 元，後吳文道入股，作價 3000 元，至北京售價 8000 元，吳文道獨得，他人不服，經官司判決歸公。這椿生意因分贓不均，曾引起法律糾紛。

金鈿鏡 1 面。上店村開元九年（721 年）晉州霍邑縣令楊純墓，出一面大銅鏡，表面嵌金絲，應屬於金鈿鏡，出土數量極少，售價 1000 元。

螺鈿鏡 1 面。白鹿莊村南地萬歲通天二年（697 年）瀛洲文安縣令王周夫人薛氏墓，工藝甚精，另有陶器、三彩器 30 件。吳文道購得全部器物，運到北京出售，在火車上與上海客人議價 6000 元，在北京交款。

漆灰鏡 3 面。「漆灰」之「灰」泛指做漆器底胎用的粉狀材料。灰與漆拌合，形成漆灰，可用於打底 [1]。漆灰鏡，就是用某類粉末調和漆，敷於銅鏡背面之上為地，再於其上施以特種工藝，成為金銀平脫鏡（圖 14-7）或是螺鈿鏡。因銅鏡埋於地下長達一千多年，金銀箔或蚌片從鏡背上脫落殆盡，有的成為素面無紋的光背鏡，有的殘留部分飾片，紋飾較

1　（明）黃成著、（明）揚明注、長北譯注：《髹飾錄圖説》，山東畫報出版社，2007 年，35 頁。

圖 14-6　流失海外的唐代銀背鏡
（出土時地不詳，美國賓夕法尼亞大
學博物館藏；霍宏偉攝影）

難辨認。漆灰鏡在洛陽邙山盛唐墓出兩面，晚唐墓有一面。1925—1935 年出土，售價 400
元左右。南陳莊村東地長壽二年（693 年）劉夫人墓，出三彩器、陶器 60 件，另有漆灰銅
鏡甚精，所出器物共售價 700 元。北窰村先天元年（712 年）夫人長孫氏墓，出銅鏡兩面，
其中一面為漆灰銅鏡，售價 400 元。左寨溝村大中元年（847 年）東都留守崔弘禮小女遷
墓，發現一面小銅鏡，鏡表面有漆灰，鑲有魚骨，南石山村人高松生以 400 元購得，不久
又以 500 元售出。鏡背上仍殘留有魚骨，説明此鏡確實曾鑲嵌魚骨，設計成某種紋飾。用
魚骨來裝飾鏡子，較為罕見，一般唐代特種工藝鏡多以金銀箔、蚌片貼於鏡背之上。

　　民國時期，邙山唐墓所出金背鏡、銀背鏡、金鈿鏡、螺鈿鏡、漆灰鏡等特種工藝鏡，
大多見於盛唐、中唐墓。直徑較大的銅鏡，見於盛唐、中唐墓，主要集中出於天寶元年至
十年（742 — 751 年）的墓中，反映出當時國家強盛、百姓生活富足的現實。直徑較小的
銅鏡，大多出於晚唐墓，從一側面反映出唐代晚期社會經濟衰落、資源匱乏的狀況。

圖 14-7　流失海外的唐代金銀平脫花鳥鏡
（出土時地不詳，日本《白鶴英華：白鶴美術館
名品圖錄》，77 頁）

三、邙塚盜鏡流四方

　　談到文物的價值，通常只說歷史、科學、藝術三大價值。實際上，文物牽涉到的經濟利益，是一個無法迴避的事實。由於利益驅動，民國時期邙山古墓群慘遭瘋狂盜掘。洛陽盜掘古墓銅鏡的買賣渠道大致如此：盜墓賊挖出銅鏡後，由中介出面聯繫，洛陽當地的古玩商聞風而動，及時收購，再轉賣給以北京為主的外地古玩商；或者直接將文物運至北京，以獲得更大的利潤。例如，1925 年，營莊村盜掘唐代天寶十年（751 年）南充郡司馬高琛夫妻合葬墓，出金殼鏡 1 面，作價 2000 元，後以 8000 元售給北京客人。1929 年，盜掘北陳莊村南地唐貞元十八年（802 年）藍田縣尉孫嬰幼女墓，出金殼鏡 1 面，鄭凹村人吳文道直接將其運至北京，售 4000 元，隨出陶器售 26 元。

這些來自洛陽的銅鏡進入京內古玩市場交易，大多流到海外博物館及收藏家手中。洛陽墓塚盜掘出的銅鏡，有一些要經過中介賣出，《洛陽出土石刻時地記》多次提到「黑頭費」，從上下文來看，應是指中介費，即買主給介紹人的佣金。例如，1931 年，營莊村北盜挖唐貞元十五年（799 年）山南東道節度使嗣曹王李皋墓，出三彩 10 大件，另有馬上人俑、盤子、罐、鳳凰壺、跑馬、侍女俑、金殼鏡及小品百件，兩次售價 5000 元，加黑頭費 1000 元。

特種工藝鏡的價格遠遠高於同墓所出的三彩器、陶器及墓誌的價格，最高價可賣到 1 萬元，最低價也可賣到幾十元。如 1925 年，遊王莊村盜掘唐垂拱四年（688 年）高安縣封明府夫人崔柔儀墓，出金殼鏡 1 面，售價 1 萬元，這是邙山唐墓所出銅鏡中價格最高的一面金殼鏡，同出三彩器與陶器均為珍品。

一般工藝鏡價格較低，最高價大約數百元，最低價只有數元。當時所用的貨幣單位「元」，是指銀元，即俗話說的「現大洋」。洛陽古玩商可分為坐商與行商兩類。吳文進為坐商，開設有古董舖文聯山房，位於洛陽老城東大街鼓樓東，主要經營陶器買賣[1]。楊凹村南盜挖唐光宅元年（684 年）偃師縣令高安期墓，出金殼鏡 1 面，吳文進以 2000 元價格買入。行商人數眾多，如吳文道、高松生、李芝蘭、李二德、楊建章、馬老四、張光斗、馬名璋等。

高松生為南石山村人，曾出價 400 元買到在左寨溝村唐大曆九年（774 年）連州桂陽縣主簿杜佚夫人李氏墓出的一面銀殼鏡，另以 30 元價格購入白胎陶器數件。李芝蘭家在井溝村，購買伯樂凹村唐天授二年（691 年）常州司法參軍柳崇約太夫人杜氏墓出金殼鏡 1 面，售給北京朱三，同出三彩器、陶器售給吳文道。提起吳文道，可說是洛陽古玩商的

1　吳圭潔：《洛陽古玩行史話》，《河南文史資料》9 輯，河南人民出版社，1984 年，141—162 頁。以下有關民國洛陽古玩行的逸聞，均引自該文。

典型代表。他是鄭凹村人，主要經營陶器買賣，同時兼營銅鏡生意，時常往來於洛陽與北京之間，賺取高額利潤。他到北京賣貨，帶的古物經常是十幾大箱或數十大箱，多次採用「賣公盤」的方式，有點類似於在古玩行業內公開拍賣的形式。當他將古物從洛陽運到北京之後，由稱為「拉縴」的生意介紹人通知各位古玩商，某日在某處公開買賣。當日，人到齊後，賣主取出一件古物，先讓眾人看過，再提出賣價，客人還價，最後由出價最高者將此器物收入囊中。就這樣循環往復，一一賣出。採取這種方式，賣的一般是普通古物。

邙山墓塚盜出的銅鏡，大多賣給了「北京客人」，就是來自京城的古玩生意中介，他們將在洛陽買的古器物帶回北京，再轉手賣給京內的古玩行，張仲明是北京最有名的古玩生意介紹人之一，另有朱三等人。如徐村北地調露二年（680 年）何摩訶墓，出銅鏡與陶器，由張光斗售給北京客人，得 3000 元。外地古玩商收購洛陽銅鏡的，還有上海的葉叔重，綽號「葉三」。青少年時期在法國巴黎讀書，1928 年回國，開始做古玩生意。他的舅舅吳啟周和大古玩商盧芹齋合夥，成立盧吳公司，向美國、法國出口文物，葉叔重在京、滬地區為該公司大量收購文物，運往海外。1941 年，盧吳公司關閉，葉氏自己獨力經營，1952 年仍往國外出口走私文物，被判刑，死於新疆[1]。

除了買賣邙山古墓盜出的真品之外，洛陽個別古玩商還存在造假行為，甚至也被人所騙。「焦雲貴在東街開銀匠樓時，吳文道用百十元買到一個一尺二寸大的唐鏡，一切均好，就是因無花紋，難售高價，即託焦雲貴為之加工，以三百元代價作成一個金殼子。吳即攜之赴京。在去北京火車上，遇到了上海客人葉叔仲（重），亦係往北京者（葉是上海吳啟周之甥），當時即在火車上將金殼子唐鏡，以一萬二千元賣給葉叔仲（重）。成交後，吳歡喜過度，車至長辛店，他再也坐不住了，即下車狂笑不已，遂僱人力車前往

1　陳重遠：《古玩史話與鑑賞》，國際文化出版公司，1992 年，286 頁。

北京，途中仍坐不安穩，時而跳下車來，打幾個『彩腳』，蹦蹦跳跳，或大笑一陣，然後登車再走；到北京幾十里路中，就這樣弄了好幾次，使車夫與路人莫名其妙。」吳文道賣給葉叔重的假金殼唐鏡，有可能被葉叔重經盧吳公司，賣到了國外。洛陽古玩商高松生，曾將他弟弟高松茂親手燒製的三彩罐子，誤認為真品，從他人手中以 600 元價格購入 [1]。

令人遺憾的是，無論是屬於特種工藝鏡的金背鏡、銀背鏡、寶鈿鏡、螺鈿鏡、漆灰鏡，還是作為一般工藝鏡的方形鏡、葡萄鏡及其他銅鏡，均為盜掘出土，失去了許多它們所承載的歷史信息，且通過外地的許多古玩商人，流失海外，成為國外一些博物館的藏品以及收藏家的掌上玩物。需要特別指出的是，瘋狂掘墓的盜賊和唯利是圖的不法商賈，將會遭到世人的唾棄，永遠被釘在歷史的恥辱柱上。

四、劫後餘生留盜痕

以上記述多是非法盜挖古塚、出土銅鏡的史實。當代考古工作者在進行搶救性發掘或配合基建清理古墓葬的過程中，也發現了一些盜墓者盜掘之後留下的遺跡和遺物。

1964 年，考古工作者在河南孟津縣送莊村西南發掘一座東漢晚期黃腸石墓。出土殘銅鏡一面，飾波折紋，邊飾二方連續菱形勾雲紋，殘存銘文為「…… 不辟宜，三羊作竟（鏡），自有紀 ……」在該墓所出一些長方形磚的一端，燒造時打有篆書戳記「永口二年」「永興口口粟口」。「永興」為東漢桓帝劉志的年號，即公元 153—154 年，該墓應是東漢永興二年（154 年）壁畫墓。這座東漢黃腸石墓多次被盜，僅在擾亂的泥土中，清理

1　吳圭潔：《洛陽古玩行史話》，《河南文史資料》9 輯，157 頁。

出陶器、鐵器、玉片等器物。送莊漢墓分別於 1927 年、1929 年兩次盜掘，據説被盜走的玉片，裝了兩竹籃子。幸存下來的玉片有 30 塊，孔內有銅絲，説明墓內原有「銅縷玉衣」之類的葬服[1]。這座黃腸石墓的被盜慘狀，無疑為唐代寒山《詩三百三首》之一做了最為恰當的注解：「我行經古墳，淚盡嗟存沒。塚破壓黃腸，棺穿露白骨。攲斜有甕瓶，振撥無簪笏。」[2]

在位於送莊東漢黃腸石墓西南約 15 公里的洛陽邙山鄉塚頭村，還有一座北魏皇帝宣武帝元恪的陵墓景陵。唐武德四年（621 年）二月，秦王李世民率軍攻打盤踞於東都洛陽的王世充，曾登上景陵墓塚觀察敵情[3]。1991 年 6 月至 8 月，考古工作者對這座神祕的北魏皇陵進行了搶救性發掘[4]。在前期勘察中發現，有兩處盜洞對墓塚、墓室造成了嚴重破壞。塚前有一個沿墓道向墓室延伸的古代盜洞（圖 14-8），盜洞的大部分為窄而長的空穴，僅口部為少量鬆土虛掩，約為宋元時期盜掘景陵的遺跡。墓塚接近頂部處有一豎井式盜洞，據當地史家溝村民史林和塚頭村民陳跟頭回憶，係 1941 年盜掘者所挖，沒有盜出什麼值錢的文物，但對墓室破壞嚴重[5]。

盜墓賊掘墓之前，也害怕墓中設有機關。晚唐時期，關中一位具有三十年盜墓經歷的專業塚賊，曾經進入一座古墓，從墓道直下三十餘尺，見到一石墓門，想辦法用工具打開門，突然間門內有利箭不斷射出，竟有百餘發。等門內不再射箭了，再以物撞開石門，一盜賊先入，卻被輪劍所中，當場斃命。門內有十餘個木人周轉運劍，其疾如風，

1　郭建邦：《孟津送莊漢黃腸石墓》，《河南文博通訊》1978 年 4 期。

2　《全唐詩》卷八〇六《寒山》，9171 頁。

3　《資治通鑑》卷一八八《唐紀四》，5902 頁。

4　中國社會科學院考古研究所洛陽漢魏城隊等：《北魏宣武帝景陵發掘報告》，《考古》1994 年 9 期。以下所引有關景陵的發掘情況，均源於該報告。

5　方孝廉：《文物考古工作四十年回顧》，《方孝廉考古文集》，中州古籍出版社，2014 年，16 頁。

圖 14-8　景陵封土前的盜洞（南一
北，洛陽古代藝術博物館供圖）

勢不可當。有盜賊用橫木抵禦，控制木人的機關馬上停了，盜墓者趕快將木人手中的劍
奪去，並順利進入墓室。但見室內帳幄整齊，毛褥舒展，鋪於座上。設置有漆燈，特別
明亮，木質的人像與姬妾都是成雙成對。離墓底一丈多高的地方，有一具皮子包裹着的
棺木，以鐵索懸掛起來。盜賊用木頭撞擊棺材，才使棺動，立刻就有沙子像水一樣流下
來，頃刻之間無法阻止，到處都是流沙。塚賊趕快奔出石門，沙子已深達二尺多。過了
一會兒，再看墓室內已被沙子填滿，無法再進，竟然不知道是何人的墓穴[1]。

　　從發掘的遺跡來看，洛陽北魏宣武帝景陵未見上述文獻所説的各類機關。墓道內殘
留的痕跡足以説明，從塚前古盜洞進入的盜賊，先是沿着墓道西壁前行 16 米，再折向
墓道東壁，毀壞厚厚的封門牆，進入甬道與墓室。1941 年挖掘豎井式盜洞的盜墓者，在
磚壁墓道以南直接下去，並與古盜洞匯合，沿同樣的行進路線進入墓室。半個世紀後的
1991 年，考古工作者發掘墓道時，發現在第一道封門牆之前的磚壁墓道內，堆滿了厚度

1　（五代）杜光庭撰、蕭逸校點：《錄異記》卷八《墓》，收入《次柳氏舊聞》（外七種），128 頁。

圖 14-9　被盜賊部分拆毀的景陵封門磚牆
（南—北，洛陽古代藝術博物館供圖）

達 4 米左右的擾亂土，很難分辨出這些土是哪一次盜掘所為。

在長達 40.6 米的墓道北端，是第一道又高又厚的封門磚牆，將前甬道口嚴密地封死，卻無法擋住盜墓賊貪婪的私慾和瘋狂的腳步。他們將封門牆的頂部大面積拆毀，在其東側下部還挖出一個幾乎一人高的大洞（圖 14-9），這都是盜賊進出墓室的路徑。

從第一道封門牆向北，進入前甬道。盜賊將甬道券頂南半部破壞，坍塌嚴重。他們四處尋寶，甚至將甬道底部絕大部分石板揭開，看看下面是否藏有寶物。再向北為後甬道，是厚 1.9 米的淤土與亂磚層相間的無序堆積。墓塚頂上的豎井式盜洞是個值得注意的隱患，在遇到下雨天的時候，雨水帶着泥土順着盜洞流入墓室，所以墓室內積存了大量淤土。後甬道北端厚重高大的石門，也被盜賊們砸壞，倒在地上（圖 14-10）。東西兩壁上殘留的條狀淺溝，是盜墓賊將大型器物從墓室拖向墓外的罪證。

由後甬道繼續向北，經過第二道封門牆及石門，進入青條磚疊砌的墓室，民國時期的土匪們在東壁中部留下一個 3.2 米見方、穿透墓壁的殘破口，將墓室底部鋪地石板幾乎全部揭起，到處搜尋寶物，室內堆滿厚度達 1.9 米的擾亂土和淤土，盜賊們還在墓室北壁前的堆積土中，挖了一個 2—2.5 米見方、深至生土以下的大坑，他們生怕錯過每一次發

圖 14-10 被盜賊破壞的景陵後甬道石門（南→北，洛陽古代藝術博物館供圖）

現皇家寶藏的機會，以至於寧可挖地三尺，也決不放過一寸土地。

由於盜墓賊肆無忌憚的瘋狂盜掘，墓室內的隨葬品大多被盜走，殘存者寥寥無幾，有的被打碎，碎片混於前後甬道、墓室的擾亂土之中，有的早已移動了位置。經過整理，出土完整及可以復原的器物共 45 件，包括青瓷器、釉陶器、陶器、石器、鐵器五類。在清理中，還發現盜賊帶入墓內的晚期器物 9 件，分別出於盜洞及擾亂土中，有白瓷盞、碗、盤、黑瓷盂形器等宋代遺物。另有北宋晚期聖宋元寶 1 枚，清代光緒元寶銅錢 2 枚。在墓塚南端墓道的盜洞淤土中發現半面殘銅鏡。景陵於 1991 年 6 月 1 日開始發掘（圖 14-11），墓道入口處 2—4 米厚的夯土十分堅硬，發掘速度比較慢，所以 6 月 14 日發現殘鏡，説明距離墓道入口處不遠[1]。以上這些出土器物都是北魏景陵被盜時間的

1　2015 年 10 月 9 日，洛陽古代藝術博物館副館長徐嬋菲提供原始發掘記錄。

圖 14-11　正在景陵墓室內發掘的考古學者（右一段鵬琦，右二蕭淮雁；洛陽古代藝術博物館供圖）

物證，説明景陵多次遭到盜掘。這面殘銅鏡應是盜墓賊無意之間留下來的罪證。

　　發掘者推測，景陵第一次被盜挖的時間應在北宋之後、元代以前，是從墓道公開挖掘的，盜洞裏填的都是碎夯土。北宋末年，金兀術南侵佔領洛陽後，對宋陵進行了瘋狂盜掘，景陵可能是他們這次盜掘活動的犧牲品[1]。我進一步查找了一些宋金時期史料，初步判定盜掘景陵應是金人扶持下的傀儡政權偽齊劉豫部下所為。《宋史·劉豫傳》載，北宋滅亡之後，金人統治中原，南宋紹興二年（1132 年）四月，劉豫之子劉麟「籍鄉兵十餘萬，為皇子府十三軍。分置河南、汴京淘沙官，兩京塚墓發掘殆盡」[2]。《大金國志·齊國劉豫錄》記，阜昌三年（1132 年）四月，「西京兵士賣玉注碗與三路都統，豫疑非民間物，勘（鞠）〔鞫〕之，知得於山陵中。遂以劉從善為河南淘沙官，發山陵〔及〕金人發不盡

1　方孝廉：《北魏宣武帝陵寢發掘回憶》，《方孝廉考古文集》，241 頁。

2　《宋史》卷四七五《劉豫傳》，中華書局，1977 年，13796 頁。

棺中水銀等物」[1]。

北魏景陵出土的殘銅鏡，其年代有三種可能性：一是北魏隨葬品，二是金代盜掘者留下的遺物，三是清代至民國時期盜墓賊的遺物。洛陽發掘出土的北魏銅鏡數量極少，僅見兩面銅鏡，一面鐵鏡。從景陵殘鏡的形制上看，也不具有北朝銅鏡的特點。所以，考古簡報整理者認為其年代可能晚至明清時期。殘鏡的直徑 8.5、外緣厚 0.65、內斷面厚 0.18 厘米，重量 51.5 克（圖 14-12）。與其紋飾相似的銅鏡有兩面。一面是黑龍江哈爾濱民間收藏完整的金代仿唐奔馬禽鳥銅鏡，伏獸鈕，高窄緣，直徑 8.4、緣厚 0.65 厘米，重 110 克。此鏡發現於阿城地區，阿城為金上京遺址所在地，金代遺物眾多。這面銅鏡與景陵所出殘銅鏡形制大小、紋飾，幾乎完全相同。圍繞鈕座的內區飾以 3 匹奔馬，外區裝飾 12 只鳥。另有一面紋飾近似的銅鏡，現藏日本泉屋博古館，定為宋鏡，直徑 8.6 厘米（圖 14-13）[2]。從目前發現的實物來看，金代曾經仿造唐代瑞獸葡萄鏡鑄造了一些銅鏡。其風格與唐鏡類似，但製作工藝較為粗糙，尺寸較小。所以，景陵出土殘銅鏡的時代，應該為金代仿唐銅鏡，它為北宋末年金人統治區內盜掘景陵提供了實物佐證。

北魏景陵是中華人民共和國成立後洛陽地區科學發掘的第一座皇帝陵墓。誰也未曾料到，景陵竟然慘遭瘋狂盜掘，盜墓賊們為了尋寶，不惜挖地三尺，連墓室鋪地石也被掀了個底兒朝天。以黃土作堆，佇立在地面上高 24 米、直徑 100 米左右，巨大無比的封土堆，無疑是招來盜墓者野蠻劫掠最顯著的符號。邙山上大大小小、或高或矮、酷似饅頭狀的墓塚，昭示着墓主人生前顯赫一時的地位與身份。不同朝代的封土堆，外形輪廓

1　（金）宇文懋昭撰、李西寧點校：《大金國志》卷三一《齊國劉豫錄》，《二十五別史》17 冊，齊魯書社，2000 年，234—235 頁。
2　沙元章：《遼金銅鏡》，黑龍江美術出版社，2007 年，224 頁；〔日〕泉屋博古館：《泉屋博古·鏡鑑編》，85 頁。

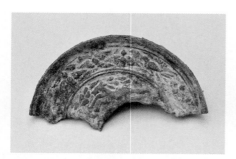

圖 14-12　景陵盜洞出土金代殘鏡（李波攝影）

圖 14-13　泉屋博古館藏金代奔馬花鳥
鏡（《泉屋博古・鏡鑑編》，85 頁）

圖 14-14　孟津三十里舖附近的漢魏
陵墓（1958 年拍攝，洛陽市文物考古
研究院供圖）

是不一樣的。在洛陽百姓中流傳的俗話「唐方魏尖漢撲塌」，意思是説，唐代的墓塚形狀
為方形，北魏陵墓的封土堆頂部看起來是尖的，漢代的墓塚有點像低矮的小山丘，在平
面上攤子鋪得很大，卻不太高（圖 14-14）。邙山上凡是有塚頭的墓葬幾乎是洗劫一空，
無一倖免，多次被盜，慘不忍睹，這真是應了唐代詩人張祜的《洛陽感寓》詩：

　　　　擾擾都城曉四開，不關名利也塵埃。千門甲第身遙入，萬里銘旌死後來。
　　　洛水暮煙橫莽蒼，邙山秋日露崔嵬。須知此事堪為鏡，莫遣黃金漫作堆。[1]

1　《全唐詩》卷五一一《張祜二》，5864 頁。

後　記

　　這是一次和以往任何一次寫作都有所不同的經歷。我既對較為陌生的文風感到新鮮，又覺得富於挑戰性，在不斷探索和學習的過程中完成了這次有關中國古代銅鏡文化寫作的短暫旅行。

　　2015 年 1 月，一次偶然的機會讓我與有過一面之緣的三聯書店編輯曹明明女士取得了聯繫。在交談過程中，她向我約稿，希望能寫一本有關古代銅鏡的書，並建議書中最好能包括銅鏡形制、故事，與銅鏡相關的文化、文物等方面內容。她先後找來十餘本三聯出版的同類書，讓我學習、研讀，體會三聯此類圖書的寫作風格。閱讀之後，我的寫作思路與文風逐漸發生了變化。3—5 月，我試寫了幾個銅鏡小專題。5 月下旬，選題順利通過審核，簽訂了出版合同，我開始了艱難的寫作之旅。8 月，打破原有編年體框架，按專題重新修改、設計目錄。每當完成一至兩個小專題之後，就將徵求意見稿發送給編輯，約好時間當面討論稿子的優劣，她每次都能提出切實可行的修改意見，從而使稿子所寫內容更加充實、完善，書名也由最初的《鏡若長河：中國銅鏡的演變與轉折》，改為現在這個略微大眾化的標題。

　　本書包括五個方面的內容。一是引言《以史為鑑》，通過講述三位皇帝與多面鏡子的故事，說明鏡子不僅是生活中普通的照容器具，而且是國家興亡的標誌，鏡子的重要

性由此彰顯出來。二是關於鏡鑑的本體研究，主要把握中國銅鏡發展史上的關鍵問題，即能夠體現戰國、兩漢、唐代三個時段最高技術水平的特種工藝鏡，具有特色的一般工藝鏡，如含有文學意味的銘文鏡、被人忽視的鐵鏡等。三是銅鏡技術與置鏡器具，即鑄鏡、磨鏡、鏡架與鏡臺。四是銅鏡與古人的社會生活，《耕人犁破宮人鏡》說的是銅鏡在城址內外的蹤影，《鏡殿寫青春》論述的是鏡子在建築中的展示，《白居易的鏡子》探討的是銅鏡在詩人生活中的顯現，《佳人覽鏡》描繪的是藝術載體中對鏡子的審視。五是黃泉之下鏡與墓的關係，如《漢墓鑑影》《墓裏盜出的鏡子》。

　　本書是在考古學視野下進行的鏡鑑學研究，並非傳統金石學視角下的探討。所謂考古學視野，是將鏡鑑作為考古遺址或墓葬中的出土器物，進行較為全面而又深入的研究。不是孤立、片面、單純地僅對鏡鑑本身做研究，而是結合當時的社會生活，儘可能復原鏡鑑在古代人們生活場景中的位置，由此達到「透物見人」的目的，從而擴大鏡鑑研究的範圍，努力豐富研究視角的多樣化。太史公所謂「究天人之際，通古今之變，成一家之言」，這是作為史學家的最高境界，雖不能至，心嚮往之。

　　通過寫作，我發現這本書的最大特點在於跨界雜糅、整合引領。它以考古學為根基，試圖熔文物、歷史、文學、藝術於一爐，整合與銅鏡相關的各類資料，有點像我小時候在家鄉洛陽吃的燴菜。這種文體看似信手拈來，侃侃而談，實為捉襟見肘，絞盡腦汁，需反覆錘煉才行。由此看來，如何在目前銅鏡著作日漸增多的情況下，寫出自己的特色，創出一些新意，激發讀者的興趣點，的確是一件需要動腦筋的事。第二個特點是以鑑論史，透鏡見人，從單純的器物探討上升到物質文化史研究的高度，並結合城市考古學、社會生活史、美術史、文學史等方面的研究成果來分析。第三個特點是在本書寫作專題的選擇上，把握「人無我有，人有我優，人優我走」的原則，儘可能選擇自己熟悉、擅長、具有一定創新性的專題來寫，放棄其他銅鏡書已多次寫過並且難以超越的專

題。「必有詳人之所略，異人之所同，重人之所輕，而忽人之所謹」（章學誠《文史通義》內篇四《答客問上》）。

中國國家博物館是具有銅鏡研究傳統的文博考古機構，我有幸就職於此。1958年沈從文先生編著的《唐宋銅鏡》發行，1984年孔祥星先生等合著《中國古代銅鏡》面世，1992年孔先生等主編《中國銅鏡圖典》發行；1991年孫機先生著、2008年增訂出版《漢代物質文化資料圖說》，將銅鏡分為四個專題進行了較為深入的探討。這些著作不僅在學術界產生較大反響，而且對我的研究思路影響至深。

在本書寫作過程中，國博孔祥星先生，四川大學黃偉、霍巍老師給予諸多學術指導，孔先生還幫助翻譯了日文資料。川大代麗鵑博士、國博李重蓉女士閱讀了本書部分文稿，並提出一些修改意見。中國社會科學院考古研究所劉慶柱、徐殿魁、許宏、徐龍國、楊勇、汪勃、韓建華等先生，南京師範大學王志高教授，蘇州博物館程義先生，成都博物館蘇奎博士，洛陽博物館王繡老師，洛陽市文物考古研究院程永建、張鴻亮、黃吉軍先生，洛陽古代藝術博物館徐嬋菲女士、李波先生，西安市文物保護考古研究院高博先生，徐州博物館朱笛女士提供多幅銅鏡圖版及相關資料；故宮博物院展夢夏博士提供院藏《磨鏡圖》資料信息。揚州市文物考古研究所束家平所長、王小迎女士，揚州博物館王冰先生，儀徵博物館劉勤館長、夏晶副館長慨允我觀摩並拍攝揚州漢墓出土的4面特種工藝鏡，為本書增加了一些新材料。日本東亞大學黃曉芬教授贈予《正倉院》圖錄，韓國國立中央博物館文東洙（Moon Dongsoo）女士提供該館藏兩件鏡架圖片及相關信息，英國大英博物館中國部負責人霍吉淑（Jessica Harrison-Hall）女士授權使用該館的兩幅文物圖片，美國納爾遜・阿特金斯藝術博物館中國藝術部主任馬麟（Colin Mackenzie）博士、加拿大皇家安大略博物館副館長沈辰博士惠賜洛陽金村銅鏡及館藏鏡臺圖片資料。國博馬玉梅、王方女士、朱萬章先生給予多方面幫助。北京三聯書店曹明明女士總是在

百忙中抽出寶貴時間，不厭其煩，多次對本書初稿提出具體、細緻的修改意見，從而保證了書稿質量，進一步加快了本書的寫作進度。康健先生不辭勞苦，將三百餘幅大小不同、形式各異的圖片精心編排，合理佈局，並設計出能夠充分反映本書特色的封面，令人賞心悅目。在此書即將出版之際，謹向以上這些師友、同道表示誠摯的謝意。

20多年前，我為自己設定理想的生活目標是自由穿行於自然、歷史與藝術之間。這本小書的出版在一定程度上部分實現了這一目標，我努力將其作為一件「藝術品」來打造，讓讀者細細咀嚼這遙遠悠長的考古詩行。

為理想而戰，付出的代價是巨大的。十一年前，年近九十的父親霍金水溘然長逝。正在蜀地負笈求學的我，千里奔喪中原，未能與老父見上一面。十一年後的丁酉正月初八，年逾九旬的母親劉東英駕鶴西歸。侍奉在她老人家床前的我，面對親人生命一分一秒地逝去，卻無力回天。彷彿眺望着夕陽的金色餘暉，一點一點，光輝漸漸褪盡，最終隱沒於遙遠的地平線之下。當我辦完母親的後事、背起行囊即將返程之際，再也聽不到母親反覆的囑咐與美好的祝願。寂寞歸途中始終伴隨我的，是那一直延伸至天邊的地平線和對親人的無盡思念。

自古忠孝難以兩全。對於養育我的父母雙親的恩情，今生難以回報，謹將這本小書獻給我的父親霍金水、母親劉東英。

霍宏偉

丙申驚蟄，於紫竹院昌運宮京洛堂

丁酉清明補記

□ 責任編輯：謝礎曼
□ 裝幀設計：林曉娜
□ 排　版：陳先英
□ 印　務：林佳年

鑑若長河
中國古代銅鏡的微觀世界

□ 著者
霍宏偉

□ 出版
中華書局（香港）有限公司
香港北角英皇道 499 號北角工業大廈一樓 B
電話：(852) 2137 2338　傳真：(852) 2713 8202
電子郵件：info@chunghwabook.com.hk
網址：http://www.chunghwabook.com.hk

□ 發行
香港聯合書刊物流有限公司
香港新界大埔汀麗路 36 號
中華商務印刷大廈 3 字樓
電話：(852) 2150 2100　傳真：(852) 2407 3062
電子郵件：info@suplogistics.com.hk

□ 印刷
中華商務彩色印刷有限公司
香港大埔汀麗路 36 號中華商務印刷大廈

□ 版次
2020 年 1 月初版
© 2020 中華書局（香港）有限公司

□ 規格
16 開（210 mm×170 mm）

□ ISBN：978-988-8674-89-3